리더가 되기 전에
알았더라면 좋았을 것들

리더가 되기 전에
알았더라면 좋았을 것들

세상의 대문자 T들을 위한 리더십 수업

신영준 지음

서문

나는 첫 팀장이 되었을 때 스스로 물러나야 했다

나는 재료공학 박사다. 공업화학과에서 학사와 석사 학위를 받았다. 지금도 사람들은 나를 리튬이차전지 전문가로 기억한다. 운이 좋게도 석사과정부터 시작해서 30년 이상을 리튬이차전지 분야에서 일했고 LG에너지솔루션 초대 최고기술책임자CTO를 지냈으니 맞는 말이다. 나는 이러한 전문성을 바탕으로 리더가 됐다.

리더가 된 후에는 연구개발 분야에만 있었던 것은 아니고 생산기술 담당을 거쳐 기술과 생산을 총괄하는 전극센터장을 맡기도 했고 상품기획 담당과 사업부장도 경험했다. 공대 출신으로 연구개발, 기술, 생산을 넘어 상품기획 담당과 사업부장을 맡는 것은 새로운 도전이었다. 지금 생각하면 상품기획 담당은 제품과 기술보다는 고객과 시장을 더 잘 알아야 했다. 사업부장은 고객, 시장, 제품을 넘어 사람을 알아야 했다. 그런데 당시에는 그저 기술을 잘 아는 사람이라는 이유로 선임됐다. 기술을 잘 아는 것이 여러 의사결정에 큰 도움이 된 것은 사실이다. 하지만 시장과 사람을 조금 더 알았더라면 좌충우돌했던 시간을 줄이고 조금 다른 성과를 만들었을 수도 있었겠다는 생각이 든다. 그래도 전문성만을 기반으로 선임된 팀장에서 실패와 좌절에 주저앉지 않고 사람과 조직으로 눈을 돌린 덕분에 사업부장을 경험한 최고기술책임자가 될 수 있었다.

다른 부문도 그렇지만 연구개발 책임자를 선정할 때는 언제나 전문성이 가장 중요한 요소다. 전문성은 새롭게 갖추기 쉽지 않다. 그러나 관리 측면의 리더십은 배우면 된다고 생각하는 경우가 많다. 이 말은 맞는 말이기도 하지만 관리 측면의 리더십과 사람에 대한 애정과 관심도 그냥 생기는 것이 아니다. 리더는 사람에 대한 애정이 필요하다는 것을 먼저 마음으로 받아들여야 하고 잠시도 잊지 않아야 구성원들의 마음을 얻을 수 있다.

나의 첫 팀장 경험은 준비되지 않은 상태에서 찾아왔다. 전임 팀장이 연수를 가게 되면서 박사학위 덕분에 받은 직급에 따라 팀장이 됐다. 팀장이 되고 싶다고 생각하기도 전이었고 팀장이 될 것으로 생각한 적도 없었다. 입사한 지 2년도 채 되지 않았지만 직급상 내가 차선임자였다. 리튬이차전지 분야에서도 전문가라고 보는 것에는 의심할 여지가 없었기에 내게 오는 자리를 거부할 수도 없었다.

첫 번째 팀장 경험은 1년 3개월 만에 막을 내렸다. 다른 사람들이 보기에는 문제가 없었을 수도 있다. 하지만 내가 버틸 수가 없었다. 구성원들이 하는 모든 일을 속속들이 알고 하나하나를 지시하면서 관리해야 한다는 평소의 내 모습 그대로 팀장이 됐기 때문이다. 당시 내가 맡은 팀은 지금 생각하면 정말 작은 조직이고 업무도 단순했다. 그러나 모든 일을 통제해야만 마음이 놓였던 초보 팀장에게는 이 작고 단순한 조직을 이끄는 게 너무나 가혹한 시련이었다.

당시 나는 팀에서 진행되는 모든 실험의 진척 상황을 알고 있어야 했고 예상했던 결과대로 가고 있는지가 항상 궁금했다. 새로운 일이 들어와도 내가 생각하는 우선순위를 바꾸지 못하고 고집을 피웠다. 내 생각을 따라오지 못하는 구성원들이 잘 이해되지 않았다. 구성원들은 나를 완벽주의자로 생각했다. 모든 것을 기억하고 모든 내용을 다 이해하는 사람으로 생각하기도 했다. 지금 생각해보면 가끔은 내 앞에서 틀릴까 봐 걱정도 했던 것 같다.

가뜩이나 리더로 일하는 것에 서툰 마당에 사람 문제가 갑자기 추가되면서 첫 번째 팀장직을 내려놓을 수밖에 없었다. 원래 두 팀이 있었는데 그중 한 팀을 내가 맡고 있었다. 두 팀은 기능이 중복되어 유사한 일을 하고 있었다. 그런데 다른 팀에서 구성원들과 팀장 사이에 신뢰가 깨지는 일이 발생했다. 그러면서 고객별로 만들어졌던 두 팀은 전기자동차용 전지의 구성 요소를 따라 셀팀, 팩팀, BMS팀 3개로 재편되었다.

재편 후 나는 셀팀을 맡았는데 일은 비슷했다. 그러나 재편 전 두 팀의 성격이 전혀 다름이 드러났다. 일하는 방법도 의사소통하는 방법도 같지 않았다. 하나씩 맞춰갔지만 일부 팀원들이 서로를 존중하지 않았다. 인원도 갑자기 40명 가까이 늘어서 모든 업무를 파악하고 관리하는 것도 문제였다. 사람 관리를 제대로 해보지 못하고 시간에 맡겨왔던 내게 갑작스러운 사람 관계와 관련한 변화는 감당하기 어려웠다. 어느 갈등은 개입하고 언제는 기다려야 하는지도 몰랐다. 내가 할 수 있는 일과 할 수 없는 일을 구별하는 것도 쉽지 않았다. 결국 전임 팀장이 연수에서 돌아오자마자 팀장을 그만하겠다고 했다.

리더에게 가장 필요한 것은 전문성만이 아니었다. 전문성이 부족해서 겪는 여러 어려움도 있지만 그보다 더 필요한 것은 다른 사람을 통해 결과를 만들 수 있어야 한다는 것이다. 이공계 출신들에게 익숙한 자연의 법칙이나 공식만으로 사람들을 움직일 수 없었다. 가장 좋은 해답을 찾는다고 해서 문제가 완결되는 것도 아니었다. 그 해답을 다른 사람도 동의해야 그때부터 문제가 풀렸다. 급한 상황에서는 답을 주면 받아적지만 조금만 여유가 생기면 자기 생각을 앞세우는 것이 당연했다. 내게 더 좋은 방법이 있다고 목청을 높여도 익숙하고 이해하기 쉬운 해법이 채택됐다.

나는 아직도 다 배우지도 못했고 배운 것을 모두 실천하지도 못하고 있다. 지금도 사람들 안에서 좌충우돌하고 넘어지고 다시 일어나며 함께 일하는 방법을 하나씩 내 것으로 만들어가고 있다. 이공계 리더라는 단서를 달았지만 이공계 출신이 아니라도 성과는 좋은데 주변 사람들이 힘들어하는 리더가 많다.

SNS에서 보면 엄마가 우울해서 빵을 샀다고 했을 때 아이들의 반응을 보는 영상들이 있다. 보통 남자아이는 무슨 빵을 사 왔는지, 빵이 어디 있는지를 궁금해하고 여자아이는 엄마가 왜 우울했는지에 반응했다. 아들과 딸을 이공계와 인문계를 대표하는 것처럼 이야기할 수는 없을 것이다. 하지만 빵을 이야기하기 전에 우울한 엄마의 마음을 알아주어야 대화가 이어진다. 아직도 나는 빵이 먼저 떠오를 때가 많다. 그래도 가끔 우울한 엄마가 먼저 생각나기도 하고 빵에 먼저 반응하더라도 잠시 후에는 엄마를 돌아볼 수 있는 정도는 된 것 같다.

나 또한 사람이 소중하다는 것은 항상 알고 있었다. 그러나 과거의 나는 맡은 일을 완수하는 것보다는 사람을 덜 중요하게 생각했다. 지금은 다르다. 여전히 맡은 책임에 소홀히 할 수 없지만 사람들과 함께 만들어가야 한다는 것을 기억한다.

조직 생활 중에 만난 상사, 선배, 동료들을 보며 정말 다양한 리더가 있다는 것을 깨닫게 된다. 가끔은 나만의 옳고 그름의 기준으로 잘하는 리더와 잘못된 리더를 판단하기도 했다. 누군가를 동경하기도 했고 또 누군가를 배척하기도 했다. 그런데 시간이 지나고 내가 선배가 되고 리더가 되면서는 누군가를 잘잘못으로 판단하는 것이 더 어려워졌다. 나는 그러지 말아야지 다짐했던 모습을 내가 하기도 했다. 또는 꼭 해야지 하고 가슴에 새겨 두었던 일이 현실이라는 벽에 부딪히기도 했다. 선의를 가지고 진행한 일들이 부족한 결과로 그 선의가 묻히기도 하고 좋은 성과를 얻었으나 무엇이 그 성과를 만들었는지 모호할 때도 있었다. 그러면서 조직에 관한 내 나름의 생각이 정리되고 내가 추구하는 리더십이 구체화되었다.

'함께 만들어가는 리더십'

내가 추구하는 조직은 누군가 한 명의 의지, 역량, 경험으로 만들어지는 것이 아니다. 구성원들이 함께 만들어가는 것이다. 리더는 조직을 이끌고 성과를 내야 하는 고전적인 역할을 해야 한다. 그 역할을 구성원들 밖에서가 아니라 구성원들 안에서 해야 한다. 구성원들도 리더를 따라 성장해야 하지만 리더도 구성원들과 함께 만들어져야 한다.

감독만 바뀌면 좋은 성적을 낼 것으로 생각하는 스포츠팀이 많이 있다. 정말 감독이 바뀌고 나서 팀 컬러가 달라지고 놀라운 성적을 내는 경우를 종종 볼 수 있다. 그러나 반대로 우승 경험이 풍부한 감독이 부임했음에도 전혀 성과로 드러나지 않는 예도 쉽게 찾아볼 수 있다. 리더가 정말 중요하고 성과에 대한 책임을 피할 수 없지만 리더가 전부는 아니라는 말이다.

국가대표 야구대표팀 감독이었던 김인식 감독님께서 우승 인터뷰에서 좋은 팔로어십이 있어서 우승할 수 있었다고 언급한 기사를 본 적이 있다. 나는 그때 처음으로 팔로어십이라는 표현을 접했다. 감독을 믿고 진심으로 따라준 선수들 덕분이라는 표현이 너무나 멋있게 느껴졌다.

'멋진 리더, 훌륭한 팔로어, 그리고 그들이 만들어가는 조직'

내가 임원이 되고 누군가에게 선물 받은 책은 어떻게 조직을 장악할 것인가를 이야기했다. 하지만 나는 어떻게 하면 구성원과 함께 성장할 것인가를 고민했다. 리더는 구성원과 함께 있어야 리더다. 구성원들의 성공이 리더의 가장 큰 업적이 되어야 조직은 성장한다. 리더는 외롭다고 한다. 그러나 외로운 리더는 잠시 잊고 구성원들 한가운데 있는 자신의 모습을 그려보자.

이 책에 담긴 이야기들은 엄마의 감정보다 빵에 먼저 반응하던 공대생 출신 리더가 사람의 마음을 얻기 위해 느끼고 깨닫고 배우고 변해온 과정을 지나면서 구성원들과 나눴던 소중한 이야기들이다. 사업부장과 최고기술책임자로 재직하는 동안 구성원들에게 매달 보냈던 메시지에 담겼던 이야기다. 이 이야기들이 리더가 되어가고 리더로 살아가는 여러분에게 한번 생각할 기회가 되기를 바란다.

차례

서문 • 4
나는 첫 팀장이 되었을 때 스스로 물러나야 했다

1장 리더의 자질 • 17
: 신뢰와 다양성으로 조직과 관계를 맺는다

1. 조직의 나침반을 갖춰야 한다 • 19
아무리 작더라도 미션이 필요하다 • 21
때로는 목표가 우리를 끌고 간다 • 22

2. 신뢰로 서로를 잇는 힘을 구축하라 • 24
신뢰는 제 역할을 제대로 수행할 때 가능하다 • 25
각자가 할 일을 하는 것이 신뢰의 시작이다 • 27

3. 미래를 향한 눈이 성과를 만든다 • 30
과거는 바꿀 수 없지만 미래는 바꿀 수 있다 • 31
소 잃고도 외양간 고치는 사람이 리더다 • 33

4. 격렬한 논쟁을 허용할 때 조직은 성장한다 • 35
결정 전에는 치열하게 결정 후에는 쿨하게 • 36
논쟁이 자유로워야만 조직이 건전해진다 • 39

5. 다양성이 힘이 될 때 조직은 성장한다 • 41
지금 가장 적절한 것이 정답이다 • 42
다름을 존중할 때 길이 열린다 • 43

6. 세대 차이는 또 다른 다양성이다 • 47
경험과 도전의 균형이 필요하다 • 48
도전이 세상을 바꾸고 미래를 만든다 • 51

7. 신뢰는 말보다 태도로 만들어진다 • 53
존중과 경청이 신뢰의 바탕이다 • 54
일관성과 솔직함으로 안전감을 주어야 한다 • 55

2장 리더의 능력 · 57
: 전문성과 일관성이 리더로 만든다

1. **전문성은 리더의 첫걸음이다** · 59
   현장과 고객이 전문성을 키운다 · 61
   자신만의 고유한 가치를 가져라 · 62

2. **프로는 멈추지 않고 성장한다** · 64
   스스로 가치를 만들어가는 게 프로다 · 65
   안주하지 않는 사람이 진짜 프로다 · 67

3. **다름을 존중할 때 존경이 가능해진다** · 70
   말과 말투가 내 가치의 출발점을 정한다 · 71
   다름의 인정과 진실함이 존중의 기본이다 · 72

4. **변화를 품은 일관성이 진짜 리더십이다** · 77
   리더의 일관성이 팀의 안전망이 된다 · 79
   생각이 바뀌었다면 먼저 인정하자 · 82

5. **솔직할 수 있는 믿음이 소통을 키운다** · 85
   심리적 안전감이 솔직한 소통을 만든다 · 86
   문제를 풀어가는 시간을 줘야 한다 · 88

3장 리더의 책임 · 93
: 책임과 육성이 리더의 자리를 만든다

1. **함께할 때 리더십은 완성된다** · 95
   통제하려 하면 무너지고 맡기면 길이 열린다 · 96
   태풍 때 선원들은 파도를 보지 않고 선장을 본다 · 98

2. **선배의 발자국을 딛고 더 멀리 걷는다** · 100

질문은 권리이고 따르는 것은 책임이다 • 101
우리는 모두 리더인 동시에 팔로어다 • 104

3. 리더는 책임을 짊어지고 더 큰 미래를 본다 • 106
위임과 개입의 균형이 리더를 만든다 • 108
책임의 무게가 리더의 그릇을 키운다 • 111

4. 모두에게 육성의 책임이 있다 • 114
넘어져도 다시 일어서게 하는 게 육성이다 • 116
육성할 줄 알아야 리더로 성장할 수 있다 • 119

5. 언행일치와 진정성이 리더의 신뢰를 만든다 • 122
스스로에게 더욱 엄격해야 한다 • 123
솔선수범은 후배들을 성장시킨다 • 125

6. 맡기고 개입하며 책임질 때 진짜 리더가 된다 • 126
혼자 다 하는 리더는 성장하지 못한다 • 127
리더는 다른 사람을 통해서 일한다 • 130

7. 동기부여는 성장의 기회와 인정으로 만든다 • 133
가치와 성장을 연결하는 게 동기부여다 • 134
성장 기회 제공과 보상이 리더의 역할이다 • 136

4장 리더의 커뮤니케이션 • 141
: 경청과 질문이 소통의 문을 연다

1. 관심과 존중의 경청이 소통을 완성한다 • 143
리더가 먼저 들어야 조직이 말한다 • 144
내 생각을 내려놓아야 들린다 • 147

2. 소통은 실행으로 완성된다 • 150
동의에서 실행으로 끌어내야 소통이다 • 152
방향이 맞지 않으면 소통이 아니다 • 154

3. 생각을 키우는 질문을 해야 한다 • 157

답을 정해두지 않은 질문이 길을 연다 · 158
좋은 질문은 자각과 책임감을 갖게 한다 · 161

4. 좋은 대답은 질문을 존중할 때 가능하다 · 163
문제부터 이해하는 것이 가장 중요하다 · 164
질문자가 듣고 싶어 하는 방식으로 대답하자 · 166

5. 보고는 보고자가 주도하는 소통이다 · 169
보고는 준비된 대화일 때 성과가 된다 · 170
보고는 의도를 읽고 설득하는 과정이다 · 172

6. 리더는 결론이 나는 보고를 끌어내야 한다 · 177
구체적인 지시가 보고의 향방을 결정한다 · 178
부족한 자료로도 결론을 만드는 게 리더다 · 181

7. 조직이 커질수록 더 넓고 깊은 소통이 필요하다 · 184
솔직함과 꾸준함의 메시지가 일체감을 만든다 · 186
다수를 상대하는 소통도 신뢰가 기본이다 · 188

5장 리더의 자기관리 · 193
: 리더는 흔들림 속에서 균형을 찾는다

1. 삶과 일의 동적 균형을 추구해야 한다 · 195
균형은 제자리로 돌아올 수 있는 힘이다 · 196
삶과 일 양쪽에 최선을 다해야 한다 · 197

2. 스트레스 관리가 리더의 지속 가능성을 만든다 · 201
스트레스의 원인을 알아야 관리가 가능하다 · 203
스트레스는 부딪히고 흘려보내며 다스려야 한다 · 204

3. 정지의 순간이 지속의 힘이 된다 · 207
누구에게나 휴식이 필요하다 · 209
나만의 회복 방법을 찾아야 한다 · 210

4. 부딪혀야만 자신의 한계를 알 수 있다 · 212

최선을 다한 시간이 성과와 성장을 남긴다 • 214
지나가지 않으면 끝이 어디인지 알 수 없다 • 215

5. 주고받기의 진정성은 신뢰와 성과로 이어진다 • 218
내어놓음이 관계를 만들고 성과를 키운다 • 219
당연하지 않음을 알 때 배움이 시작된다 • 222

6. 강점을 알고 자꾸 써야 성장할 수 있다 • 224
강점을 아는 게 성장의 첫걸음이다 • 225
강점을 강화하려면 계속 써야 한다 • 227

6장 리더의 성장 • 231
: 실패와 성찰이 성장을 완성한다

1. 단점을 직면해야 강점이 빛난다 • 233
상처와 단점도 나의 일부로 삼고 살아간다 • 234
단점을 인정할 때 성장이 시작된다 • 236

2. 실패가 성장의 길을 연다 • 240
최선을 다한 실패는 성공의 씨앗이 된다 • 242
실패와 위기가 성장의 자양분이다 • 244

3. 시작하는 용기와 넘어짐을 응원하라 • 247
리더의 첫마디가 도전을 살리고 죽인다 • 248
넘어지더라도 다시 일어나면 그만이다 • 250

4. 순서 달기가 리더십의 본질을 드러낸다 • 252
가장 중요한 것을 먼저 채워야 한다 • 253
우선순위 결정이 곧 리더십의 본질이다 • 255

5. 나를 성장시키는 거울 성찰을 하라 • 257
거울에 비추듯 성찰로 나를 다시 본다 • 258
객관적인 시선은 개선에 대한 의지를 강화한다 • 260

6. 성장을 바라는 마음이 담긴 피드백을 하라 • 263

피드백의 출발은 상대방을 성장시키려는 마음이다 • 264
사실에 근거해야 피드백이 성장으로 이어진다 • 267

7. 존중 없는 피드백은 상처만 남는다 • 270
존중이 담길 때 피드백은 마음에 닿는다 • 271
매 순간 피드백으로 최적의 길로 가야 한다 • 272

에필로그 • 277
당신은 이미 리더의 길 위에 있다

1장
리더의 자질

신뢰와 다양성으로 조직과 관계를 맺는다

1
조직의 나침반을 갖춰야 한다

"우리는 목표를 바라보고 앞으로 나아가지만 때로는
그 목표가 우리를 끌고 간다."

　조직은 목적에 의해서 만들어진다. 작은 친목 모임이든 회사의 큰 부서나 국가의 행정 부처든 특정한 목적에 따라 조직을 구성하게 된다. 사람부터 먼저 모으고 조직을 만들고 나서 목표나 역할을 부여하는 경우도 없지는 않다. 그러나 이렇게 만들어진 조직은 목적 중심의 조직이 아니다. 사람 중심의 조직이 될 수밖에 없다.
　뛰어난 리더 한 명이 세상을 바꾼다고 생각하면 사람 중심의 조직이 무조건 잘못됐다고 할 수는 없다. 예수를 중심으로 한 교회 공동체가 세상을 바꾸었고 스티브 잡스가 만든 애플과 일론 머스크가 만든 테슬라가 우리 삶의 모습을 바꾼 것은 긍정적인 예다. 그러나

이 경우도 리더가 중심이기는 했지만 조직에는 명확한 목적이 있었다. 이러한 조직의 목적을 비전 또는 미션이라고 한다.

"지속가능한 에너지로 전 세계적 전환을 가속한다Accelerating the World's Transition to Sustainable Energy."

테슬라의 비전 또는 미션이다. 누구나 테슬라의 홈페이지에 들어가면 볼 수 있다. 이 문장은 지금 테슬라가 하는 모든 사업과 정확히 일치한다. 테슬라는 전기자동차로 시작해서 에너지저장장치ESS, Energy Storage System와 태양광발전으로 사업영역을 넓혀가고 있다. 다양한 사업을 벌이는 것 같지만 그 중심에는 '지속가능한 에너지'라는 키워드가 들어 있다. 몇 가지 예를 더 들어보자.

"혁신적인 하드웨어, 소프트웨어, 서비스를 통해 고객에게 최고의 사용자 경험을 제공합니다bringing the best user experience to customers through innovative hardware, software, and services."

어느 회사가 생각나는가? 당신이 생각하는 것처럼 애플이다. 혁신적인 기기를 제공하는 것이 아니라 혁신적인 하드웨어, 소프트웨어, 서비스를 통해 최고의 경험을 제공하겠다는 것이다. 애플의 광고만 봐도 기기를 만드는 목적과 서비스를 개발하는 이유가 새로운 경험을 제공하려는 것이라는 것을 쉽게 알 수 있다.

아마존은 "지구상에서 가장 고객 중심적인 기업이 되기 위해to be Earth's most customer-centric company"라며 고객 중심을 이야기한다. 구글은 "전 세계의 정보를 정리하여 보편적으로 접근 가능하고 유용하게 만드는 것to organize the world's information and make it universally accessible and useful"이라는 사명 아래 세상의 정보를 유용하게 하겠다고 하고 있다.

아무리 작더라도 미션이 필요하다

회사만이 아니라 그 안의 작은 조직들도 그 조직만의 미션이 있어야 한다. 개발도 영업도 생산도 인사도 재무도 각각 미션이 있다. 그 미션에 따라 조직의 목표와 일을 대하는 태도가 달라진다. 영업을 예로 들어보자. 매출이 목표인 경우와 영업이익이 목표인 경우는 시장에 대한 접근 방법이 다를 수밖에 없다. 매출과 이익이 같은 것 아니냐고 하는 사람도 있다. 그러나 다르다. 일선에서 매출과 이익 사이에서 고민한 적이 있다면 왜 다른지를 알 것이다.

단기 성과와 중장기 성과도 그렇다. 많은 회사는 단기 성과를 놓치면 바로 영향을 받기 때문에 단기 성과에 더 치중하기도 한다. 고객을 보는 관점도 미션에 담길 수 있다. 고객과 함께 성장하는 것이 목표인지, 고객과 상관없이 회사의 성장이 우선되는지가 고객을 대하는 태도를 결정한다. 개발이나 생산도 그렇다. 최고의 제품을 만드는 것과 최적의 제품을 만드는 것은 같지 않다. 가성비가 높은 제품을 만드는 것과 가심비가 높은 제품을 만드는 것도 같지 않다. 가지고 싶은 제품과 현실적으로 선택하게 되는 제품은 다른 제품이다. 회사의 목표에 따라 달라진다. 얼마의 비용이 들더라도 가장 좋은 제품을 만드는 사람들이라면 작은 문제도 그냥 넘어갈 수 없다. 그들에게 중요한 것은 문제가 있느냐 없느냐지 문제의 크기가 아니기 때문이다. 그러나 적절한 수준의 제품을 만든다면 불량의 유무가 아니라 그 불량의 크기에 집중하게 되고 허용되는 부족함이 어디까지인지를 논의할 것이다.

어느 편이 옳고 그름을 이야기하는 것이 아니라 목적을 명확히 해야 한다는 것이다. 가장 좋은 제품을 가장 싼 가격에 소비자가 원하는 시점에 항상 제공할 수 있다면 그보다 더 좋은 것은 없다. 하지만 그렇게 할 수 없다면 방향을 정해야 한다. 그 방향이 조직의 미션에 들어가야 한다.

때로는 목표가 우리를 끌고 간다

나를 돌아보면 팀장으로 일하던 시절에 조직의 미션을 명확하게 팀원들에게 선언한 기억이 없다. 고객과 개발 과제가 명확했기에 고객 관점에서 그 과제를 성실히 수행하기만 하면 됐다. 내가 처음으로 미션을 정의한 것은 사업부장이 됐을 때다. ESS전지사업부장으로 임명된 후 전시회를 준비하면서 우리를 표현할 것이 필요했다.

일반적으로 LG가 사용하는 '라이프 이즈 굿Life is Good.'은 우리의 미션이 될 수 없었다. 그때 만든 모토가 '체인지 유어 에너지, 차지 유어 라이프Change Your Energy, Charge Your Life.'다. 에너지를 바꿔서 삶을 충전하라는 뜻이다. 에너지저장장치 개발이 목표가 아니라 고객의 삶을 한 단계 높은 삶으로 바꿔주는 것을 미션으로 삼는 순간 해야 할 일이 달라졌다. 에너지저장장치를 넘어 에너지 공급자의 위치까지 꿈꾸었다. 사업부장을 하는 동안 에너지 관리자에서 에너지 공급자로 자리매김하지는 못했다. 하지만 내가 떠난 이후에 조금씩 에너지 공급자로 변모하는 모습을 보면서 지금도 한발 옆에서 고객의 삶이 달라지는 그 순간을 꿈꾸고 있다.

더 작은 조직으로 내려와도 역할과 목적이 있다. 심지어 조직이 아니라 한 명의 개인도 마찬가지다. 지금 한번 당신의 조직 안에서의 역할과 당신이 속한 가장 작은 조직의 미션은 무엇인지 그리고 그 안에서 당신 개인의 미션은 무엇인지 생각해보자. 자신이 하는 일을 보는 눈이 달라질 것이다. 우리는 목표를 바라보고 앞으로 나아가지만 때로는 그 목표가 우리를 끌고 간다.

2
신뢰로 서로를 잇는 힘을 구축하라

"신뢰는 나와 함께하는 구성원들이 맡은 역할을
잘하리라는 믿음에서 출발한다."

조직은 특정한 목적을 공유하는 사람들의 모임이라고 했다. 때로는 다른 공통점 없이 목적이나 목표만 공유하는 사람들이 모이기도 한다. 대학의 동호회가 아니라 회사의 한 부서라면 더욱 그렇다. 공동의 목표를 빼고 나면 어떤 때는 공통점을 찾아보기 정말 어렵다. 그러기에 역할이 다르고 목표가 다른 조직 간에만 갈등이 있는 것이 아니다. 같은 목표를 추구하는 조직 내에서도 갈등이 발생한다. 그래서 목표 공유 이외에 조직에 필요한 것이 하나 더 있다. 바로 신뢰다. 그런데 너무나 간단하고 누구나 그렇다고 생각하는 신뢰가 부족한 조직이 종종 있다. 경쟁이 심해지고 공사 구별이 더 뚜렷해지는 요즘 조직 구성원 간 신뢰가 더욱 중요해졌다.

신뢰는 제 역할을 제대로 수행할 때 가능하다

축구를 가장 잘하는 팀을 떠올려보자. 축구장에는 어느 팀이나 11명의 선수만 들어갈 수 있다. 그 11명의 선수는 각자의 위치가 있다. 특히 골키퍼는 손을 사용하는 특권이 있기에 다른 색의 유니폼을 입고 들어간다. 경기가 시작되면 공을 가진 선수뿐 아니라 공을 가지지 않은 선수들도 열심히 뛴다.

공을 가진 선수는 항상 자기보다 더 좋은 위치에 있는 동료를 찾는다. 때로는 빈 곳이 보이면 그쪽으로 동료가 뛰어갈 것이라고 믿고 패스한다. 자기가 수비를 뚫고 들어가는 경우는 자기보다 더 좋은 위치에 있는 동료를 찾지 못했기 때문이다. 공을 가지지 않은 선수들도 열심히 뛰고 있다. 상대편과 우리 편 선수들의 위치와 공의 흐름을 보며 공격한다면 빈자리를 찾아가고 수비한다면 상대를 놓치지 않기 위해 계속 움직인다. 내가 빈자리를 찾아서 뛰어들면 동료로부터 멋진 패스를 받으리라는 믿음이 있다. 자기가 공격수라고 해서 수비하지 않는 선수는 없다. 누군가 실수하면 그 실수를 탓하기 이전에 동료의 실수를 막기 위해 필사적으로 뛰어간다. 결국 골을 만들고 승리한다. 그리고 경기를 마치면 다 같이 팀의 승리를 만끽한다.

이번에는 성적이 좋지 못한 축구팀을 떠올러 보자. 11명이 경기를 하는 것은 같다. 그런데 나보다 더 좋은 위치에 있는 선수를 찾지 않는다. 내가 나아갈 방법을 찾고 있다. 어쩌면 동료를 확인할 여유도 없다. 공과 자신만을 보며 뛰어간다. 그러다 보면 수비에서는 계속 빈자리가 생기고 공격에서는 기회가 만들어지지 않는다. 공간을 찾아가는 것이 아니라 공을 쫓아갈 때가 더 많다. 그러다 골을 먹고 만다. 결국 팀이 패하면 누군가의 실수를 먼저 떠올린다.

축구를 가장 잘하는 팀이라고 해도 11명이 서로 가장 친한 친구는 아닐 것이다. 그러나 경기장에서는 누구보다도 서로를 믿고 있다. 조직에서 신뢰는 축구팀에서 신뢰와 같다. 모두 각자의 역할이 있다. 축구에서 공격수와 수비수가 있는 것처럼 조직에도 누군가는 좀 더 빛나는 일을 하기도 하고 또 다른 누군가는 잘 보이지 않는 일을 하기도 한다. 그럼에도 모두 팀을 위해 매우 중요한 역할을 하고 있다는 것은 승리를 위해 뛰어가는 축구팀과 같다.

그런데 누군가 실수했을 때는 어떻게 해야 할까? 야구 경기를 예로 들면 실수한 수비수에게 투수가 괜찮다고 위로할 때 수비수는 더 어려운 타구에 몸을 날린다. 삼진을 당하고 들어오는 선수에게 스윙이 좋았다고 파이팅을 해주어야 다음 기회에도 그 선수는 자신의 스윙을 할 수 있다. 그래야 지고 있어도 질 것 같지 않은 팀이 되고 오늘 져도 내일은 이길 것 같은 팀이 된다. 2023년 우승한 LG 트윈스가 바로 그런 팀이었다. 선수가 도루하다 아웃을 당해도 아무도 비난하지 않고 그 도전을 응원했다. 그 덕분에 다음에 기회가 오면 선수들은 또 온 힘을 다해 다음 베이스로 뛰어갔다. LG는 도루 실패가 가장 많았지만 그래도 상대의 약점을 파고들었다. 그해 수비에서 실수가 가장 많은 팀도 LG였다. 그런데 다들 LG의 수비가 아주 좋다고 했다. 한국시리즈 5차전 때 박해민 선수의 다이빙 캐치가 좋은 예다. 박해민 선수는 인터뷰에서 문성주 선수의 백업이 좋아서 몸을 날릴 수 있다고 했다. 자신이 공을 놓칠까 봐 몸을 움츠리는 것이 아니라 잡을 수 없을 것 같은데도 몸을 날리며 잡아냈다. 설령 자신이 놓쳐도 뒤에서 다른 선수가 그 실수를 최소화해줄 것이라 믿었기 때문이다. 신뢰가 있는 팀은 실수에 초점을 맞추지 않고 도전에 초점을 맞춘다. 그래야 실패에 좌절하지 않고 성공에 환호할 수 있다.

각자가 할 일을 하는 것이 신뢰의 시작이다

리더에게도 같은 원리를 적용해보자. 리더가 자기 역할을 제대로 할 때 신뢰가 시작된다. 내가 구성원들에게 신뢰받았던 것은 언제나 구성원들의 편이 되고자 했기 때문일 것이다.

나는 예전에 다임러 자동차와 사양 협의를 다시 하기 위해 임시로 과제 책임자가 됐던 적이 있다. 이전 영업 담당자는 고객의 요구는 무조건 수용해야만 한다는 생각이 강한 사람이었다. 그런데 당시 개발 담당자는 직접 세세한 것을 챙기지 않는 사람이었다. 과제가 진행되면서 고객은 왜 약속을 지키지 않느냐는 불만을 지속해서 제기했다. 우리 개발 실무자들은 약속한 적이 없다고 반발했다. 양측의 주장이 평행선을 달렸다. 회사에서는 나에게 과거 GM과의 과제를 시작부터 끝까지 수행한 경험이 있었다는 이유로 문제를 해결하라는 지시를 내렸다.

나는 문제를 해결하기 위해 가장 먼저 개발 사양서를 실무자들에게 읽어보았는지 물어보았다. 그런데 정말 놀랍게도 개발 사양서를 처음부터 끝까지 읽은 사람이 아무도 없었다. 주요 내용을 요약한 것만 알고 있을 뿐이었다. 그에 따른 시험 방법이나 제출해야 할 서류에는 관심이 없었다. 그런 개발 사양서에 영업 담당자의 서명이 있었다. 개발 담당자가 확인한 것이 아니라 영업에서 해야 한다는 논리로 서명했던 것이다.

나는 그날부터 실무자들과 함께 개발 사양서를 검토했다. 그들과 한 줄 한 줄 읽어가면서 할 수 있는 것과 할 수 없는 것을 구분하고 다임러와 협상에 들어갔다. 개발 사양서의 부적절함을 논리적으로 제시하자 다임러도 이해하고 함께 수정하기로 했다. 거의 6개월의 시간을 들여 개발 사양서 수정을 완성했다. 나는 이 과정에서 말로만 지시하고 확인하는 것이 아니라 이유를 확인하고 더 나은 결과물을 만들어가는 과정을 함께하면서 임시 조직이었지만 구성원들의 신뢰를 얻을 수 있었다.

그러나 문제가 최종적으로 해결된 것은 아니었다. 이렇게 완성된 개발 사양서를 다임러의 임원이 인정하지 않으면서 문제는 원점으로 돌아왔다. 지금 생각하면 더 좋은 방법이 있었겠지만 그때는 정면 돌파 이외에는 방법이 생각나지 않았다. 나는 양사의 최고 임원 회의에서 사고를 치고 말았다. 수정된 개발 사양서를 인정하지 않는 임원을 다임러 부회장 앞에서 함께 일할 수 없는 사람이라고 말해버린 것이다. 나는 모든 회의에 참석한 부하직원에게 권한을 위임하지 않는다면 어떻게 일할 수 있겠느냐고 말했다. 회의장은 잠시 싸늘한 분위기가 됐지만 노련한 본부장님이 잘 마무리했다. 결론은 수정된 사양서가 인정되었고 내 과제는 아니었지만 개발 사양서에 내가 서명했다. 그리고 나는 그 과제에서 물러났다. 상황과 상관없이 구성원들이 만들어낸 결과를 성과로 만들어낸 것은 이후에도 믿고 따를 만한 상사로 인정받는 계기가 됐다.

조직에서의 신뢰는 나와 함께하는 구성원들이 맡은 역할을 잘하리라는 믿음에서 출발한다. 나에게 잘해주고 친절한 것도 중요하지만 그보다는 맡은 역할을 완벽히 수행할 것이라는 믿음이 있어야 한다. 또한 역할도 개인의 목표가 아니라 조직의 목표에 따라 움직여야 한다. 내가 잘해도 다른 사람들 때문에 일이 성공할 수 없다고 생각하는 것은 신뢰를 만들지 못하게 한다. 신뢰가 바탕이 된 조직은 자신의 역할을 충실히 수행하는 것에서 출발한다. 내가 부족할 때 비난을 걱정하는 것이 아니라 조직의 도움을 받을 것이라는 믿음으로 성장한다. 그리고 끝내 조직의 목표를 달성했을 때 모든 구성원의 역할을 치하하고 함께 기뻐하는 것으로 완성된다.

3
미래를 향한 눈이 성과를 만든다

"나는 과거를 바꿀 수는 없지만 미래는 바꿀 수 있다. 오늘 내가 무엇을 하느냐가 내 미래를 결정할 것이기 때문이다."

성과를 내는 조직의 특성은 모두의 눈이 미래를 향하고 있다는 것이다. 과거 문제를 해결하기 위해 모인 조직도 있고 오늘 하루만 생각하는 조직도 있다. 하지만 조직의 시선은 미래를 향해야 한다. 과거를 해결하고 있는 조직도 또는 오늘 하루에 갇혀 있는 것 같은 조직도 왜 그 일을 하는지 깊숙이 들여다보면 사실은 더 나은 미래를 위해서 일한다는 것을 알게 될 것이다. 만일 지금 우리 조직의 목표가 미래에 있지 않다면 다시 한번 우리 목표가 무엇인지 점검해야 한다.

소비자 불만을 해결하는 조직은 과거에 일어난 문제를 지금 문제 삼는 사람들의 불만을 해결하고 있다. 하루하루가 고된 일로 가득 차 있다. 마치 과거를 해결하는 조직인 것처럼 보인다. 누군가는 에프터서비스를 우리 제품을 구매한 고객에 대한 책임이라고 이야기한다. 또 누군가는 더 큰 문제가 생기지 않게 하려는 것이라고 한다. 그러나 궁극적으로는 더 많은 사람이 그 회사 제품을 새로 구매하거나 다시 찾게 하려는 것이다. 결국 소비자 불만을 해결하는 조직은 미래를 위해서 일하는 것이다.

과거는 바꿀 수 없지만 미래는 바꿀 수 있다

"나는 과거를 바꿀 수는 없지만 미래는 바꿀 수 있다. 오늘 내가 무엇을 하느냐가 나의 미래를 결정할 것이기 때문이다."

나는 함께 일하는 사람들에게 이 이야기를 반복한다. 과거가 모여서 현재가 만들어진 것처럼 오늘의 결과가 바로 미래다. 미래라고 하면 시간이 많이 남아 있는 것 같지만 항상 생각보다 일찍 다가온다. 그 까닭은 과거, 현재, 미래 중에 현재가 가장 짧기 때문이 아닐까.

가끔 문제가 발생하면 가장 먼저 "누가 그런 거야!"라고 묻는 사람이 있다. 문제를 일으킨 사람을 찾아서 질책하는 것으로 문제 해결을 시작한다. 문제의 시작을 찾는 것은 해결에 중요한 실마리를 제공한다. 그러나 그 사람이나 판단을 질책하는 것은 전혀 도움이 되지 않는다. 시선이 과거에 머무르면 그 문제도 과거의 문제에서 벗어나지 못한다. 그저 잘못된 과거로 인해 현재 고생하는 것뿐이다. 하지만 시선이 미래로 향하면 이야기가 달라진다. 더 나은 미래를 위해 지금 우리가 할 일을 찾게 된다. 그때 그렇게 해야 했다는 것을 이야기하는 것이 아니라 "지금 이렇게 합시다."라고 이야기해야 한다.

　중간고사를 망친 자녀에게 그렇게 놀기만 하더니 그럴 줄 알았다고 말하는 것은 다음 시험 준비에 도움이 되지 않는다. 오히려 고생했다고 이야기하고 다음 시험 준비는 어떻게 할 것이냐고 물어보는 것이 더 도움이 될 것이다. 공부를 얼마나 했느냐에 초점을 맞추는 것은 바꾸지 못할 과거에 시선이 가 있는 것이다. 다음 시험 준비를 어떻게 할 것이냐는 미래를 위해 오늘 무엇을 할지를 묻는 것이다. 아이도 자신이 공부를 안 해서 성적이 나쁜 것은 너무나 잘 알고 있지 않을까? 그럼에도 공부를 안 하는 것은 미래에 관한 생각이 다르기 때문은 아닐까? 부모는 경험적으로 학업 성적이 미래의 삶에 얼마나 중요한 요소인지 알고 있다. 그러나 아이는 직접적으로 그런 경험을 하지 못했기에 그만큼 중요하게 생각할 수가 없다. 그래서 같이 미래를 그려보는 것이 과거를 후회하는 것보다는 더 낫다.

　회사도 그렇다. 상사의 시선이 과거에 머무르면 직원들은 미래를 바라볼 수가 없다. 과거는 명확한 것이고 미래는 불확실한 것이기 때문에 실패를 각오하지 않으면 시선을 미래에 두기 매우 어렵다. 그런데 상사가 계속 과거만을 이야기한다면 구성원들 또한 과거를 정리하는 일에 시간을 사용할 수밖에 없다. 인정받지 못할 것을 아는데 위험을 감수하는 것은 쉽지 않다. 직장생활은 회의의 연속이다. 그 많은 회의가 미래를 향하는지 과거에 머무르는지 보라. 무엇을 했는지도 중요하지만 무엇을 할 것인지를 논의하는지 말이다.

　우리가 하는 일은 단판 승부가 반복되는 경우가 대부분이다. 입찰에 떨어져서 회사가 흔들리기도 한다. 그래도 다음 입찰이 기다리고 있다. 프로야구 시즌이 되면 팀에게 모든 경기가 다 중요하다. 그렇지만 지나간 경기는 어떤 방법으로도 돌려놓을 수 없다. 승부에 이긴 날도, 승부에 진 날도 감독과 선수의 눈은 다음 경기에 가 있다. 오늘의 승부를 복기하는 단 하나의 이유는 다음 경기를 더 잘하기 위한 것이다. 류현진 선수도 가장 중요한 공은 다음에 던질 공이라고 했다.

소 잃고도 외양간 고치는 사람이 리더다

2018년 전후로 국내 에너지저장장치에서 화재가 빈번히 발생했다. 사고 수습을 위해 에너지저장장치 개발 경험이 있는 내가 사업부장을 맡게 됐다. 화재는 계속 발생했고 모든 사업부의 일은 화재 처리에 집중되어 있었다. 화재가 발생하면 빠르게 뒷수습하기 위해 모든 직원이 동분서주했다. 그러나 화재 원인을 찾을 길이 없었다. 시설물이 전소한 후라 남은 것에서 단서를 찾기는 어려웠다. 화재 처리에 너무나 많은 에너지가 소모됐다. 나는 사업부장으로서 미래를 생각하지 않을 수 없었다.

당시 더 이상 화재가 발생하지 않도록 신제품 개발과 품질관리를 하고 설치 운영 기준을 재정립하는 것은 모두가 생각한 일이었다. 하지만 나는 추가로 데이터가 있어야만 화재 분석도 가능하고 향후 개발을 위한 자료도 확보할 것으로 생각했다. 기존에는 운영 시스템에서 데이터를 저장하고 별도로 모아두는 데이터센터가 없었다. 평소에도 데이터가 필요하면 직접 방문해야 했다. 이렇게 보관한 데이터는 화재가 발생하면 모두 소실되는 경우가 많았다.

나는 데이터 수집 시스템을 갖추기로 했다. 화재 복구 비용에 데이터 수집 시스템 설치비용을 포함하고 화재가 발생해서 복구하는 시설뿐 아니라 발생하지 않은 시설에도 모두 설치하기로 했다. 추가 비용이 들었지만 향후 발생할 문제의 원인을 찾기 위해서 반드시 필요한 투자라고 생각했다. 그 후 국내에 있는 전력망용 에너지저장장치는 데이터 수집 시스템을 반드시 갖추도록 법이 바뀌었다. 지금은 수집한 데이터를 화재 원인 분석과 운영 최적화에 잘 활용하고 있다.

에너지저장장치와 관련한 데이터 수집 시스템 구축처럼 제품 개선도 기존 기술의 잘잘못을 따지기 이전에 더 나은 것이 있다고 확인할 때마다 제품에 적용했다. 일선에서 밤낮없이 이를 실행한 구성원들 덕분에 누구보다 빨리 제품을 개선할 수 있었다.

과거는 지나간 것이며 미래를 위해 오늘 무엇을 해야 할지를 알려주는 가이드에 지나지 않는다. 조직과 리더의 시선은 미래를 향해야 한다. 소를 잃었더라도 외양간을 고치는 것이 리더다. 그래야 다시 소를 키울 수 있다.

4
격렬한 논쟁을 허용할 때 조직은 성장한다

"논쟁이 자유로워야 조직이 건전해진다."

"결정되기 전에는 치열하게, 결정된 후에는 쿨하게"

내가 새로 조직을 맡으면 꼭 하는 말이다. 나의 기본적인 성향을 알려주고 논쟁과 실행의 중요성을 알리기 위함이다. 나는 '쿨하다'라는 표현을 나와 다른 의견도 마음으로부터 받아들인다는 의미로 쓴다.

내가 만난 많은 사람은 반대 의견을 내는 것에 익숙하지 못했다. 사람들은 자기 의견에 확신이 없어서 말을 못 하기도 한다. 상대방 의견이 완전히 틀리지도 않았고 본인이 가장 전문가도 아니기 때문에 한발 물러나기도 한다. 때로는 튀기 싫어서 조용히 있기도 한다.

어떤 사람은 자기와 다른 의견이 나오면 자신이 거부당하는 것으로 과대 해석하기도 한다. 반대 의견을 냈다가 자신이 그 일을 맡을까 봐 두려워하는 사람도 있다. 혹자는 안건이 별로 중요하지 않다고 생각한다. 과거에 자신이 낸 의견이 무시당한 경험도 입을 다물게 한다. 너무 강한 리더가 있어서 말을 못 하는 경우도 있다. 이유가 무엇이든 회의 중에 다른 의견을 주고받으며 건전한 논쟁을 하는 것에 익숙하지 않았다.

그러나 최선의 결정을 위해서는 치열한 논쟁에 익숙해져야 한다. 지금처럼 정보가 넘쳐나고 세상이 빠르게 변할 때는 더욱 그렇다. 성공과 실패를 포함한 과거의 경험만을 근거로 삼거나 뛰어난 전략가 한 명이 모든 정보를 파악해서 가장 적절한 판단을 내리는 것은 이제 거의 불가능에 가깝다. 설령 방향은 소수가 정할 수 있다고 하더라도 실행 계획을 세우기 위한 검토는 모두가 함께해야만 한다. 새로운 정보와 다른 관심사를 가진 사람들의 다양한 견해가 더해져야만 새로운 모습으로 다가오는 미래의 불확실성을 조금이라도 줄일 수 있다.

결정 전에는 치열하게 결정 후에는 쿨하게

만일 우리 조직이 치열한 논쟁을 하지 못한다면 그것은 전적으로 리더의 책임이다. 구성원들의 소극적인 성격이 문제일 수도 있고 경험 부족을 탓할 수도 있고 관심 없음이 이유라고 할 수도 있다. 그럼에도 조직의 경직성은 무조건 리더의 잘못이다.

리더의 작은 말과 몸짓이 미치는 영향은 매우 크다. 구성원들이 자유롭게 의견을 개진하게 하기도 하고 목구멍까지 올라온 의견을 꾹 참게 만들기도 한다. 본인이 리더라면 변명하지 말고 자신을 돌아볼 필요가 있다. 그리고 리더는 구성원들에게 소위 말하는 심리적 안전감을 보장해야 한다. 말 그대로 안전하다고 느끼게 해주는 게 중요하다. 어떤 의견을 이야기해도 있는 그대로 소중하게 다뤄질 것이라는 믿음을 주어야 한다. 의견이 잘못됐거나 채택되지 않더라도 그 사람의 능력이 의심받아서는 안 된다. 아무리 적극적인 사람들이 모인 조직이라고 해도 부정적인 감정이 쌓이게 되면 새로운 의견을 제시하기 전에 눈치를 볼 수밖에 없다.

다양한 의견 개진을 위해 브레인스토밍을 활용하라는 말을 많이 듣지만 원칙대로 진행하지 못하는 경우도 많다. 브레인스토밍의 중요한 기본 원칙은 다양한 의견을 모으고 비판하지 않으며 그 의견들에 가지치기하거나 덧붙여서 새로운 의견을 내는 것이다. 하지만 많은 리더가 하나하나의 의견을 평가한다. "해봤는데 안 됐다." "우리는 할 수가 없다." "다른 팀과 차별화가 되지 않는다." 등등. 리더는 시간을 아끼고 더 나은 결과를 만들고 싶어서일 것이다. 하지만 이런 말들은 말하고 싶은 구성원들의 의욕을 꺾는다. 어떤 리더는 때로는 의견을 넘어 제안자를 평가하기도 한다. 경험이 부족하다든지, 그 정도밖에 생각하지 못하느냐고 하면서 말이다.

리더가 적어도 의견에 즉각적인 평가만 하지 않아도 도움이 된다. 일단 "좋은 의견입니다. 의견 감사합니다." 하고 의견을 모아야 한다. 의견이 다 모이면 누구의 제안인지는 잊고 개별 의견 하나씩 추가 질문을 한다. 그 의견대로 할 수 있는지, 하면 해결이 되는지, 과거 경험이 있었는지, 실행하려면 무엇이 필요한지 등을 확인하면서 가장 좋은 의견을 선택한다. 그리고 선택한 의견을 모두가 역할을 나눠 맡고 최선을 다해 실행하면 된다.

우리는 가장 효율적인 방법으로 성과를 만들어야 한다고 줄곧 들어왔다. 다양한 공부를 해서 지식을 넓히는 것도 중요하다. 하지만 시험에 잘 나오는 기출문제를 반복해서 성적을 올리는 것이 더 중요했던 경험이 있다. 이러한 경험으로 의견을 평가하고 재단하여 가장 효율적인, 어쩌면 누구나 생각할 수 있는 정해진 답을 만들어 가는 것에 익숙해져 있다. 그래서 리더는 새로운 시도보다는 검증된 반복을 선택하는 경우가 있다.

나도 처음 조직장이 됐을 때는 마찬가지였다. 그러나 조직의 규모와 범위가 커져서 내 지식으로는 감당할 수 없는 상황이 되자 생각이 바뀌었다. 때로는 내 생각에는 가장 맞는 답이 아니더라도 제안자가 적극적으로 제안하면 그대로 채택했다. 내가 생각한 방향과 조금 다르더라도 그렇게 하자고 해보았다. 너무나 시간에 쫓기는 상황에서는 쉽지 않았기에 처음에는 중요하지 않은 것, 시간 여유가 있는 사안을 중심으로 그렇게 했다.

이렇게 결정에서 한발 물러나면서 나는 몇 가지 좋은 점을 발견했다. 하나는 내가 정말로 해야 하는 일에 시간을 더 쓸 수 있게 됐다. 또 하나는 구성원들이 스스로 선택한 것이기에 참여에 적극적이고 열정이 더 커졌다. 과제가 성공하면 내가 직접 한 것이 아님에도 내 경험은 긍정적으로 바뀌었고 구성원들은 자신감이 커졌다. 만일 과제에 실패해도 실패할 때까지의 경험이 남아 구성원들이 다음 과제에 더 넓은 시야를 가지고 참여하는 것을 보았다.

논쟁이 자유로워야만 조직이 건전해진다

내가 스스로 전기자동차 생태계에 이바지했다고 생각하는 GM 볼트Volt 과제도 생각해보면 팀원들이 할 수 있다는 제안에서 시작됐다. 전지는 출력을 높이면 에너지가 줄고 에너지를 높이면 출력이 주는 것이 너무나 당연한 전제다. 그런데 GM은 당시 기준으로 가장 높은 에너지와 가장 높은 출력을 동시에 요구했다. 나는 이 요구는 들어주기가 어렵다고 생각했다. 그때 팀원들이 할 수 있다고 했다. 다양한 설계를 보여주면서 이렇게 하면 된다고 했다. 나는 정말 할 수 있느냐고 되물었다. 그리고 해보자고 했다. 이렇게 시작된 과제는 2010년에 볼트라는 최초의 양산형 전기차로 열매를 맺었다. LG화학을 GM의 최우수 파트너 자리에 올라가게 한 과제가 됐다. 이 과제도 구성원의 할 수 있다는 한마디가 없었다면 어떻게 됐을지 상상이 안 된다.

반대로 실패한 경험도 있다. 사업부장으로 제품 개발을 점검하면서 도저히 판매가 안 될 것 같은 기획안을 받았다. 바로 하지 말자고 했다. 그러자 기획, 개발, 영업 팀에서 "해야 한다." "할 수 있다." "없으면 안 된다."라는 의견이 들어왔다. 모두가 하겠다고 했다. 그러면 제품 개발을 마치고 보자고 했다. 내 기준에는 개발 품평회에 들고 온 제품도 팔릴 것 같지 않았다. 다시 한번 이제는 그만하자고 했다. 또 반대에 부딪혔다. 과제는 지속됐고 내가 사업부장을 떠난 후에 완성되어 시장에 출시됐다. 결과는 참패였다.

나는 이 일로 의사결정권자라면 구성원의 의견을 받아주어야 하는 때와 내 의견을 밀고 가야 하는 때를 알아야 한다는 것을 배웠다. 구성원들은 고객 관점에서 제품을 바라보는 눈을 배웠다고 했다. 개발자나 영업 담당자의 관점에서 제품을 보는 것이 아니라 제품을 선택할 고객의 눈으로 봐야만 한다고 말이다. 값비싼 공부였다. 그래도 덕분에 구성원들은 내게 하고 싶은 말을 계속할 수 있었다.

정말 반대 의견이 없는 경우에는 레드팀을 운영하는 것도 방법이다. 몇 사람에게 반대 의견이나 해당 의견의 약점을 공격하는 역할을 부여해서 제안된 의견의 보완점을 찾는 것이다. 아니면 실행을 위해 지금 가지지 못한 것이 무엇인지 물어보는 것도 방법일 수 있다. 누구의 도움이 필요한지를 물어보거나 이제까지 그 방법을 실행하지 못한 이유를 물어볼 수도 있다. 관점을 바꿔보는 것이다.

논쟁이 자유로워야 조직이 건전해진다. 작은 결정에서 자신과 자신의 의견이 존중받는 경험을 해야만 더 힘든 이야기도 꺼낼 수 있다. 사소한 것은 무시하고 중요한 것만 인정받는 곳에서는 무시당한 경험이 더 커져서 중요한 것도 점점 논의하기 어려워진다. 작은 의견부터 존중하는 것이 바로 리더가 의견을 끌어내기 위해 해야 하는 일이다.

5
다양성이 힘이 될 때 조직은 성장한다

"다양한 생각이 허용되지 않는 조직은 늙어갈 것이고 결국 사라질 것이다."

답정너라는 표현을 들어봤을 것이다. "답은 정해져 있으니 너는 대답만 하면 돼."라는 말이다. 이 말을 들으면 어떤 생각이 드는가? 나는 중고등학교 시절 사지선다형 시험이 생각난다. 답은 꼭 네 가지 보기에서 골라야 하는 시험 말이다. 또는 과정은 몰라도 답만 맞추면 되는 수학의 단답형 시험도 생각난다. 그때는 그게 가능했다. 기존의 지식을 습득하는 것이 목적이었기 때문이다. 이미 참으로 확인된 것을 외워서 답을 적었다. 심지어 국어 시험에는 은유 뒤에 숨은 작가의 의도를 찾는 것도 이미 답이 정해져 있었다. "한용운의 시 「님의 침묵」에서 '님'은 누구인가?" 같은 문제 말이다. 수업 시간에 배우는 답이 작가의 의도인지는 모르겠지만 적어도 글을 읽는 내 생각이 들어갈 자리는 없고 느낌조차 강요됐다. 지금은 어떤가? 학교를 졸업하고 사회에 나와서 정답을 잘 찾고 있는가? 당신에게 여전히 네 가지 보기가 주어지고 있는가?

나는 세상이 참 빠르게 변하고 있다는 말을 자주 한다. 10년이면 강산이 변한다고 한다. 10년 사이에 이미 변화를 넘어 표준이 되어 버린 것을 너무나 쉽게 찾을 수 있다. 그러다 보니 나는 작가나 영화감독들은 참 대단하다는 말도 함께한다. 10년, 20년 전에 공상과학 영화에서 보았던 많은 것을 이제는 현실에서 만나고 있다. 예를 들어 영화 「터미네이터」에서 기계가 지배하는 세상, 인공지능이 인간을 뛰어넘은 세상을 보며 막연히 이런 생각을 할 수도 있구나 하고 생각했다. 그런데 이제는 인공지능이 인간을 뛰어넘을 것을 걱정하고 있다. 이미 많은 분야에서 사람의 능력만으로는 불가능한 일들이 가능해지고 있다.

지금 가장 적절한 것이 정답이다

다양성 이야기를 하면서 세상이 참 빠르게 변한다는 말을 하는 이유가 있다. 세상에 영원한 정답은 없다는 말을 꺼내기 위해서다. 지구가 세상의 중심이던 시절에 지구가 태양을 돌고 있다고 말한 갈릴레오는 처벌받았다. 하지만 지금은 아무도 지구를 중심으로 태양이 돌고 있다고 이야기하지 않는다. 태양계는 9개 행성으로 이뤄졌다고 과거 학교에서 배웠지만 지금은 명왕성을 제외하고 8개 행성이라고 한다. 이렇게 굵직한 자연현상도 정답이 달라지기도 하는데 다른 것들은 어떠할까?

이제는 학교 교육도 달라지고 있지만 예전 교육을 받은 당신도 달라져야 한다. 정답은 영원한 것이 아니다. 지금 이 순간 가장 적절한 것이 정답이다. 이미 알고 있는 지식만 외워서 더 이상 답을 써 내려갈 수 없다. 세상의 변화에 함께 따라가야 한다. 변화를 앞서가고 변화를 이끌어가면 더 좋을 수도 있으나 최소한 변화에 함께해야 한다. 그런데 우리는 새로운 혁신이 찾아왔을 때 함께 변화하여 동조하지 못하고 한발 벗어나 구경꾼이 되곤 한다. 새로운 것, 기존에 알고 있던 답과 다른 것을 받아들이는 것을 잘하지 못하기 때문이다.

우리는 다른 것을 틀린 것으로 배운 기억이 너무나 강렬하게 남아 있다. 그렇지만 이제는 변해야 한다. 다양한 생각이 허용되지 않는 조직은 늙어갈 것이고 결국 사라질 것이다. 조직을 새롭게 하는 것은 새로운 사람일 수도 있지만 그보다 먼저 새로운 생각이 허용되어야 한다는 것을 기억해야 한다. 새로운 생각에서 새로운 답이 나오고 새로운 결정이 내려져야 조직이 새로워진다.

다름을 존중할 때 길이 열린다

조직의 일들이 그렇듯이 다양성이 인정되려면 리더의 역할이 참 중요하다. 다양성을 받아들이는 시작은 서로에 대한 존중이다. 내가 중요한 만큼 다른 사람도 중요하다고 생각해야 한다. 나보다 말고 그저 나민큼 중요히다고 생각하면 된다. 그리고 과거와 현재를 구분할 수 있어야 한다. 과거의 정답은 과거의 정답이지 현재의 정답은 아닐 수 있다고 마음을 열어야 한다.

과거 상사 중에 한 분은 이렇게 질문했다. "해봤어?"가 아니라 "언제 해봤어?"라고. 그분은 과거를 묻지 않고 현재를 물었다. 이 질문은 지금도 내게 중요한 화두다. 과거에 경험한 문제라도 그 경험이 지금 이 순간도 유효한지를 확인하고 답하는 것이다. 리더가 먼저 "내가 해봤는데"로 이야기를 꺼내면 다양성을 살리기 어렵다. 그 순간 답이 정해질 수 있기 때문이다. "내가 해봤는데"를 이야기하려면 적어도 시작과 끝이 아니라 과정과 전제도 함께 이야기해야 한다. 당시의 상황과 자원도 언급해야 한다. 지금과 다른 것이 있다면 답은 달라질 테니 말이다.

다양성을 살리기 위해서는 제안자와 제안을 구분하는 것이 필요하다. 항상 맞는 사람도 항상 틀리는 사람도 없다는 것은 잊어서는 안 된다. 우리는 제안의 실효성을 판단하는 가장 쉬운 방법으로 제안자가 누구인지를 묻는다. 어떤 특정인의 의견이라면 무조건 해볼 만할 것으로 생각하고 반대로 어떤 이의 의견은 자세히 듣기도 전에 무시하기도 한다. 제안 자체를 검토하는 것이 아니라 제안자를 검토하는 것이다. 제안자가 자신의 제안이 한 번 두 번 채택되지 않은 경험이 쌓이면 더 이상 새로운 의견을 내지 않는다. 그래서 무기명으로 설문하면 의견이 있다가도 논의를 시작하면 조용해진다.

제안자와 제안을 분리하기 위해 무기명 제안을 받는 것은 좋은 방법이다. 그 무기명 제안 덕분에 논의가 진행되기도 한다. 그럼에도 실명으로 제안이 넘어올 수 있도록 불이익이 없다는 신뢰를 쌓아야 한다. 무기명은 신뢰를 만드는 시작은 될 수 있다. 하지만 무기명이 지속되면 인정, 칭찬, 적절한 보상이 어려워서 연속적인 실행으로 연결되기가 어렵다. 언제나 심리적 안전감이 보장되어야 한다.

구성원들의 의견을 무시하고 내 의견을 주장한 적이 있다. 이 사례는 지금껏 이야기한 다양성과 다르게 보일 수 있지만 기존의 경험을 무시하고 새로운 도전을 해야 한다는 관점에서 살펴볼 가치가 있다. LG화학에서 개발한 안전성 강화 분리막SRS, Safety Reinforced Separator을 처음으로 양산 전지에 적용했을 때다. 당시 모든 사람은 안전성 강화 분리막을 적용할 수 없다고 했다. 안전성 강화 분리막 자체 제조 공정이 확립되지도 않아서 제작이 어렵다는 이유도 있었고 셀을 생산할 때 위치 조정에 어려움이 있다고도 했다. 기존 코팅 분리막으로 충분하다는 의견도 있었다.

하지만 나는 안전성 강화 분리막을 적용하지 않으면 개발하지 않겠다고 했다. 내가 이렇게 주장할 당시에 안전성 강화 분리막을 개발한 팀으로부터는 거의 도움을 받지 못했다. 그들은 바로 양산에 적용할 생각이 없었다. 그러나 중대형 전지를 개발하는 사람으로서 조금이라도 안전성을 개선할 방법을 포기할 수 없었다. 기존 코팅 분리막은 소형 전지에서는 충분했을지 몰라도 중대형 전지에서는 부족했다. 안전성뿐 아니라 전해액 함침에서도 기존 코팅 분리막은 한계가 있었다. 나는 소형 전지와 중대형 전지의 용량과 사용처가 달라서 안전성과 공정의 기준이 달라져야만 한다고 생각했다.

기존의 상식에서 벗어나는 내 제안을 팀원들이 받아준 덕분에 안전성 강화 분리막을 제품에 적용했다. 고생할 것이 뻔한 상황이었지만 성공한다면 제품 개선이 분명했기에 구성원들이 제안에 동의한 후에는 모두 한마음이 됐다. 반제품 생산을 위해 파일럿 생산을 직접하고 다음 날 다른 작업을 위해 밤 11시가 넘어까지 생산설비를 깨끗이 청소하는 것을 반복했다. 연구원들은 공장에 상주하며 분리막 변경에 따른 문제가 나올 때마다 현장 작업자들과 머리를 맞대고 문제를 풀었다.

결국 안전성 강화 분리막을 적용한 제품을 완성했다. 덕분에 중대형 전지에서 LG가 앞서나갈 수 있었다. 자동차 회사가 요구하는 안전 기준을 LG만 맞출 수 있었다. 당시 학회장에서는 별 효과도 없는데 비싼 제품을 왜 만드냐는 질문도 받았다. 그러나 지금은 모든 제품에 안전성 강화 분리막과 유사한 세라믹 코팅 분리막을 사용하고 있다. LG를 공격했던 다른 경쟁사들조차 사용하고 있다. 특허 분쟁에서 LG가 이겨서 특허료를 받았다. 세상의 표준이 바뀐 것이다. 내 생각에 동의하고 정말 고생한 직원들이 한 명도 특허 보상을 받지 못한 것은 너무나 억울하다. 하지만 세상의 표준을 바꾼 동료들이 지금도 너무나 자랑스럽다.

리더들은 답을 주거나 지시를 하는 것에 익숙해져 있다. 판단하고 평가하는 것을 자신의 역할이라고 생각하기도 한다. 물론 판단하고 평가하고 지시하는 일을 하지 않을 수는 없다. 여기에 질문이 추가되면 좋겠다. 좋은 질문을 하는 것이 리더의 중요한 역할이다. 새로운 의견을 판단하기 전에 질문하면 구체화할 수 있고 가장 좋은 것을 채택하거나 실행력을 높일 수 있다. 예를 들어 이미 해본 의견이라면 그때와 무엇이 다르다고 생각하는지를 묻는 것만으로도 제안이 풍부해진다.

빨리 가려면 혼자 가고 멀리 가려면 함께 가라는 말이 있다. 이 말은 지금까지는 협동을 강조하는 말로 들렸다. 이제는 이 말의 의미가 조금 달라졌다. 바로 다양성이 어려움을 헤쳐 나가는 힘이 된다는 뜻으로 말이다.

6
세대 차이는 또 다른 다양성이다

"과거의 경험은 오늘의 것으로 다시 만들어져야 하고
새로운 도전에 참고 자료가 되어야 한다."

세대 차이는 다양성을 이야기할 때 빼놓으면 안 되는 주제다. 지금은 MZ세대끼리도 서로 다르다고 하며 밀레니얼세대와 Z세대로 나눠 불러달라고 한다고 한다. 나는 소위 X세대의 일원이다. 하지만 나는 X세대의 특징이 무엇인지도 모르겠고 X세대의 유행을 따라간 것이 무엇이었는지도 기억나지 않는다. 하지만 X세대가 당시 기성세대들이 보기에 뭔가 달랐던 것이다.

이러한 세대 차이는 어디에서 오는 걸까? 이러저러한 기사들을 보면 성장 환경의 차이를 많이 이야기한다. 내 부모님은 후진국에서 태어났다. 나는 아마도 후진국의 끝물이나 중진국에 태어났다고 보면 될 것이다. 그리고 지금 20~30대들은 선진국으로 넘어가는 시점에 태어나서 자랐을 것이다. 지금 태어나는 아이들은 확실히 선진국 사람이다. 물질의 풍요, 문화의 발전, 국제정세의 변화, 디지털로의 전환 등 다양한 환경의 변화가 있었기에 다른 생각과 행동이 자연스러워지면서 새로운 세대가 만들어진다고 볼 수 있다. 물론 MZ세대가 우리나라에만 있는 것은 아니기에 일반화할 수는 없다.

경험과 도전의 균형이 필요하다

나는 태어난 시기나 환경의 차이 말고 세대를 구분하는 다른 기준을 가지고 있다. 새로운 것에 대한 태도다. 경험을 따를 것인가, 도전을 선택할 것인가? 이것이 내가 생각하는 세대 차이의 근본 원인이다. 경험이 많아지면 우리는 현명해진다고 말한다. 많은 일이 경험을 통해 답을 배우기 때문이다. 물론 경험을 하고도 답을 찾지 못하는 경우도 많이 있다. 또 경험의 덫도 있다. 바로 도전이 줄어들게 된다는 것이다.

우리는 어릴 때부터 다양하게 경험한다. 직접 겪기도 하지만 간접적으로 겪으면서도 경험을 쌓는다. 예컨대 아이에게 뜨거운 그릇을 만지라고 하는 사람은 아무도 없다. 반면에 아이는 뜨겁다는 것을 모르니 계속 만져보려고 한다. 부모는 아이가 데일까 봐 야단이다. 그러면 아이는 어리둥절하거나 오히려 부모의 표정과 말에 겁을 먹는다. 아이는 뜨겁다는 것을 모르기에 그저 눈앞의 물건에 손이 가는 것이다. 그러나 아이도 그릇이 뜨겁다는 것을 알고 나면 일부러 만지지 않는다. 이것이 경험이다. 부모가 화를 내는 것이 싫어서 뜨거운 것을 만지지 않는다면 그것 또한 경험이다.

그렇다고 해서 경험을 곧이곧대로 수용하고 체화하는 것도 아니다. 예를 들어 모든 부모는 아이가 자기보다 더 훌륭하게 성장하기를 바란다. 공부도 운동도 악기도 모두 잘했으면 한다. 그래서 때로는 억지로 공부시킨다. 경험적으로 학창 시절에 공부를 잘한 사람들이 나중에 사회적으로 인정받을 가능성이 크다는 것을 알기 때문이다. 자신이 어렸을 때 '조금만 더 열심히 했더라면'이라는 후회가 남아 있는 부모일수록 더욱 그럴 것이다. 또는 자신이 힘들게 억지로 했던 것들이 지금은 자산이 됐기 때문일 수도 있다. 그러나 아이는 그 순간을 살고 있을 뿐 아직 부모가 했던 경험이 없기에 바로 수긍하지 못하기도 한다.

도전은 경험이 없을 때 한다. 때로는 경험이 틀렸다는 것을 보여주기 위해서 한다. 경험을 그대로 인정하고 따라 하는 것도 어떤 의미에서는 자신에게 도전이 될 수도 있다. 하지만 도전은 성공한다는 보장이 없이 부딪히는 것이다. 도전이 실패하는 경우도 많이 있고 결국 경험이 옳았다는 사실을 알게 되기도 한다. 하지만 도전이 없으면 발전도 없다. 그래서 나는 경험에 의존하면 구세대고 도전을 즐기면 신세대라고 생각한다.

지금 우리나라가 선진국 대열에 오른 것은 경험이 아니라 도전의 결과다. 우리 선배들은 경험만을 기반으로 하거나 다른 사람들이 만들어놓은 지식만을 기반으로 해서는 도달할 수 없는 자리에 왔다. 지금은 '라떼'를 외치시는 내 부모 세대와 선배들의 도전의 결과가 선진국 대한민국을 만든 것이다.

혹시 여러분은 기성세대를 이해한다거나 배운다는 말을 들어보았나? 어느 순간부터 기성세대들이 신세대를 배우고 이해하려고 하는 것이 느껴지는가? 언론이나 회사에서 MZ세대를 이해하기 위한 기사나 프로그램은 자주 진행하지만 거꾸로 기성세대를 이해하려는 시도는 많지 않은 것 같다. 그저 드라마의 소재와 같이 추억으로 다룰 뿐이다. 아마도 세대는 되돌리는 것이 아니라 흘러가는 것이기 때문일 것이다. 기성세대도 경험을 이야기하지만 도전이 더 중요하다는 것을 이미 잘 알기 때문이기도 하다. 그 도전이 경험이 되고 그 도전을 통해 세상은 발전한다. 그래서 새로운 세대를 배우고 이해하라는 말이 더 많이 나오는 것이다.

꼰대가 되고 싶지 않은데 어떻게 하면 좋겠냐는 질문을 종종 받는다. 그때마다 서로를 존중하면 된다고 대답한다. 다름을 인정하고 서로를 존중하는 것이다. 이해를 못한다고 화를 내기 전에 왜 그렇게 생각하고 행동하는지 물어보라고 말한다. 이러한 소통과 관계 자체가 도전이다. 다름을 인정하고 존중하고 물어보는 것은 도전 정신이 없으면 불가능하다. 꼰대가 되지 않기 위해서라도 도전을 멈추지 말아야 한다.

언제나 신세대에게는 경험이 필요하고 기성세대에게는 도전이 필요하다. 경험이 더 중요하거나 도전만이 중요한 것은 아니다. 경험은 안정적인 성공과 적당한 실패를 가능하게 한다. 도전은 놀라운 성공을 가져오기도 하지만 완벽한 실패로 끝나기도 한다. 그래서 우리는 경험과 도전의 균형이 필요하다. 경험에 머무르지 않고 도전해야만 하는 것이다. 도전하지만 경험에도 비춰보는 것이다. 균형을 맞추기가 어렵다. 그러나 언제나 다른 것이 틀린 것은 아니라는 것은 기억하자.

도전이 세상을 바꾸고 미래를 만든다

세대 차이에 관한 이야기는 아니지만 내가 청춘을 투자했던 전기자동차용 전지를 개발한 시작도 그랬다. 도저히 할 수 없을 것 같은 목표를 받았지만 함께해보자는 동료들 덕분에 새로운 시도를 계속 할 수 있었다. 그리고 전기자동차 시대를 여는 데 크게 이바지할 수 있었다. 우리가 할 수 있는 것만을 제시했다면 불가능했을지도 모른다. 고객이 원하는 것에 새롭게 도전했던 사람들 덕분에 결국 불가능을 가능으로 만들 수 있었다. 경험을 바탕으로 했지만 도전을 앞에 세웠던 덕분이다. 앞에서 언급한 안전성 강화 분리막의 적용도 그렇다. 내가 직접 관여하지는 않았지만 LG는 하이니켈 양극재의 개발과 적용, 고속 충전을 위한 실리콘 음극재 사용, 공정 자동화를 위한 다양한 시도 등 언제나 새로운 도전을 이어왔다. 지금도 건식 전극 공정을 개발하고 46사이즈라는 새로운 형태의 전지에 도전하고 있다. 지금 생각하면 도전이 LG에너지솔루션을 세계 1등의 자리로 이끈 힘이었다.

세대 갈등은 자신을 기준으로 상대방을 판단하면서 시작된다. 새로운 세대는 과거에서 출발했지만 과거와 다를 수밖에 없다. 나와 다름을 인정하고 그들의 시각과 공간을 존중하는 것이 필요하다. 한쪽이 다른 한쪽을 무조건 이해할 수는 없다. 서로 존중하고 간격을 좁혀야 한다. 경험으로 도전을 덮어서도 안 되고 덮을 수도 없다. 하지만 경험을 무시하고 도전만 해서도 안 된다. 세대 차이는 틀림이 아니라 더 나은 미래로 가는 다름의 과정이다.

세월은 이길 수 없다고 한다. 새로운 세대가 나타나고 새로운 사고와 행동 방식이 세상을 바꾸는 것은 시대의 흐름이다. 시대를 역행해서 살아남을 수 없다. MZ세대가 기성세대와 다른 것은 세상이 달라졌기 때문이다. 과거의 경험은 오늘의 것으로 다시 만들어져야 하고 새로운 도전에 참고 자료가 되어야 한다. 도전을 막는 경험이나 지식을 이제는 다시 생각해봐야 할 때다. 도전이 미래를 만들기 때문이다.

7
신뢰는 말보다 태도로 만들어진다

"신뢰가 형성된 관계에서는 누군가 잘못하면 실수라고
생각하고 다른 문제가 있을 것이라고 걱정한다."

세상에는 다양한 관계가 있다. 계약 관계도 있고 일이나 취미를 위한 관계도 있고 교감을 나누는 관계도 있다. 회사에서 만나는 사람들이라면 일을 위해 만들어진 관계다. 물론 그 안에서도 일을 넘어선 관계를 맺기도 하지만 기본적으로는 일을 위한 관계다. 이 모든 관계가 더 단단해지고 지속되려면 가장 중요한 것은 서로 간의 신뢰다.

서로 간의 신뢰가 형성되지 않으면 설득, 의심, 만족, 좌절이 반복된다. 신뢰가 형성된 관계에서는 누군가 잘못하면 실수라고 생각하고 다른 문제가 있을 것이라고 걱정한다. 하지만 신뢰가 부족한 관계에서는 성공해도 우연이라고 생각하고 때로는 거짓이 숨어 있을 것으로 의심도 한다. 아니면 그냥 운이 좋아서라고 생각한다. 다소 과장해서 이야기했지만 이제까지 내가 보아온 인간관계는 그랬다.

존중과 경청이 신뢰의 바탕이다

신뢰를 쌓는 데 무엇이 중요하다고 생각하는가? 많은 요소가 있겠지만 존중, 경청, 일관성, 솔직함이 특별히 중요하다. 특히 리더가 구성원들에게 신뢰를 얻으려면 더욱 그렇다. 존중은 상대방을 나와 같은 고귀한 존재로 인정하고 그렇게 대하는 것이다. 지위, 재산, 지식, 외모 등 겉으로 드러나는 모습으로 사람을 판단하고 대하지 않는다. 그냥 인간이기 때문에 소중하게 대하는 것이 존중이다. 내가 존중받을 때 비로소 상대방을 믿을 수 있게 된다. 특정인 앞에 서면 항상 작아진다면 그 사람을 두려워할지는 모르지만 그 사람은 신뢰의 대상이 되기는 어렵다.

상대방에게 존중을 표현하기 위하여 존댓말을 사용하는 것도 좋은 방법이다. 그러나 존댓말보다 더 중요한 것은 존중하는 마음이다. 내가 함께했던 분 중에 항상 존댓말을 했던 사장님이 있었다. 그런데 나는 존중받고 있다는 느낌보다는 거리감과 긴장감을 더 느꼈다. 당신이 상대방을 보면 그 사람이 당신을 존중하는지를 느낌으로 알 것이다. 마찬가지로 당신을 만나는 다른 사람들도 당신이 자신을 존중하는지 아닌지를 바로 안다. 당신과 회사에서 만나는 사람들은 리더와 팔로어 이전에 존중받아 마땅한 한 명의 개인이라는 것을 기억해야 한다.

존중과 바로 연결되는 것이 경청이다. 자기 말을 경청하는 사람을 만나면 존중받고 있다는 느낌을 받는다. 당신은 잘 듣는 사람인가? 나는 경청을 아주 잘하는 사람은 아니다. 그러나 경청하기 위해 계속 노력한다. 경청하려면 먼저 상대방에게 집중해야 한다. 대화의 내용에 집중하기 이전에 상대방에게 집중해야 한다. 회사에서 우리는 대부분 일과 관련된 이야기를 한다. 그런데 말하는 사람이 아니라 일에 집중하면 이미 경험이 있는 리더들은 미리 판단하기 쉽다. 다 듣기 전에 입이 열리고 만다. 그래서 경청하려면 내용 이전에 말하는 사람에게 집중해야 한다. 상대방이 말을 마칠 때까지 기다려야 한다. 내용에 집중하면 본인이 이해했다고 생각하는 순간 의견이 나온다. 그러나 사람에 집중하면 내용을 넘어 상대의 마음도 들여다볼 수 있기에 말하는 사람의 의도를 이해할 수 있다. 그리고 상대가 하고 싶은 말을 다 했다는 것도 알게 된다. 덕분에 말이 끝날 때까지 기다릴 수 있다.

상대의 말이 끝나고 본인의 의견이나 판단을 이야기하기 전에 상대방의 말을 정리하거나 본인의 언어로 질문을 하자. "그러니까 ○○ 님의 생각은 이렇다는 것이지요? 맞나요?"라고 말이다. 요약이나 질문을 하면 상대방은 내가 자신의 말을 잘 듣고 있었다고 생각한다.

일관성과 솔직함으로 안전감을 주어야 한다

다음은 일관성이다. 일관성은 예측을 가능하게 만든다. 팀원들은 일하기 전에 팀장이 어떻게 반응할 것인지를 미리 생각해볼 수밖에 없다. 예측이 안 되면 혼란스럽다. 팀이나 조직의 생각을 모른다면 상사가 지시하기 전까지 머뭇거릴 수밖에 없다. 새로운 상사를 만나면 걱정이 앞서는 것도 그 사람의 스타일을 모르기 때문이다. 그 사람이 어떤 사람인지 안다면 걱정이 더 많을 수도 있다. 하지만 무엇을 해야 할지, 하지 말아야 할지는 알 수 있다.

일관성이 있으려면 더 많이 관찰하고 고민해서 본인만의 생각이 있어야 한다. 과거의 경험에만 의존해서는 안 된다. 물론 고집을 피워서는 안 되지만 상사가 생각이 없으면 팀원들은 더 힘들어진다. 일관성은 상대에 따라서 달라지지 않는다. 물론 상대에 따라, 상황에 따라 대처를 잘하는 것을 융통성이 있다고 좋게 평가한다. 또 사회생활에서 중요한 덕목으로 꼽기도 한다. 그러나 리더에게는 융통성보다 일관성이 더 중요하다. 혼자 잘하는 것이 목표가 아니기 때문이다. 일관성이 있고 자기 생각이 있다면 그때부터 자신의 말에 책임을 질 수 있게 된다. 또한 언제든지 자신이 틀렸다는 것을 아는 순간 인정하고 자신의 생각을 바꿀 수 있다.

마지막은 솔직함이다. 솔직함은 누구나 중요하다고 하지만 실천은 참 쉽지 않다. 리더라면 함께하는 사람들에게 정확한 메시지를 줄 수 있어야 한다. 정보를 독점하는 것이 아니라 적절한 정보를 공유하는 것이 공동체의 힘을 만든다. 모르는 것은 모른다고 해야 한다. 그래야 아는 사람에게 물어볼 수도 있고 안다고 하는 것에 힘이 실린다. 아프면 아프다고 해야 의사도 병을 고쳐줄 수 있다. 힘들면 푸념하지 말고 진솔하게 왜 힘이 드는지 함께 나누어 보자. 그러면 힘을 얻을 것이다. 우리는 테이블 위에 올라온 문제만 풀 수 있다.

존중, 경청, 일관성, 솔직함. 나도 항상 부족함을 느꼈지만 신뢰를 쌓기 위해 항상 기억하고 실천하려고 노력했다. 때로는 이로 인해 더 힘들기도 했지만 시간이 지나면 옳은 선택으로 드러났다.

2장

리더의 능력

전문성과 일관성이 리더로 만든다

1
전문성은 리더의 첫걸음이다

"멈추면 제자리에 있는 것이 아니라 뒤처질 수밖에 없다."

일만 잘하는 사람과 품성만 좋은 사람이 있다고 하자. 당신은 누구와 함께 일하고 싶은가? 일과 품성은 모두 중요하다. 하지만 성장 욕구가 있는 사람은 둘 중에서 일만 잘하는 사람을 선택하는 것을 자주 봤다.

회사는 목적을 가지고 모인 사람들의 집합이다. 좋은 사람들의 모임이 아니다. 술 한 잔을 기울이며 살아가는 이야기를 하는 곳이 아니다. 회사는 결과를 만들어야만 한다. 그것도 회사의 목적에 맞는 결과를 만들어야 한다. 그래서 안타깝게도 회사에서 인정받은 임원들은 모두 성격이 급하고 목표 지향적이고 추진력이 강한 것처럼 보인다. 이런 임원들은 밖에서는 만나고 싶지 않다. 그러나 그 사람과 함께하면 결과가 만들어진다는 것에 동의하기 때문에 참고 견디며 일한다. 만약 그 임원이 사람을 다루는 능력이 뛰어난 것이 아니라 그 분야의 전문성이 뛰어나다면 더욱 그렇다.

다른 분야도 그렇지만 특히 연구개발은 전문성이 없으면 팀원들의 인정과 지지를 받기 어렵다. 연구개발 중에 일어나는 대부분의 의사결정이 전문성을 기반으로 하기 때문이다. 더군다나 새로운 분야에 도전하는 것이라면 이전의 경험뿐 아니라 이론적인 지식이 있어야만 한다. 그런데 전문성은 영원하지 않다. 과거의 이론과 경험을 통해 만들어진 전문성이 계속 낡지 않도록 해야만 전문성을 가진 리더로 역량을 발휘할 수 있다. 나는 남들보다 먼저 리튬이차전지 분야에 들어와서 더 오랜 시간 있었지만 다양한 경험 속에서 쌓은 새로운 지식 덕분에 전문성을 잃지 않을 수 있었다.

나는 대학에 다니던 1990년대 초반부터 이미 전기자동차에 마음이 끌렸다. 그때는 캘리포니아주에서 무공해 자동차 의무 규정을 발표했고 소니에서 이차전지를 막 상용화했던 시절이다. 내가 어린 시절 자동차 엔진을 개발하고 싶었던 꿈을 화학공학 전공자로서 이룰 방법이 전기자동차용 이차전지였다. 그래서 학부 3학년부터 이차전지 전공을 위해 필요할 것으로 생각하는 과목을 찾아다녔다. 그 시절에는 누구에게도 도움을 얻을 수 없었다. 막연히 산화물이 이차전지의 양극 소재라는 사실만을 알고 결정학, 엑스선 분광학, 결정성장과 관련된 과목을 수강했다. 무기화학과 전기화학뿐 아니라 다양한 유·무기 분석법과 열역학 등 기초가 되는 과목도 수강했다.

나는 전반적으로 성적이 우수한 학생은 아니었지만 신기하게도

전지와 연관성이 있는 과목은 다른 과목보다 언제나 성적이 좋았다. 관심이 있으니 조금 더 수업에 집중했던 것 같다. 대학원 과정에서도 수업은 지식의 소중한 보급창고였다. 석사 마지막 학기에도, 심지어 박사 마지막 학기에도 수업을 들었다. 학교에서 배운 것은 회사에서 쓸모가 없다고 말하는 사람들도 있지만 내게는 지금도 아주 쓸모있다.

현장과 고객이 전문성을 키운다

내 전문성을 키우고 유지시킨 다른 하나는 처음을 경험했다는 것이다. 나는 서울대학교 오승모 교수님 실험실에서 리튬이차전지 소재를 연구 주제로 삼은 첫 번째 대학원생이었다. 그래서 실험실을 꾸미고 연구 방향을 설정하는 일에 직접 관여할 수 있었다. 석사 1년 차가 박사들과 같이 논문을 보며 토론도 했다.

첫 번째로 입사한 한국타이어는 이미 리튬이차전지를 하고 있었다. 하지만 나는 기존 연구원들과 달리 학교에서부터 리튬이차전지를 연구했던 첫 직원이었다. 그 덕분에 다양한 실험 설계뿐 아니라 드라이 룸을 포함한 장비 설계, 도입, 초기 운영을 경험했다. 또한 현장에서 모터에 윤활유를 주입하고 필터를 교체했던 경험이 있어 공장장으로 근무할 때 현장 사람들과 소통이 가능했다. LG화학에 들어온 이후에도 중대형 전지를 개발하면서 현장 경험과 고객과의 관계를 통해 전문성을 키워나갔다. 나는 전기자동차용 전지 개발의 선구자였기에 직접 고객과 사양서 한 줄 한 줄을 함께 만들어갔다. 이 과정은 전기자동차용 전지를 넘어 전기자동차를 이해하는 계기가 되었다.

특히 고객과 함께 사양서를 만들었던 것은 내 전문성을 유지하는 데 소중한 역할을 했다. 나는 GM도 처음이었던 전기자동차용 리튬이차전지의 사양서라는 것을 함께 만들었다. 다임러와는 그들의 사양서를 한 줄씩 검토하면서 과제와 LG만의 사양서를 만들었다. 애플과는 도면의 숫자 하나하나를 검토하면서 제품을 개발했다. 우리에게 유리한 결과만을 만들기 위해 노력한 것이 아니라 고객도 만족할 만한 결과를 만들기 위해 더욱 세심하게 검토했다. 때로는 고객이 제시한 사양보다 높은 사양의 필요성을 설명하기도 했다. 또 현실적으로 불가능한 사양이라면 그 이유를 이해시키기 위해 최선을 다했다.

심지어 통계적인 의미를 위해 같은 시험을 32번 반복하라는 고객의 요구를 최종적으로는 받아주었지만 가능성을 점검하는 시작 단계에서는 5번으로 낮추었다. 최대 용량 확보를 위해 공차를 줄이라는 고객의 요구는 이해했지만 양산성 확보를 위한 최소 공차는 양보할 수가 없었다. 고객이 원하는 자료는 최대한 약속했다. 그러나 회사의 노하우를 지키기 위해 회의 중에는 다 보여주고 문서로는 제공하지 않기도 했다. 이렇게 한 줄 한 줄 검토한 사양은 기억에 남아 향후 다른 과제를 이해하는 데 큰 도움이 됐다.

자신만의 고유한 가치를 가져라

현장 또는 실무자와 자주 소통한 것도 전문성을 유지하는 데 도움이 됐다. 사업부장을 맡고서는 중국 공장을 매달 방문하며 중국인 직원들의 보고를 듣고 생산 현장을 점검했다. 최고기술책임자가 되어서는 직원들이 근무하는 대전, 과천, 마곡, 여의도를 돌아가며 출근했다. 화상회의 시스템이 매우 잘되어 있었지만 현장에서 마주하며 소통하고 지나가며 인사를 나누는 것은 직원들과의 심리적 거리를 조금 더 줄이는 효과가 있었다. 또 그 순간의 고민을 나눌 수도 있었다.

이제 인공지능까지 우리의 자리를 넘보는 시대다. 자신만의 고유한 가치를 만드는 것은 너무나 중요하다. 10명의 팀원이 모인 팀은 그저 구성원 한 명 한 명이 모인 게 아니라 각자 고유한 가치를 지닌 10명으로 이루어진 팀이 되어야 한다. 회사에 들어오기 전에 이미 갖춘 전문성이 있다면 드러내는 것도 필수다. 예컨대 어학에 자신이 있으면 사용할 기회에 주저하지 말아야 한다. 자신 있는 기술은 본인의 생각을 표현해야만 전문성을 알릴 수 있다. 그리고 회사 안에서도 자신의 전문성을 유지 발전시켜야 한다는 것을 명심하자. 멈추면 제자리에 있는 것이 아니라 뒤처질 수밖에 없다.

당신이 리더로 선임됐다면 이미 전문성을 인정받았다. 구성원에게 실력으로 인정받는 모습이 보일 때 리더로서의 경력이 시작된다. 나이가 많다고 리더가 되는 시대는 지났다. 자부심을 가져도 좋다. 어느 자리에 있든 지금 하는 일에 최선을 다하는 것이 리더가 되는 지름길이자 가장 튼튼한 길이다.

2
프로는 멈추지 않고 성장한다

"성공에 안주하지 않고 새로운 목표에 도전하며 실패해도 또다시 도전하고 있다면 그 사람이 바로 프로다."

프로와 아마추어는 무슨 차이가 있을까? 단순하게는 돈을 받으며 하는 사람은 프로이고 돈을 내면서 하는 사람은 아마추어라고 할 수 있을 것 같다. 아마추어가 더 그 일에 열정을 쏟을 수는 있다. 그러나 생업으로 하지 않는다면 프로라고 할 수는 없을 것이다. 나는 프로와 아마추어의 차이를 결과로 평가받는 사람과 과정에 만족하는 사람으로 구분하기도 한다.

물론 프로에게도 과정이 매우 중요하다. 과정이 없이 결과가 만들어질 수는 없다. 또 많은 아마추어도 단순히 과정에 만족하는 것이 아니라 더 나은 결과를 만들기 위해 엄청난 투자를 한다. 그러나 프로는 과정에만 만족하는 경우는 없다. 프로는 대가를 받는다는 점에서 아마추어와 다르다. 또 과정도 중요하지만 결과로 평가된다는 점에서도 같지 않다. 그래서 직장인들은 분명히 프로라고 할 수 있다.

프로는 자신의 가치에 따라서 평가받는다. 게임의 규칙 안에서 경쟁하는 운동선수는 자신이 만들어낸 성과의 객관적인 지표를 기반으로 평가받는다. 물론 과거의 기여도나 팀에서의 역할 등 정량화할 수 없는 지표들도 고려된다. 그 모든 것을 종합한 것이 그 선수의 가치가 된다. 그 때문에 최고 연봉을 받던 선수도 어느 순간에 은퇴할 수밖에 없어지기도 하고 갑자기 새로운 스타가 나타나기도 한다. 가끔은 정성적인 가치를 주장하며 더 나은 대우를 받기 원하는 선수도 있지만 결국은 객관적인 지표에 한발 물러나게 된다.

비록 직장에서 하는 일들이 스포츠처럼 모든 것이 정량적으로 계산되기는 어려울 수 있다. 그러나 직장인 역시 나름의 정량적 지표와 정성적 평판으로 평가받는다. 단기적으로는 객관성이 부족해 보일 때도 있다. 하지만 시간이 흘러 지표가 쌓이면 조직 내에서 부정하기 힘든 자신만의 가치가 형성된다.

스스로 가치를 만들어가는 게 프로다

프로 선수들은 자신의 가치를 높이기 위해 끊임없이 노력한다. 타고난 능력만으로 최고의 자리에 오르는 법은 없다. 구르고 달리고 넘어지고 다시 일어났던 그 시간이 모여서 실력이 만들어진다. 타고난 능력만으로는 잠시 정상 근처에 갈 수 있을지는 몰라도 최고의 자리를 지켜낼 수 없다. 마찬가지로 직장에서도 끊임없이 공부하고 도전하는 사람이 결국에는 정상의 자리를 차지한다. 과거의 명성이 아무리 화려해도 프로의 세계가 현재의 성과와 미래 가치에 집중하는 것처럼 직장에서 우리도 과거의 경험과 성과보다는 미래에 무엇을 할 수 있고 또 하고자 하는지가 더 중요하다. 그리고 언제나 자신의 가치를 높이기 위해서 노력해야만 한다.

프로 선수들은 만일 자신이 해왔던 방법이 더 이상 유효하지 않다고 생각하면 언제라도 새로운 도전을 통해 변화를 시도한다. 전년도 우승팀도 새로운 선수를 발굴하고 불같은 강속구로 타자를 압도하던 투수도 구속이 떨어지면 변화구와 제구로 새로운 전성기를 열어가기도 한다. 자신의 방식만을 고집하는 선수라면 결국 상대편이 그 약점을 찾아낸다. 마찬가지로 우리도 과거의 방식이 통하지 않는 것을 아는 그 순간 새로운 시도를 해야만 한다. 아니, 어쩌면 과거의 방식이 통하는 순간에 변화를 준비해야 한다. 그 순간을 놓치면 경쟁력이 남아 있어 보이는 시간이 순식간에 지나가고 뒤처질 수밖에 없다. 변화는 분명히 고통이 따르지만 올바른 시도라면 그 보상이 분명히 따라온다.

프로 선수들은 순간을 위해 최선을 다하지만 실패했다고 주저앉지 않고 다음 도전을 위해 다시 출발한다. 또한 승리에 도취하지 않고 다음 경쟁을 기다린다. 자기 능력과 성과에 대단한 자부심이 있으면서도 겸손하게 다음을 준비하는 강한 정신력도 가지고 있다. 바꿀 수 없는 과거에 사로잡혀 있지 않고 바꿀 수 있는 미래를 위해 오늘 이 순간에 집중하는 것이 프로의 정신력이다.

프로는 스스로 자신의 가치를 만들어가는 사람이다. 돈을 받고 결과로 평가받는 것도 중요하다. 하지만 그보다 더 중요한 것은 항상 더 높은 목표를 추구하는 것이다. 지금 당신이 자신의 가치를 정확히 알고 높이기 위해 부단히 노력하고 있다면 프로다. 성공에 안주하지 않고 새로운 목표에 도전하며 실패해도 또다시 도전하고 있다면 그 사람이 바로 프로다.

그렇게 뛰어난 선수들도 팀 스포츠에서는 역할이 다른 선수들과 함께 팀에 속해 있다. 야구라면 홈런타자라고 해서 매 이닝 타석에 들어설 수 있는 것도 아니고 수비가 좋다고 해서 야구장 모든 구석을 담당할 수 없다. 호날두나 메시가 클럽에서 놀라운 성과를 거두지만 국가대표로는 상대적으로 초라한 성적표를 내는 것도 팀 스포츠에서는 한 사람의 역할이 정해져 있기 때문이다.

회사도 팀으로 움직인다. 최소 단위로서의 팀뿐 아니라 사업부를 팀이라고 보면 영업, 생산, 품질, 개발, 기획 등도 각자의 역할이 있는 팀원이 된다. 팀이기에 각자의 역할이 있고 서로가 존중해야 하는 구성원들의 역할도 있다. 약속된 팀플레이가 필요한 것은 축구나 야구만이 아니라 사업도 그렇다. 팀이 잘나가면 구성원들이 좋은 평가를 받을 가능성이 커진다. 그들의 실제 가치보다 조금은 더 보상해주기도 한다. 그것이 팀워크에 대한 보상이다. 서로가 톱니바퀴처럼 자신의 역할을 잘해준 덕분에 개인의 역량을 넘어서는 성과가 났기 때문이다.

안주하지 않는 사람이 진짜 프로다

인간은 자신을 객관적으로 보기 어렵다. 자신은 충분히 가치가 있고 역할을 다하고 있다고 생각한다. 그러나 주변 사람들보다 진급이 늦거나 주어지는 역할이 점점 더 커지지 않는다면 자신을 돌아봐야 한다. 줄을 잘못 섰다거나 다른 사람이 자기 성과를 가로챘다고 하기 이전에 자신이 어떤 사람으로 평가받는지를 돌아볼 수 있어야 한다. 성장하면 좋지만 지금 있는 자리에 만족하는 경우라고 해도 자신의 위치를 정확히 알지 못하면 그 자리마저 지킬 수 없다.

나는 매 순간 그 자리에서 '프로'가 되기 위해 노력했다고 자부한다. 가장 뛰어난 프로였다고 말은 못 해도 프로가 되기 위해서 계속 노력했다. 리튬이차전지라는 넓은 의미에서는 계속 같은 분야에 있었다. 하지만 중대형 전지 개발로 시작한 LG에서의 여정은 ESS전지개발그룹장을 하면서 시스템을 공부해야 했고 공정기술 담당으로 이동한 후에는 현장과 함께 성장했다. 전극센터장을 맡으며 생산이 무엇인지 몸으로 배웠고 상품기획을 하면서는 시장을 폭넓게 봐야 했다. 사업부장이 되어서는 더 이상 좋은 게 좋은 것이 아니라 현재의 손익과 미래의 모습을 동시에 준비하느라 머리가 아팠다. 그리고 최고기술책임자로 돌아온 연구소는 더 이상 입사했을 때의 연구소가 아니었다.

나는 매년 자리를 옮겨 다녔다. 어떨 때는 한 해에 세 번이나 자리를 옮긴 적도 있다. 그때마다 새로운 상황에 빠르게 적응하는 방법을 배웠다. 덕분에 모르는 것은 모른다고 할 수 있게 됐고 전문가들의 목소리를 더 존중하게 됐다. 어쩌면 프로 선수에서 프로팀의 코치나 감독이 됐다. 기술을 바닥까지 이해하기 위해 노력했던 팀장이 기술의 연결성을 고민하는 임원으로 성장했다. 지금 돌아보면 한시도 내가 가진 경험과 지식에 만족하고 안주하지 않았던 것 같다. 새로운 자리에 맞는 지식과 경험을 구성원들과 선배들에게서 배우고 익히기 위해 사람들을 만나고 현장을 돌았다. 덕분에 어느 자리에서나 기대하는 수준은 해낼 수 있었다.

　마지막으로 프로는 자신의 역량이 부족함을 아는 순간 은퇴한다. 은퇴 후에 과거를 돌아보며 과정으로도 결과로도 정말 수고했다, 최선을 다했다고 자신에게 이야기할 수 있는 사람을 우리는 레전드라고 부른다. 지금 당신의 분야에서 최고의 프로가 되고 언젠가 레전드가 되어보지 않겠는가?

3
다름을 존중할 때 존경이 가능해진다

"존중이 바로 신뢰의 시작이다."

　다른 사람들은 나를 외향적으로 생각하는 경우가 참 많다. 어떤 면에서는 그것이 맞는 것 같기도 같다. 하지만 다양한 검사에서는 일관되게 내향적인 성향이 더 강하게 나온다. 물론 나도 나를 내향적이라고 생각한다. 그래서인지 나는 모르는 사람을 처음 만나면 매우 긴장한다. 적절한 관계가 설정되기까지 항상 그렇다. 그 긴장을 풀고 관계를 만들기 위해, 다시 말해 나와 그 사람 간의 새로운 관계를 정의하기 위해 그 사람들의 말을 잘 들으려고 먼저 노력한다. 동시에 평소보다 말수를 줄이고 말과 행동에서 실수하지 않으려고도 한다.

말과 말투가 내 가치의 출발점을 정한다

당신은 새로운 사람을 만나면 어떻게 관계를 만들어가는가? 나는 그 사람을 파악하기 위해 귀를 연다. 서로 존중하는 관계를 만들기 위함이다. 관계에서 서로에 대한 존중은 매우 중요하다. 존중이 바로 신뢰의 시작이기 때문이다. 경험적으로 서로에 대한 존중이 없으면 사무적이고 계산적인 관계에서 벗어날 수가 없었다.

경청이 존중의 기본이라는 것은 누구도 의심하지 않는다. 경청에 덧붙여서 나는 모르는 사람을 처음 만나면 그의 말투에 큰 관심을 가진다. 눈에 보이는 외모는 잠시 관심을 끈다. 하지만 상대방을 내 방식대로 이해하는 데는 말과 말투가 더 큰 작용을 한다. 말과 말투에 다른 사람에 대한 존중이 있는지 없는지가 담겨 있다고 생각하기 때문이다. 그와 함께 상대방의 말에 진실이 담겨 있는지, 상대가 자기 이야기를 하는지를 본다.

웨이터 룰이라는 말을 들어봤을 것이다. 모르는 사람과 만났는데 그 사람이 주변 사람들을 어떻게 대하는지 보는 것이다. 나에게 친절한가를 보는 것이 아니라 직접 관계가 없는 주변 사람들에게도 친절한가를 보는 것이다. 웨이터를 자신에게 '봉사'하는 사람이라고 생각하고 편하게 대하는 사람이 있다. 편하게 대하는 것을 넘어 막 대하는 사람도 있다. 자기 앞의 상대에게 웃으며 존대하다가도 웨이터에게는 전혀 존중을 보여주지 않는 사람들이 그렇다. 그런 사람은 사람 그 자체보다 상대의 지위나 상황이 중요하다. 내 지위와 상황이 달라지면 언제 어떻게 변할지 모르는 사람이다.

반대로 웨이터에게도 언제나 친절하고 웃는 얼굴로 상대하는 사람이라면 관계나 상황보다 사람을 우선한다고 볼 수 있다. 그 사람은 주변 상황이 달라지고 내 처지가 변해도 대하는 방식이 달라지지 않을 것이다. 그래서 나는 식당에 가면 이모님이라고 하기 전에 그냥 사장님이라고 부른다. 사장이라는 호칭이 나를 더 조심하게 만들기도 하고 듣는 종업원들도 스스로 사장을 대신한다는 마음을 가지는 것 같다. 호칭을 바꾸고 나서 더 많은 친절을 받은 것처럼 느껴진다. 최근 많은 회사가 직급 대신에 '님'이라고 호칭을 통일한 것도 회사의 구성원이고 조직의 한 명이기 이전에 성숙한 한 사람으로 서로를 대하자는 뜻이 담겼을 것이다. 그 어떤 상황에서도 서로에 대한 존중이 우선되어야 한다. 나는 내가 존중받는다고 느껴지면 자연스럽게 그 사람이 더 만나고 싶어지고 존경하게 되곤 한다.

예전에 가족들과 길을 가고 있는데 우연히 회사 직원을 만났다. 그가 내게 인사를 했고 나도 같이 인사를 했다. 간단한 인사를 하고 지나간 후에 아들이 내게 말했다. "아빠도 고개를 숙여서 인사를 하네." 아이의 눈에서 윗사람이 고개를 숙여 인사하는 것이 익숙하지 않았던 것이다. 그때까지 인지하지 못했는데 나는 직원들이 인사를 하면 항상 같이 고개를 숙여서 인사를 했다. 인사를 주고받는 것은 상하 관계에서 나오는 것이 아니라 인간관계에서 나오는 것으로 생각했기 때문이다. 잠시 아이 앞에서 우쭐했던 것 같다. 나와 인사를 주고받은 직원들도 그 순간만큼은 존중받는 느낌을 받지 않았을까.

다름의 인정과 진실함이 존중의 기본이다

존중은 다름을 인정하는 데서 출발한다. 회사에서 하는 일에는 절차가 있고 정답이 있는 경우도 많다. 그러나 모든 사람이 같을 수도 없고 같아서는 안 되는 경우도 많다. 설비를 이용해서 제품을 만든다면 누가 작업하더라도 같은 제품을 만들어야 하므로 사람의 개입을 가능한 한 적게 만드는 것이 중요하다. 자동화 공정이나 스마트 팩토리가 바로 그렇다. 그러나 설비의 능력을 믿는 것이 아니라 사람의 능력을 믿는 것이라면 항상 다름을 기억해야 한다. 그래야 서로를 존중할 수 있다.

서울에서 부산을 가는데 비행기, 기차, 배, 자전거, 또는 도보로 간다고 생각해보자. 상황에 따라서는 빨리 가는 것이 더 중요할 수 있다. 그러나 가는 방법에 따라 걸리는 시간만 다른 것이 아니라 과정 중에 만나게 되는 사람과 풍경도 다르고 배움도 다를 수밖에 없다. 부산에 도착했을 때 서로 다른 경험을 하게 될 것이다.

회사에서 같은 일을 하는 데 걸리는 시간이 다른 사람들을 볼 것이다. 다름의 한 예다. 빠르고 정교한 사람도 있을 것이다. 하지만 어떤 사람은 빨리하느라 미처 보지 못할 수도 있고 또 다른 어떤 사람은 하나씩 짚어가느라 조금 느릴 수도 있다. 목표가 같으면 같은 방식으로만 가야 한다고 생각하는 순간 우열이 나뉜다. 선후 상하 관계가 만들어진다. 그러면 존중보다는 평가가, 호기심보다는 판단이 개입하기 쉽다.

다음은 말에 진실함이 있는지를 파악하고자 한다. 짧은 시간에 진실인지 아닌지를 알기는 어렵다. 하지만 아마 당신도 누군가와 이야기하다 보면 자신만의 느낌으로 진실함을 판단할 수 있을 것이다. 내가 아는 이야기를 나누고 있다면 진실을 파악하기가 상대적으로 쉽다. 하지만 내 전문 분야가 아니거나 잘 모르는 이야기를 나눈다면 아무리 여러 번 만나도 같은 이야기를 하는지, 상황과 관계없이 자기 의견이 있는지를 본다. 자기 의견 없이 일반적인 이야기만 하는 사람은 진실한 사람으로 보이지 않는다. 만일 과거와 의견이 바뀌었다면 스스로가 의견이 바뀐 것을 인지하는지도 말에 진실성이 담겼는지를 보는 기준이다. 나는 자신이 어떤 사람인지 정확히 아는 사람만이 진실할 수 있다고 생각한다. 자신에게 진실한 사람이 다른 사람도 진실하게 대한다. 진정성이 담긴 응대가 존중의 다른 말이 된다. 나 역시 상대방에게 진실함을 가지고 존중하려고 노력한다.

나는 가능하면 내 이야기를 더 하려고 한다. 다른 사람의 이야기를 전하는 것은 언제 어디서나 가능하다. 그러나 자신만의 의견을 또는 자신의 부족함을 이야기하는 것은 상대에 대한 존중과 신뢰가 없으면 할 수 없다. 내가 한 이야기를 다른 곳에서 다른 의도로 전달할지도 모른다는 걱정이 있다면 깊은 이야기를 할 수 없다. 그저 보편적인 이야기에 맞장구만 칠뿐이다. 나도 다른 사람의 이야기를 전할 수밖에 없을 때도 있지만 다른 사람의 이야기를 하는 것보다는 자기 이야기를 하는 사람을 더 믿는다. 다른 사람의 의견에서 약점을 찾기보다는 내 의견을 이야기하는 사람이 되려고 한다. 내 의견이라고 해서 반드시 채택되어야 한다는 것이 아니라 함께 논의하는 것을 좋아한다. 가끔은 더 강하게 주장하지 못했음을 후회하기도 했다. 그러나 결정에 참여한 사람들이 스스로 결정한 것이라고 알고 있다면 어떤 결정이든 받아들이려고 노력했다.

사업부장이 된 후에는 팀원들을 만날 시간이 줄어들어서 의도적으로 팀별 미팅을 했다. 식사를 하기도 하고 그냥 회의실에서 이야기만 하기도 했다. 첫 미팅은 언제나 자기소개였다. 내가 먼저 무엇을 좋아하고 어떻게 시간을 보내고 있고 무슨 걱정이 있는지를 이야기했다. 내 이야기를 듣고 나서 평범한 자기소개가 이어지기도 했지만 팀원들도 모르는 이야기를 해서 다 같이 긴장했던 기억도 있다. 나는 팀원들과 하는 식사 때 질문에만 대답하는 규칙을 사용하기도 했다. 무슨 질문이든 내가 대답을 해주는 것이다. 구성원들이 나를 알아갈수록 대화가 깊어졌다.

상대를 존중하는 사람의 말속에는 겸손함이 있다. 사람들은 지식이 쌓이면 교만해지거나 겸손해진다. 예전과 같은 사람은 별로 없다. 어떤 사람은 자신의 위치가 올라가고 지식이 쌓이면서 그렇지 못한 사람을 무시한다. 자신이 아는 것이 더 중요하고 다른 사람이 잘 아는 분야는 별거 아니라고 생각하는 것이다. 반대로 지식이 쌓일수록 겸손해지는 사람이 있다. 배우면 배울수록 모르는 것이 늘어나고 과거 자신의 지식과 경험이 틀렸거나 지금은 적용되지 않는다는 것을 깨달은 사람이다. 겸손한 사람은 자신이 하는 일이 어렵고 중요하다는 것을 아는 만큼 다른 사람들의 역할도 어렵고 중요하다고 생각하기 때문에 어느 자리에 있든지 상대의 깊이를 존중할 수 있게 된다.

어떤 사람을 만났을 때 존중받는 느낌을 받기도 하고 어떤 사람을 만났을 때는 무시당하는 느낌을 받기도 한다. 그렇지만 내가 먼저 계속해서 상대방을 존중하면 대부분은 어느 순간 상대방도 나를 존중하는 것을 느꼈다. 물론 모든 말에는 행동이 뒤따라야만 힘이 생기고 신뢰를 지킬 수 있다. 말보다 행동이 더 중요하다는 것에 이의가 없다. 그러나 아무리 결과가 좋다고 해도 말에 존중이 담기지 않으면 존경받을 수 없다.

존중은 사람을 가려서 할 수 없다. 언제 어디서나 드러나는 습관이 되어야 한다. 말 한마디로 천 냥 빚을 갚는다고 했다. 한번쯤 자기 말과 말투를 돌아보자. 상대에 대한 존중이 내 말과 말투에 담겨 있는지 말이다.

4
변화를 품은 일관성이 진짜 리더십이다

"리더는 예측 가능한 사람이 되어야 한다."

1%의 확률로 10억 받기와 90%의 확률로 1,000만 원 받기를 한다면 어느 것을 택할 것인가? 액수의 차이에 따라 다르겠지만 사람의 성향을 알아볼 수 있는 질문이다. 돈이 아니라 당신이 좋아하는 사람이나 함께 일하는 사람이라면 어떨까? 가끔 큰 선물을 하는 사람과 자주 작은 기쁨을 주는 사람, 성공하면 대박이지만 확률이 낮은 사람과 맡기면 어떤 결과가 나올지 예측이 가능한 사람 중에는 누구를 선택하겠는가?

나는 개인적으로 불확실한 것을 좋아하지 않는다. 심지어 뒤가 궁금한 추리물보다는 결말이 예상되는 액션물이 좋다. 리더의 역할

중 하나가 불확실한 것을 하나씩 지워가는 것이다. 결과가 명확한 것은 실행만 하면 되니 리더는 실행이 되는지를 확인하면 된다. 그런데 미래가 불확실할 때는 주어진 것들을 바탕으로 그 불확실성을 최소화하는 것이 리더의 역할이다. 왜, 무엇을, 어떻게 해야 하는가를 함께 고민하고 찾는 것이 선행되어야 함께한 수고를 성과로 바꿀 수 있다.

일이 아니라 사람에 대해서는 어떨까? 불확실이라는 표현보다는 일관성이라는 표현이 사람들에게는 더 적절할 것 같다. 여기 두 부류의 부모가 있다. 아이가 85점을 받았다. 그러자 한 부모는 잘했다고 하면서 앞으로 더 잘하자고 했다. 다른 한 부모는 적어도 90점은 받아야지 하고 칭찬하지 않았다. 같은 아이가 다음 시험에는 90점을 받았다. 그런데 틀린 문제가 너무 쉬운 것이었다. 지난번에 85점에 잘했다고 했던 부모가 이번에는 이렇게 쉬운 것을 틀리면 어떻게 하느냐고 하면서 앞으로는 더 잘하라고 했다. 점수는 올랐지만 아이는 칭찬받지 못했다. 그런데 두 번째 부모는 90점을 받느라 정말 고생했다고 격려했다. 아이에게 어느 부모가 더 좋을까?

단순히 답하기는 어렵지만 나는 아이에게는 예측 가능한 부모가 더 좋다고 생각한다. 같은 행동에 칭찬하기도 하고 야단을 치기도 한다면 아이는 자신의 행동이 잘한 것인지 잘못한 것인지에 혼란을 느낄 것이다. 자주 칭찬하는 것도 중요하지만 칭찬받을 일에 칭찬하고 질책받을 일에 질책하는 것이 중요한 것이다. 부모가 다른 일로 너무 기분이 안 좋아서 평소에는 아무렇지 않았을 일로 심하게 화를 낸다면 아이는 지금 칭찬받는 모든 행동도 언제 비난받을지 모른다는 생각에 불안하게 된다고 한다. 특히나 가치관이 완전히 확립되지 않은 아이들에게는 더 중요하다고 들었다.

리더의 일관성이 팀의 안전망이 된다

이는 부모와 자녀 간에만 성립되는 것이 아니다. 모든 인간관계에서 항상 적용되는 것이다. 내가 만나는 사람이 상황에 따라 행동이 달라진다면, 그리고 거기에 행동이 달라지는 원인과 그 결과를 예측할 수 없다면 어떨까? 나는 그 사람을 만나고 싶지도 않다. 게다가 함께 있으면 불안을 떨칠 수 없다. 계속 긴장하게 된다.

회사에서도 리더는 예측 가능한 사람이 되어야 한다. 구성원들이 우리 팀장은 이런 상황에는 이렇게 결정하고 행동할 것으로 생각한다면 그 생각이 틀리지 않아야 한다. 그러면 팀원들은 팀장의 결정이 없어도 스스로 움직이게 된다. 그들은 문제가 발생해도 주저하지 않고 문제 해결을 시도한다. 팀장이 같은 상황에서 과거에 어떻게 했는지 알고 있고 일관성을 믿는다면 다시 같은 결정을 내리기를 기다릴 필요가 없다. 그러나 팀장이 같은 문제라도 상황에 따라 접근하는 방법이 달랐거나 스스로 결정하지 않고 주변 눈치를 봤다면 누구도 선뜻 앞장서서 문제 해결을 시도하기가 어렵다. 아무리 반복되는 일이라도 팀장으로부터 이번 문제에 대한 결정을 받아야만 움직인다. 팀장에 대한 예측 가능성이 팀장과 팀원 간 신뢰의 기본이 된다.

내가 과거에 함께한 상사 중에 모든 결정을 직접 해야만 하는 분이 있었다. 그 상사는 작은 일도 다 본인이 확인하고 이해한 후에 결정해주었다. 그런데 어느 날 사적인 자리에서 모든 결정을 하려고 하니 시간도 없고 너무 힘들다고 하는 것이었다. 참 의외였다.

그래서 "몇 가지 일은 앞으로 제가 결정하고 진행하겠습니다."라고 하고 그날부터 의사결정권을 받았다.

시간이 지나고 어느 날 내가 한 의사결정이 그분의 마음에 들지 않았던가 보다. 모두 있는 자리에서 왜 이런 결정을 본인과 상의하지 않았느냐고 했다. 결국 그날 이후 모든 결정권은 다시 그분께로 돌아갔다. 그분은 다시 과거처럼 작은 일까지 다 결정하는 사람이 됐다. 나는 그분의 생각을 안다고 생각했지만 그 상황에는 맞지 않는다는 것을 몰랐던 것이다. 누구도 시도하지 않았던 의사결정권을 위임받고자 했지만 무모한 시도로 마무리됐다.

또 다른 예로 나는 가끔 내가 주재하는 회의에서 참석자들이 지난번에 논의한 적이 있다고 말하면 뜨끔할 때가 있었다. 내가 어떤 의견을 냈는지 기억하지 못할 때가 바로 그렇다. 그러면 나는 "내가 그때는 뭐라고 했나요?"라고 꼭 물었다. 다행히 그때도 같은 의견을 주었다는 답을 들으면 마음이 놓이고 편하게 다음 이야기를 이어갔다. 하지만 그때는 다르게 이야기했다고 하면 머리가 복잡해졌다. 왜 내가 그때와 다른 의견을 지금은 가지게 됐는지를 찾아야 했기 때문이다. 그 이유를 못 찾으면 나는 더 이상 그 문제를 논할 자격이 없는 사람이 된다. 그냥 시험 문제를 찍은 것과 같기 때문이다. 그래서 그때의 상황을 더 물어보고 스스로 생각을 정리하고 그때와 지금은 무엇이 다르기 때문에 내 생각이 바뀌었다고 이야기했다. 함께 일하는 사람들이 리더의 생각을 모두 알 수는 없지만 예측 가능하도록 생각을 정리하고 전달하는 소통이 매우 중요하다.

같은 이유로 나는 보고받는 내용이 지난번과 달라질 때도 매우 혼란스럽다. 분명히 달라진 이유가 있을 것으로 생각하기 때문에 그 이유를 더 집요하게 물어볼 수밖에 없다. 보고하는 사람에게는 중요한 것도 아닌데 말이다. 내가 함께 일해온 대부분의 리더도 작은 차이에 민감하게 질문했다. 작은 숫자 또는 달라진 사실 하나 때문에 전체 결정을 바꿔야 할 때가 있었기 때문이다. 대부분의 리더는 역할이 커지면서 그러한 성향이 더 커졌다. 그래서 이미 논의가 된 적이 있는 것이라면 미리 지난 논의와 결론을 꼭 다시 한번 확인해서 같은 것은 왜 여전히 같고 다른 것은 왜 달라졌는지를 함께 고민해야 한다. 그래야 원하는 피드백을 받을 가능성과 실행력이 더 높아진다.

나는 말을 바꾸는 상사와 말다툼을 한 경험이 많다. 물론 대부분은 상사가 이기는 게임이다. 그러나 상사의 말이 바뀌었다는 것을 본인은 알고 있으리라 믿기 때문에 지난번과 다르다는 사실을 짚고 넘어갔다. 이런 내가 상사들에게는 불편한 존재였다는 것을 시간이 지나면서 알게 됐지만 그 사실을 인정한 분들 덕분에 힘든 회사 생활을 계속할 수 있었다.

한번은 내가 상사에게 말을 바꾸었다고 말했더니 정색하며 앞으로 녹음해야겠다고 했다. 그래서 나도 그랬으면 좋겠다고 했더니 잠시 당황하고 화제를 바꾸었던 적도 있다. 결국 나는 그분을 신뢰하지 못했다. 반대로 어떤 분과는 색다른 경험을 하기도 했다. 그분과 개인 면담을 신청하고 한참 이야기를 나누고 나오면서 어떤 임원을 질책하시는 모습이 그 사람이 잘되기를 바라는 것이 아니라 마치 미워하는 것처럼 보였다고 이야기를 드렸다. 그랬더니 바로 "나, 그 임원 싫어."라고 말씀했다. 그리고 그날 저녁에 그렇게 이야기해줘서 고맙다고 짧은 문자가 왔다. 나는 그분을 존경한다. 일하는 방식이나 결정하는 과정은 나와 다른 것도 있었지만 한참 어린 부하직원의 말에 귀를 기울이는 태도는 앞으로도 잊지 못할 것이다.

생각이 바뀌었다면 먼저 인정하자

우리가 항상 같은 생각을 가지고 지낼 수는 없다. 아니, 그래서도 안 된다. 안됐던 것을 되게 하는 것이 우리가 하는 일이기 때문이다. 상황이 달라지고 기술이 발전하면 안 되는 것도 되어야 하고 당연한 것도 더 이상 당연한 것이 아닐 수 있다. 100의 노력으로 안됐던 것이 150의 투자로는 될 수도 있다. 그때는 상황에 맞춰 변화해야 한다. 생각도 행동도 변해야 한다.

그러나 꼭 알아야 할 것이 있다. 왜 변했는지를 알아야 한다. 구성원들이 지난번과 의견이 다르다고 말하기 전에 리더가 먼저 지난번과 이러저러한 상황이 달라졌기 때문에 생각이 바뀌었다고 말해야 한다. 가끔은 지난번 것을 본인이 기억하지 못할 수도 있지만 인지하는 그 순간에 무엇이 차이를 만들었는지 고민하자. 생각이 바뀌는 것은 나약하거나 창피한 일이 아니다. 오히려 자기 생각이 바뀌었다고 이야기하는 것은 강하고 용기 있는 사람들만 할 수 있는 것이다. 먼저 자기 생각이 잘 정리되어 있어야만 바뀐 것을 알 수 있기 때문이다. 지금 결정이 과거보다 더 좋다는 자신에 대한 믿음 덕분이다. 또 새로운 변화를 받아들일 준비를 항상 하고 있어야만 주변이 변하고 있는 것을 알 수 있기 때문이다.

나도 의견을 바꾼 것이 많았다. 그중에 건식 전극 공정이 생각난다. 나는 항상 건식 전극 공정은 어렵다는 말을 입에 달고 다녔다. 사업부장을 거쳐 최고기술책임자가 됐더니 건식 공정을 열심히 개발하고 있다는 말에 과거부터 가지고 있던 회의적인 마음이 올라왔다. 그래서 연구원들이 하는 일을 직접 보러 갔다. 그 자리에서 마음이 싹 바뀌었다. 건식 공정이 잘되고 있는 것을 보았기 때문이 아니라 건식 공정을 개발하는 연구원들의 애정과 열정을 보았기 때문이다. 나는 항상 이론을 앞세우는 사람이었지만 그날부터는 누가 뭐라고 해도 건식 공정은 성공할 것이라고 말했다. 이유를 묻는 사람들에게 연구원들의 열정 때문이라고 대답했다. 사람들은 모두 내가 건식 공정에 거부감이 있는 것을 잘 알고 있었다. 하지만 그날 이후로는 과거의 내 의견을 문제 삼는 사람은 없었다. 내 스스로 의견을 바꾸었다는 것을 알렸기 때문이다.

우리는 항상 예측하면서 살아간다. 약속 장소에 갈 때도 몇 시에 출발하면 제시간에 도착할 것인지를 미리 따져본다. 식당에서 음식을 주문할 때도 대부분은 예상하는 양과 맛이 있다. 그 예측이 맞으면 별생각 없이 지나가지만 예측과 다른 결과를 얻으면 행복해하기도 하고 때로는 실망하기도 한다. 일상은 예측하지 못한 행복으로 더 큰 기쁨을 느낄 수도 있다. 그러나 회사 일에서 예측하지 못한 성과는 결국 제자리로 돌아온다. 사람도 그랬다. 매번 약속을 지키던 사람이 한번 약속을 못 지켰다면 크게 신경 쓰지 않는다. 다음에는 약속을 지킬 것이고 이번은 예외라고 생각하기 때문이다. 하지만 매번 늦던 사람이 한 번 제시간에 온다고 해서 다음번에도 제시간에 올 것으로 생각하지는 않는다. 오히려 이후에 여러 번 제시간에 오다 다시 한번 늦으면 '역시 그렇지. 이 사람은 원래 약속에 늦는 사람이야.'라고 생각한다.

나는 일관성이 있어야 한다는 강박이 있었다. 그렇지만 동시에 변화에 유연해야 한다는 생각도 가지고 있다. 누구나 그 사람만의 고유한 특징이 있다. 그 특징을 잃으면 자신을 잃는 것으로 느끼기도 한다. 그럼에도 새로운 자극에 변화하면서 더 나은 고유한 특징을 만들어가는 것이 인간이다. 일관성으로 시작해서 유연성으로 마치는 것도 같다. 그러나 일관성이 없이는 유연한 것이 아니라 우유부단함이 될 수 있다는 것을 기억했으면 한다.

5
솔직할 수 있는 믿음이 소통을 키운다

"구성원들은 평소 리더의 말과 행동을 보고 사실을
말할지 말지를 판단한다."

우리는 항상 좋은 결과를 기대한다. 그러나 늘 뜻대로 되지는 않는다는 것도 안다. 어쩌면 많은 경우에 다른 사람에게 피해를 주거나 의도와 다른 결과를 마주하기도 한다. 이럴 때 우리는 자신의 잘못을 인정하고 진정으로 사과하고 다음에 같은 실수를 하지 않기 위해 노력하면 된다. 그런데 자기 잘못을 인정하는 것이 참 쉽지 않다. 어떤 이들은 잘못 자체를 인정하지 않거나 무시함으로 더 많은 사람의 원성을 사기도 한다. 심지어 더 큰 문제를 만들기도 한다. 이런 일은 어느 공동체에서나 있을 수 있다.

누구나 사실을 이야기해야 하고 잘못은 잘못했다고 인정하는 것이 맞다. 그러나 동시에 상황에 따라서 다를 수도 있다고 생각한다. 사실을 말하지 않거나 때로는 거짓을 전하는 것이 적절할 때도 있다고 이야기한다. 당신은 어떤가? '언제나'라는 전제가 붙어도 나는 사실을 말하는 사람이라고 할 수 있는가? 나도 내가 사실을 이야기 하는 사람이라고 말하고 그러기 위해 노력한다. 하지만 가끔은 차마 거짓을 말하지는 않아도 사실을 말하지 않음으로써 불편함을 벗어나곤 한다. 창피하지만 사실이다.

아이들이 거짓말을 하는 것은 사실을 이야기해서 오는 불이익을 감당할 수 없기 때문이라고 한다. 사실을 말해도 도움을 받을 것으로 생각하면 사실을 말한다. 그러다 사실을 이야기해서 불이익을 받는 경험을 하면서부터 거짓말을 시작한다고 한다. 그런 아이들도 누군가에게는 사실을 이야기한다. 예를 들어 아빠에게는 침묵을 지키는데 엄마에게는 사실을 이야기하는 거다. 그 이유는 엄마에게 이야기해도 자신은 안전할 것이라고 느끼거나 공감을 얻을 것이라 느끼지만 슬프게도 아빠에게는 그렇지 않다는 말이다. 그러나 그런 아이들도 용돈이 필요할 때는 불편함을 감수하고 아빠에게 이야기한다고 한다. 이유는 단순하다. 아빠가 용돈을 더 잘 주기 때문이다. 아이들만 그런 것은 아니다. 우리도 불편한 이야기에도 내 편이 되고 함께 고민하고 해결책을 찾아주는 사람에게는 이야기를 편하게 한다.

심리적 안전감이 솔직한 소통을 만든다

모든 리더는 본인이 속한 조직의 구성원들이 항상 사실대로 말하고 문제를 숨기지 않기를 바란다. 그렇지만 문제를 먼저 꺼내고 자기 잘못을 인정하는 구성원은 많지 않다. 어떻게 하면 구성원들이 사실을 더 잘 이야기하게 할 수 있을까? 이는 구성원의 문제이기 이전에 리더의 성향을 따라간다. 그게 심리적 안전감이다. 구성원들은 평소 리더의 말과 행동을 보고 사실을 말할지 말지를 판단한다.

구성원들이 편하게 사실을 이야기하게 하려면 리더에게 과거, 현재, 미래를 구분하는 힘이 필요하다. 나는 과거는 바꿀 수 없지만 미래는 바꿀 수 있다고 이야기한다. 지금 우리가 어떻게 하느냐가 우리 미래를 결정하기 때문이다. 오늘 우리가 미래를 위해서 무엇을 할 것인지를 결정하는 데 과거가 필요하다. 나의 과거뿐 아니라 다른 사람의 과거도 필요하다. 내가 실패한 경험도, 다른 사람의 성공도 모두 내 미래를 위해 오늘 할 일을 결정하는 중요한 과거다.

그런데 우리는 가끔 과거가 미래라고 착각한다. 그래서 과거를 바꿔야만 미래가 바뀔 것으로 생각하는 것은 아닌가 한다. 과거는 과거다. 리더가 과거가 아니라 미래를 바라보면 구성원들은 과거를 언급하는 것이 편해진다. 바꿀 수 없는 과거에 매달려 마치 과거를 바꿀 수 있는 것처럼 집중하면 잘못된 과거를 꺼내기 쉽지 않다. 지나간 것은 지나간 것이다. 흘러간 것은 흘려 보낼 줄 알아야 한다. 평가와 비난은 분명히 다르다. 과거의 잘못을 비난하는 것이 아니라 냉정하게 평가하고 미래로 눈을 돌릴 수 있어야 한다. 누구 잘못인지를 묻는 것이 아니라 그래서 지금 무엇을 해야 하는가를 물어야 한다.

다음은 의도를 그대로 인정하는 것이 필요하다. 다른 사람에게 해가 될 것을 알면서도 자신의 이익을 위해 거짓을 말하는 경우라면 그 사람을 용서하기 어렵다. 그러나 선한 의도로 시작했는데 의

도와 상관없이 문제가 생겼다면 같이 해결하는 것이 먼저임을 기억하자. 그러면 의도가 선하다는 것은 어떻게 알 수 있을까? 나는 잘못에 대한 인정과 사과라고 생각한다.

의도는 선했지만 불편한 사실을 만들었다면 있는 그대로 인정하고 진심으로 미안함을 표현하면 된다. 한번 자신과 주변을 돌아보라. 나는 사과를 잘하는지, 내 주변에는 누가 사과를 잘하는지 한번 생각해보자. 잘못을 인정하고 사과하는 것이 나약함이나 비굴함을 의미하지는 않는다. 오히려 당당한 사람만 진심으로 사과할 수 있다. 당신의 의도와 상관없이 상대방이 불편해한다면 있는 그대로 사실을 인정하고 미안하다고 전하면 된다. 그러면 상대방도 당신들과 일할 때는 결과뿐 아니라 과정과 의도에도 의미를 부여할 것이다.

사과는 강자가 약자에게 하는 것이다. 사회에서는 사과는 가해자가 피해자에게 하는 것으로 생각하기 쉽지만 권한을 가지고 있는 사람이 사과를 자연스럽게 할 때 그 조직은 신뢰가 더 커진다. 집에서 아이에게 잘못한 일이 있을 때 진심으로 사과를 해보면 바로 알게 될 것이다.

문제를 풀어가는 시간을 줘야 한다

해외 고객과 과제를 하면서 고객 승인 없이 공정을 변경해서 문제가 된 적이 있었다. 그때 내가 했던 것은 상사에게 문제를 고객에게 알리는 것을 승인받고 그다음에는 고객에게 내가 결정한 것이라고 이야기하는 것이었다. 고객에게 사실대로 말하겠다고 상사에게 승인받는 것이 오히려 어려웠다. 한 번에 승인받지 못했고 문제가 더 커진 후에야 승인받을 수 있었다.

고객은 내가 잘못했다고 인정한 다음부터는 누구 잘못인지를 따질 필요가 없으니 문제 해결에만 집중했다. 덕분에 그 문제는 잘 해결됐다. 문제 해결을 위해 고객의 공장에 다 갔고 고객은 다시 누가 이런 결정을 했느냐고 물었다. 나는 미안하다고 하면서 내가 결정했다고 했다. 왜 그랬느냐는 질문에 변경 요청을 제출했고 검증 결과도 문제가 없었기 때문에 그렇게 해도 된다고 잘못 생각했다고 답했다. 그 때문에 나는 호텔에 볼모로 잡혀 있기도 했지만 내 판단에 대한 처벌은 뒤로 하고 양사는 문제 해결에 집중했다.

리더는 사과도 잘해야 하지만 사과를 잘 받는 것도 정말 중요하다. 누군가 당신에게 사과한다면 때로는 간단히 "그러면 됐어." "앞으로 같은 일은 없는 것으로 알고 있을게." "먼저 그렇게 말씀해주셔서 감사합니다." "저도 제 자리에서 할 수 있는 것을 찾아보겠습니다."라고 해보자. 그러지 않고 "또 그러면 가만히 안 있을 거야." "잘못한 것은 알고 있구나." "지난번에도 그러더니" "그럼 당신이 알아서 처리하세요."라고 해선 안 된다. 사과하는 상대방은 정말 큰 결심을 한 것이다. 그렇다면 받아주는 사람도 진심으로 이제 그 일은 과거이니 미래로 눈을 돌려야 한다.

다음은 다름을 인정하는 것이다. 스스로 틀릴 수도 있다는 틈을 열어두는 것이 필요하다. 고등학교 때 친구가 내게 했던 말을 지금도 기억한다.

"야, 너는 가끔은 뒤통수를 맞아야 해."

아마도 친구들이 내게 다가올 틈이 없었나 보다. 지금도 아니라고 하기는 어렵지만 당시 나는 항상 맞고 틀림을 판단하는 사람이었다. 완벽주의자에 가까웠다. 친구가 적었다. 그래서 그 친구의 조언을 아직도 기억한다. 가끔은 다른 사람들이 내게 다가올 수 있게 틈을 만들어야겠다고 말이다. 덕분에 지금은 더 많은 사람과 생각을 나눌 수 있게 됐다. 아직도 많이 부족하지만 기본적으로는 다르다는 것이 틀린 것이 아니라는 생각을 항상 한다. 그러면서 내가 꼭 맞는 것은 아니라는 생각도 함께 한다. 그래서 더 많은 사람이 맞다고 하면 일단 그 생각이 맞다고 보고 결과를 기다린다. 리더가 빈틈없이 완벽하면 구성원들은 리더의 의견과 다른 의견을 제시할 수가 없다. 가끔은 모른다고도 하고 때로는 알면서도 모른 척해서 구성원들이 다가올 수 있는 틈을 내주어야 한다.

나는 어느 순간부터 숫자를 외우지 않는다. 그러다 보니 지금은 정말로 숫자를 모르는 사람이 됐다. 직원들은 나를 모든 것을 기억하는 사람이라고 했다. 사실 나는 대부분을 기억했다. 그러니 직원들이 나와 이야기를 나눌 때 긴장할 수밖에 없었다. 이야기하다가 조금이라도 이상하면 바로 찾아냈으니 말이다.

그들은 내 앞에서 틀리지 않기 위해 숫자를 외우기 시작했다. 중요한 숫자인지 아닌지는 두 번째 문제였다. 내가 물어볼 수도 있다는 생각에 숫자를 외웠다. 숫자를 외우는 것보다 흐름과 방향을 정확히 이해하는 것이 중요했다. 하지만 당장은 숫자가 그들의 눈에 들어왔던 것이다. 그 사실을 알고 난 다음부터 나는 숫자를 내가 말하지 않고 무조건 물어보기 시작했다. 원재룟값이 얼마였지? 지난번 시험 결과는 어땠지? 고객 사양은 뭐지? 내가 진심으로 모르는 것처럼 물으니 직원들도 숫자 강박에서 벗어났다. 찾아서 말하기도 하고 비슷한 값으로 회의를 진행하고 나중에 수정하기도 했다. 회의 시간이 구성원들의 지식을 확인하는 시간이 아니라 문제를 풀어가는 시간으로 바뀌었다. 리더가 아무것도 모른다고 생각하면 대충 일하는 사람도 있다. 그러나 리더가 더 중요한 것에 집중한다고 느끼게 하면 직원들도 중요한 것에 자원을 투자하게 마련이다.

심리적 안전감이 그래서 더 중요하다. 안전감을 단순히 정의하기 어려울 수도 있지만 사람들은 안전하지 못하다고 느끼면 위축되고 경계할 수밖에 없다. 언제나 생존이 가장 중요하기 때문이다. 그러한 안전감도 강자가 약자에게 제공하는 것이다. 팀장이 팀원들과 있을 때 느끼는 편안함과 팀원들이 팀장과 함께 있을 때 느껴야 하는 안전감은 다르다. 팀장은 팀원들이 '내 뒤에는 팀장이 있다'는 느낌이 들 수 있도록 믿음을 주어야 한다. 우리 팀장에게는 어떤 이야기를 해도 함께 해결하기 위해 내 편이 되어준다는 신뢰가 필요하다. 담당도 임원도 자기 자리에서 마찬가지다.

누구에게나 엄마가 필요하다는 말을 들어보았는가? 나는 이 말을 좋아한다. 엄마는 그 사람에게 가장 안전감을 느끼게 해주는 대상이다. 우리는 항상 상대적인 관계에 있기 때문에 누군가에게는 선배가 되면서 동시에 누군가의 후배가 된다. 우리가 함께 일하는 공간에서 모두가 심리적으로 안전함을 느끼려면 누가 해주기만을 바라선 안 된다. 스스로가 선배라고 느끼는 자리에서는 선배로서 후배들이 안전함을 느끼도록 해주는 것이다. 내 선배가 어떻게 나를 대하는지는 중요하지 않다. 그냥 내가 내 선배로부터 받고 싶은 대로 후배에게 해주면 된다.

연구개발을 하는 사람들은 자신이 옳다고 믿는 경향이 강하다. 그러다 보니 타인의 의견에 대한 수용성이 떨어진다. 자기 잘못을 인정하기보다 본인이 옳다는 것을 무리하게 증명하려고 한다. 나도 공대 출신이고 오랜 시간 엔지니어로 살아서 나를 돌아봐도 때로는 내가 옳다는 것을 증명하려고 애쓰는 것을 알고 있다. 이것이 엔지니어들의 자존심이고 새로운 도전을 할 수 있게 하는 힘인 것도 틀림없다. 엔지니어가 자기주장을 하지 못하는 것이 더 이상하다고 생각한다. 그렇지만 합리적인 판단을 하는 것 역시 엔지니어에게 매우 중요하다. 더 많은 사람을 만나고 더 큰 역할을 하려면 주변의 도움을 받아야 한다는 진리를 기억하자. 그러면 다른 사람의 의견을 잘 듣고 자기 잘못도 때로는 인정해야만 필요한 때에 하는 당신의 주장이 객관적으로 고려될 것이다.

자신이 속한 팀에 문제가 발생했을 때 그 사실을 인지하는 순간 모두에게 공유되어 다 함께 문제 해결에 전념하는지 돌아보자. 그렇다면 지금 리더가 잘하고 있는 것이다. 구성원들이 심리적으로 안전한 환경에서 일하고 있는 것이다. 만일 그렇지 않고 이상하게 문제는 항상 마지막에 갑자기 드러난다면, 하나를 해결하면 다른 문제가 튀어나온다면, 리더의 말에 암묵적인 동의로 회의가 끝난다면 리더는 자신을 돌아봐야 한다. 용기 있는 구성원이 없어서 혹은 문제를 제대로 파악한 사람이 없어서가 아니다. 이야기를 꺼내면 자신의 안전에 위협을 느끼기 때문이다. 팀의 분위기는 팀원도 영향을 미치겠지만 무조건 리더가 만드는 것이다.

3장
리더의 책임

책임과 육성이 리더의 자리를 만든다

1
함께할 때 리더십은 완성된다

"태풍을 만나면 선원들은 파도를 보는 것이 아니라
선장을 본다."

세상에는 다양한 리더가 있다. 그 어느 것도 정답이 될 수는 없다. 리더와 구성원, 조직이 처한 상황, 그들의 목표, 경쟁을 포함한 주변 상황, 조직의 규모, 이제까지의 경험, 이 밖에도 여러 요인에 따라 리더십은 달라질 수 있다. 당신은 리더라고 하면 어떤 리더가 떠오르는가? 어떤 리더와 함께 일하고 싶은가?

나는 개인적으로 리더를 성향에 따라 다음과 같이 나눈다. 세상의 모든 리더를 다 포함할 수는 없지만 말이다. 자율과 통제의 정도를 기준으로 하면 자율 중심의 리더, 통제 중심의 리더, 자율과 통제가 균형을 이룬 리더. 이를 비유로 이야기하면 여러 마리의 반려견을 산책시키는 사람, 개 썰매를 모는 사람, 수백 마리의 양을 관리하는 양치기라고 할 수 있다. 심각한 의미를 부여하지는 말고 가볍게 이미지를 그려보면 좋겠다.

통제하려 하면 무너지고 맡기면 길이 열린다

먼저 반려견을 산책시키는 사람이다. 한두 마리를 산책시키는 장면과 서너 마리를 산책시키는 장면을 같이 떠올려보면 좋겠다. 한두 마리의 반려견을 산책시키는 것은 나름 평화롭다. 때로는 줄을 잡아당기며 통제하기도 하지만 강아지가 가고 싶은 대로 놓아준다. 줄을 매지 않은 경우도 많이 볼 수 있다. 그렇다고 강아지가 멀리 가지도 않고 특별한 문제를 일으키지도 않는다. 주인이 멀어지면 앉아서 기다리기도 한다. 이번에는 서너 마리를 데리고 나온 장면을 그려보라. 한 마리 한 마리의 행동을 이제는 그대로 둘 수가 없다. 강아지들은 같은 행동을 하지 않는다. 앞으로 뛰어가기도 하고 남아서 더 이상 따라오지 않기도 한다. 줄로 묶어서 힘으로 끌고 가는 경우도 있지만 쉽지 않다. 결국 주인은 지치고 산책은 엉망이 된다.

다음은 완전히 다른 상황이다. 개 썰매를 모는 사람을 생각해보자. 개 썰매를 모는 사람을 머셔Musher라고 한다. 개 썰매는 머셔의 지시에 따라 일사불란하게 매우 빠른 속도로 움직인다. 머셔와 개들은 서로 믿고 교감하며 자신의 역량을 최대한 끌어내 달린다. 머셔는 잠시도 방심하지 않는다. 자칫 방심하면 빠르게 달리는 썰매에서 떨어질 수 있고 잘못된 길로 들어갈 수도 있기 때문이다. 썰매를 끄는 개들은 한 마리 한 마리가 훌륭한 역량을 가졌지만 항상 집단으로 움직인다. 어느 한 마리가 지쳐도 따로 돌보기가 쉽지 않다.

모두 같은 속도로 달려야 하기 때문이다.

그러면 마지막으로 양치기를 생각해보자. 한가롭게 풀을 뜯고 있는 수십에서 수백 마리의 양들이 산 중턱에 있다. 양들은 때가 되면 특별한 지시가 없어도 모두 우리로 돌아간다. 양치기는 어쩌다 무리를 이탈하는 한두 마리만 제자리로 돌려놓으면 된다. 모든 양이 어디서 왔고 언제 어디로 가야 하는지를 알고 있기 때문이다. 양치기는 풀이 있는 곳을 찾아서 양을 데려가고 주변의 위협에서 양들을 지키는 역할을 한다. 하지만 평소에는 양들이 알아서 지내도록 풀어놓는다.

나도 모든 것을 내가 결정하고 실행해야 한다고 생각하던 시절이 있었다. 또 모두가 일사불란하게 목표를 향해서 달려가도록 하는 것이 리더의 역할이라고 생각하기도 했다. 개 썰매를 모는 머셔처럼 말이다. 나는 구성원들의 역량이 중요하고 좋은 사람들과 함께 하면 일은 더 편할 수 있겠지만 궁극적으로 그 모든 것을 통제하는 것이 리더의 역할이라고 생각했다. 그냥 각자 알아서 하게 두면 반려견 산책시키기가 된다고 우려했던 것 같다. 구성원들은 큰 그림에서 조직이 해야 할 일을 잘 모른다고 판단하기도 했다. 또 과도한 책임감으로 실패를 허용하지 않으려고 했다.

처음 팀장이 됐을 때가 그랬다. 전임 팀장의 갑작스러운 해외 연수로 팀장이 됐지만 익숙한 팀원들과의 과제였기에 나름대로 선방하고 있었다. 그런데 다른 팀의 조직문화 문제로 갑작스럽게 조직을 개편했다. 다른 고객을 대응하던 두 팀을 묶어서 세 팀으로 개편한 것이다. 기존에 20명 정도였던 팀원이 갑자기 40명으로 늘어났다. 팀의 규모가 커지니 한 번도 하지 않았던 과제가 몇 개 추가됐다.

지금 생각하면 큰일도 아닌데 당시에는 모든 것을 알고 통제해야 직성이 풀렸던 시절이다. 그랬기에 나로서는 더욱 감당할 수 없는 일이었다. 새로운 과제를 완벽히 이해하고 방향을 지시해야 한다고 생각했다. 그러나 조직문화가 달랐던 두 팀을 하나로 만드는 것도 쉽지 않았다.

한번은 연말 평가를 할 때 한 직원이 다른 팀에서 온 구성원보다 자신이 낮은 평가를 받는 것을 용납할 수 없다고 했다. 그래서 평가는 기존 팀으로 나눠서 진행했다고 하니 아무 말 없이 수긍했다. 아직 충분한 신뢰가 쌓이지 않은 상태에서 내린 지시는 거부당하는 일도 빈번했다. 이 모든 것이 내가 모든 것을 통제하려고 했기 때문이라는 사실을 당시에는 전혀 몰랐다. 결국 스스로 팀장을 포기하는 결정을 했다. 나는 연수를 마친 전임 팀장이 돌아오자마자 더 이상 팀장을 못 하겠다고 했다. 연구소장님과 팀장님이 여러 번 나를 설득했으나 나는 결국 팀장 자리에서 내려왔다. 그리고 다시 팀장이 되는 데는 2년 반이 필요했다.

태풍 때 선원들은 파도를 보지 않고 선장을 본다

지금은 각자가 자기 역할을 알고 그 역할을 할 수 있도록 돕는 것이 리더의 역할이라고 생각한다. 통제로는 평균은 할 수 있을지 모르지만 새로운 것을 할 수는 없다. 과거에는 지식과 경험이 리더에게 집중됐다. 하지만 지금은 다르다. 구성원들도 경험이 충분하고 다양한 지식을 접하고 있다. 때로는 리더가 가지지 못한 경험과 지식을 가지고 있다. 그래서 리더는 조직의 방향성 아래에서 현재 위치를 알고 가야 할 곳을 알고 있는 사람이어야 한다. 가야 할 방법도 알고 있어야 하지만 통제보다는 관리와 조정을 통해서 함께 가야 한다. 또한 구성원 스스로 목표로 나아가게 해야 한다. 일상적인 일에 대해서는 특히 그렇다.

물론 갑자기 예기치 못한 상황이 닥치면 리더의 결단력과 판단력이 필요하다. 날씨가 나빠질 것으로 보이면 평소보다 일찍 양들을 우리로 들여보내야 한다. 늑대가 나타나면 늑대와 싸워 물리쳐야 한다. 본인의 힘으로 해결할 수 없을 때는 해결할 수 있는 사람을 찾아 도움을 청해야 한다. 이 모든 것이 양치기에게 주어진 일이다.

자율을 강조하지만 위기에서 해결책을 내놓을 수 없다면 리더가 될 수 없다. 평상시에도 통제하며 일을 진행한다면 리더의 역량을 뛰어넘는 결과를 만들어낼 수가 없다. 구성원들도 항상 지쳐 있을 수밖에 없다. 리더는 평소에는 최소한의 규율 안에서 모든 자율을 허용하지만 위기 상황에서는 구성원들의 피난처가 되어주어야 한다. 나는 이러한 리더를 함께하는 리더라고 정의한다.

나는 어선 한 척으로 세계적인 수산 기업을 만든 동원산업의 김재철 회장이 한 말씀을 처음 들었을 때 뒤통수를 한 대 맞는 느낌이었다. 과연 나는 파도를 보고 있었는지, 선장을 찾고 있었는지 성찰할 수밖에 없었다. 스스로 문제를 풀기 위해 열심이었다고 자부하면서도 한편으로는 선장을 찾고 있었던 내 모습이 스쳐 지나갔다. 리더라면 파도가 닥쳐올 때 파도를 바라봐야 한다.

"태풍을 만나면 선원들은 파도를 보는 것이 아니라 선장을 본다."

2
선배의 발자국을 딛고 더 멀리 걷는다

"우리는 함께 일하는 서로를 믿고 존중하기 때문에
성장하는 공동체의 일원이다."

우리는 리더십이라는 말을 많이 듣는다. 그런데 팔로어십followership이라는 말을 들어보았는가? 나는 이 말을 국가대표 야구팀 감독을 맡았던 김인식 감독의 인터뷰에서 처음 들었다. 김인식 감독은 어떻게 국제대회에서 좋은 결과를 얻었는지 묻는 기자의 대답에 선수들의 좋은 팔로어십이 있었기 때문이라고 답했다.

나는 돌아보면 리더들이 힘들어하는 유형의 팔로어였다. 리더들의 어려움을 이해하기보다는 리더로서 해야 할 역할을 강요하는 후배였기 때문이다. 이해되지 않으면 잘 움직이지 않는 후배이기도 했다. 어떤 리더에게는 이해만 시키면 알아서 하니 나와 함께 일하고 싶었을 수도 있다. 하지만 선배들의 경험과 직관을 이해하기에는 내가 그분들만큼 경험이 없었기에 항상 쉽지 않았다. 그래도 지금 이 자리까지 내가 올 수 있었던 것은 계속 물어보는 나에게 끝까지 설명해주었던 선배들 덕분이다. 나는 아직도 서투르지만 지금도 내 이해가 조금 부족하다 싶으면 선배들의 경험을 믿는 법을 키우고 있다.

질문은 권리이고 따르는 것은 책임이다

내가 정의한 팔로어십은 이렇다. 먼저 가장 중요한 것은 선배들의 경험을 존중하는 것이다. 선배는 존경할 만한 사람과 그렇지 않은 사람이 있을 수 있다. 하지만 그들의 경험은 모두 존중받아 마땅하다. 전문 지식이 부족한 사람을 만날 수도 있고 다른 분야에서 리더를 하다 자리를 옮긴 사람을 만날 수도 있다. 그러나 어느 곳에서 경험한 것이라 해도 또 지금은 상황이 달라졌다고 해도 존중해야 한다. 그럼 도움을 청하고 받는 것이 좀 더 편안해진다.

무조건 지시를 따르는 것이 적절한 팔로어십은 아니다. 하지만 지시를 이유 없이 거부하는 것은 있을 수 없는 일이다. 다소 이해가 되지 않는 지시를 받아들일 때 선배의 경험을 존중하는 것이 중요하다. 선배의 경험을 존중한다면 일단 실행해볼 수 있다.

나는 새로운 일을 한 적이 많았다. 내가 대학원 실험실에서 리튬이차전지 양극재를 주제로 받았을 때도 그 실험실에서 처음으로 이차전지 분야를 하는 사람이었다. 처음 직장생활을 하면서도, 이직해서 일을 맡았을 때도 내가 처음인 경우가 많았다. 그만큼 혼자 힘으로 풀어야 하는 것이 많았다. 그런데 다양한 경험을 한 선배들의 조언과 판단 덕분에 풀기 어려운 문제들을 잘 풀 수 있었다. 경험은 옳기 때문에 존중하는 것이 아니고 경험했기 때문에 존중하는 것이다. 그 경험을 모델로 따라 하거나 반면교사로 삼는 것은 당신의 몫이다.

다음은 질문하는 것이다. 나는 내성적이기는 하지만 모르는 것을 그냥 넘어가지 못한다. 여전히 낯선 이에게 길을 물어보는 것은 어렵지만 내가 해야 하는 일이 모호하면 꼭 확인한다. 선배들의 지시에 따라 무언가를 해야 한다면 그 지시가 무엇인지를 정확히 이해하는 것은 정말 중요하다. 왜 그런 지시를 했는지도 알면 더 좋겠지만 우선은 있는 그대로 지시가 무엇인지를 정확하게 알아야 한다. 조금이라도 모호하면 물어보라.

내가 항상 신입사원들에게 했던 두 가지 이야기가 있다. 그중 하나가 모르면 물어보라는 것이다. 신입사원은 몰라도 되는 특권이 있기 때문이다. 다른 하나는 동기들과 친하게 지내라는 것이다. 선배들이 후배를 평가하는 여러 가지 중에는 지시에 대한 명확한 이행이 있다. 더 좋은 방법으로 이행해서 기대 이상의 결과를 내는 것에 더 높은 점수를 주겠지만 우선은 지시를 정확히 이행할 수 있는 사람인지를 본다. 이행 결과에 만족하면 그다음에 더 큰 업무를 맡기게 된다. 지시가 무엇인지 모르는데 정확히 이행하는 것은 매우 어렵다. 그러니 이해가 안 되면 꼭 물어보라. 선배가 지시한 이유는 이해가 안 될 수 있으나 지시 내용은 반드시 이해해야 한다.

다음은 복기하는 것이다. 지시를 이행하고 나면 그냥 다음 지시를 기다리는 것이 아니라 이제는 왜 그 일을 해야 했는지를 알아야 한다. 일하기 전에 얼마나 중요하고 왜 해야 하는지를 알고 시작하면 더 좋다. 그러나 대부분의 일은 기한이 있기 때문에 일하는 이유를 몰라도 제때 마쳐야 할 경우가 많다. 시험을 볼 때 답안지를 제출해야 하는 기한이 있는 것과 같다. 모르는 문제가 있어도, 다 풀지 못했어도 제출해야 평가받을 수 있다. 회사 일도 그렇다. 이유를 몰라도 기한 내에 마치는 것이 필요하다. 다음 시험을 더 잘 보려면 틀린 문제를 다시 확인하는 것처럼 회사에서도 일을 마친 후에 꼭 돌아봐야 한다. 모든 일에는 기한이 있다는 것을 꼭 기억하자. 그리고 잘 마치면 잘 마친 대로 결과가 안 좋으면 안 좋은 대로 복기하자. 그러면 선배들의 생각을 조금 더 읽을 수 있을 것이다. 나는 결과를 받아 든 이후에는 그 이유를 이해하기 좀 더 쉬웠던 것 같다.

나는 자주 "결정하기 전까지는 치열하게, 결정되면 쿨하게"라고 말한다. 결정할 때는 조용히 있고 결정한 뒤에는 실행하지 않는 것이 가장 문제다. 결정되기 전에는 모르면 물어보거나 자신의 의견을 내는 것은 권리다. 그러나 결정된 것을 따라야 하는 것은 책임이다. 잘못된 결정으로 원하지 않는 결과를 얻었다면 꼭 다시 돌아보고 다음에는 다른 결정을 내릴 수 있어야 한다. 앞에서 이야기한 것들이 일단 선배들의 말을 들으라는 것처럼 들린다면 미안하다. 내가 하고 싶은 말은 할 말은 하되 결정이 나면 따라야 한다는 것이다. 물론 잘못된 것을 알았다면 그때도 꾸준히 의견을 개진할 수 있어야 한다.

책임은 실행하는 사람이 지는 것이 아니라 결정한 사람이 지는 것이다. 어찌 보면 리더의 책임을 덜기 위해서라도 팔로어는 실행에 최선을 다해야 한다. 지금까지 말한 팔로어의 책임은 일 자체가 아니라 실행하느냐 안 하느냐의 실천적 태도에 있다. 각자의 책임은 있되 이렇게 구분할 수 있다.

우리는 모두 리더인 동시에 팔로어다

팔로어에게 실천적 태도만큼이나 중요한 게 지식을 쌓는 것이다. 선배들이 전달해주는 것만으로는 선배들이 달성한 수준의 결과도 얻을 수 없다. 누구도 알고 있는 모든 것을 알려줄 수 없기 때문이다. 경험을 뛰어넘으려면 정말 긴 시간과 운도 필요하다. 하지만 지식은 선배들과 동등하거나 넘어설 수 있다. 아니, 반드시 선배들의 지식은 넘어야 한다. 청출어람이라는 말이 괜히 나온 것이 아니다. 후배가 선배를 넘어서지 못하면 그 조직은 유지하기는커녕 쇠퇴할 수밖에 없다. 당신의 조직을 제외한 다른 조직은 발전하고 있을 것이다.

그리고 당신도 후배가 있다는 것을 기억하자. 지금 당신이 조직의 막내라면 조만간 후배가 생길 것이다. 그들의 선배가 될 준비를 해야 한다. 경험으로 존중받고 정확하게 지시하고 후배가 지식으로 나를 넘어서도록 도와줄 수 있어야 한다. 그런 선배가 되려면 지금 무엇을 해야 하는가를 고민하고 실천하자. 리더십만이 어렵고 우리가 배우고 키워야 하는 것이 아니다. 팔로어십도 마찬가지다. 항상 모든 면에서 존경할 만한 선배와만 일하지는 못한다. 그러나 그 안에서도 언제나 선배들보다 나은 후배가 나와야만 구성원과 조직이 성장한다.

마지막으로 좋은 롤모델을 마음속으로 정하자. 너무 멀리서 찾지 말고 우선 가까이로 눈을 돌려보라. 분명히 당신보다 조금 더 먼저 조금 더 현명하게 그 길을 간 사람이 있을 것이다. 만일 어느 한 명의 전부가 맘에 들지 않으면 여러 사람의 장점을 모아 가상의 선배를 만들고 롤모델로 따라도 좋겠다. 그래야 힘들고 지치는 순간에도 방향을 잃지 않을 수 있다. 나도 내가 함께한 많은 선배의 장점을 모아 가상의 롤모델을 만들고 항상 닮고자 한다. 어떻게 보면 한 명이 아니라 여러 명의 롤모델을 가지고 있는 것이다.

우리는 항상 선배이면서 후배다. 우리는 리더인 동시에 팔로어다. 우리는 함께 일하는 서로를 믿고 존중하기 때문에 성장하는 공동체의 일원이다. 그렇다면 우리 팀은, 우리 부문은, 우리 회사는 아무리 힘든 시련이 있어도 잘될 수밖에 없다.

MZ세대를 이해하기 위해 회사와 리더들은 여러 노력을 하고 있다. 과거에는 선배들의 경험과 지식에 많이 의존했다. 그때는 세상이 변하는 속도가 느려서 선배들의 경험이 더 소중하기도 했다. 그런 선배들을 이해하려고 한번 노력해보는 것은 어떨까? 앞선 세대의 장점을 받아들이고 단점은 고쳐가려면 가끔은 '라떼' 이야기에 마음을 열고 귀를 기울여보자.

3
리더는 책임을 짊어지고 더 큰 미래를 본다

"아무리 멋진 옷이라고 해도 자기 몸에 맞지 않으면 자기 것이 될 수 없다."

 회사마다 규모가 다르고 문화가 다르다. 그러나 어느 정도 조직이 갖춰진 경우라면 유사한 직급 구조로 되어 있다. 내가 다니던 회사는 사원, 선임, 책임, 팀장, 담당, 총괄, 센터장, 부문장(사업부장, C-레벨), CEO 이렇게 직급(직책)이 구성되어 있었다. 담당 이상의 직급은 임원급이라고 볼 수 있다. 직급을 나눠 놓은 것은 각각의 직급과 직책이 그에 맞는 역할과 기대치가 있기 때문이다.
 회사는 사원에게 지시에 대한 정확한 이행을 기대한다. 혼자서 새로운 일을 할 수 있는 사람이라면 더할 나위 없을 것이다. 그러나 학교에서 배운 것만으로 회사 생활이 어려운 경우가 많다. 그래서

회사는 사원이 스스로 일을 찾아서 하는 것을 기대하기 전에 시키는 일을 정확히 수행하는 것을 기대하게 된다. 이런 이유로 사원에게는 보통 어쩌면 너무나 단순하고 반복적인 일을 준다. 새로운 문제를 스스로 풀어낼 것을 기대하기보다 한번 배운 것은 잘 해낼 것을 기대하기 때문이다. 그러나 가끔은 방금 배운 것도 잘 기억나지 않거나 설명을 자세히 들었어도 실행에 어려움을 겪는 경우도 있다. 그래서 나는 사원은 누구보다도 잘 물어보는 사람이기를 바랐다. 모르는 것을 일단 해보는 것이 아니라 조금이라도 모르면 명확한 실행을 위해 질문하는 것이다. 사원의 능력에 대한 판단은 맡겨진 일의 실행 결과를 기반으로 할 것이기 때문이다.

선임에게는 반복적이고 일상적인 업무의 자율적인 실행을 기대한다. 사원은 물어볼 권리가 있다고 하면 선임은 가르쳐줄 정도의 지식을 기반으로 스스로 주어진 일을 마무리할 수 있어야 한다. 예를 들어 제품 개발을 한다고 하면 회사의 축적된 지식을 설계에 적용하고 무슨 시험을 해야 하는지를 알며 상위자가 다음 단계의 결정을 할 수 있도록 필요한 자료를 정리할 수 있어야 한다. 물어보지 말라는 것이 아니라 선임이라면 물어볼 것과 스스로 판단할 것을 구분할 수 있어야 한다. 선임 중에는 역량과 경험에 따라 아직 배움이 더 필요한 사람도 있고 스스로 판단하고 다음 과정을 선택할 수 있는 사람도 있다. 하지만 본인의 역량에 따라 다음을 잘 준비하는 시간이 되어야 한다.

책임은 주어진 과제를 다른 사람들과 함께 완성할 수 있어야 한다. 새로운 과제를 받으면 과거의 경험과 지식을 바탕으로 해결책을 제시할 능력을 갖춰야 한다. 회사의 업무 프로세스를 완벽히 이해하고 자신의 역할이 무엇인지 알고 실행할 수 있어야 한다. 고객 대응을 하는 부서라면 회사는 책임에게 고객의 요구 사항을 명확히 이해하고 과거 이력과 경험 등 기존에 알고 있는 것을 바탕으로 방향을 정할 수 있기를 기대한다. 새로운 과제를 접했을 때 지식과 경험만으로 답을 찾을 수 없다면 새로운 시도를 할 것도 기대한다. 책임은 또한 혼자서 일을 잘하는 것으로는 안 되고 후배들의 질문에 본인의 판단을 더 해서 답을 주어야 한다. 후배들이 자신에게 특별히 많이 질문한다면 본인이 역할을 잘하고 있다고 생각해도 틀리지 않을 것이다. 선배들의 처지에서 후배의 잦은 질문으로 업무의 흐름이 끊기거나 시간을 빼앗겨 불편할 수 있다. 그러나 긴 시간을 놓고 보면 후배들이 정확하게 실행해야 본인과 팀의 업무에 더 도움이 된다는 것은 이미 알고 있을 것이다.

위임과 개입의 균형이 리더를 만든다

팀장이 되면 이야기가 좀 달라진다. 경중의 차이는 있으나 팀장부터는 자신이 일하는 것이 아니라 팀원이 일을 잘할 수 있도록 해야 한다. 그러기 위해 기술적으로 팀이 맡은 분야를 가장 잘 알고 있어야 한다. 개별 업무를 구체적으로 지시하면서 과제 전체를 보면서 균형도 맞추어야 한다. 정말 어려운 자리의 시작이다. 이제까지 개인의 뛰어난 업무 역량만으로 인정받았지만 지금부터는 자신의 역량에 팀원의 성과를 더해서 평가받게 된다.

또한 팀장은 일과 사람을 모두 챙겨야 한다. 팀장이 되기 이전에는 스스로 생각한 대로 결과를 빠르게 만들어낼 수 있었다. 그러나 팀장이 되면 팀원들이 원하는 결과를 가져오기를 기다리는 것부터

어색할 수밖에 없다. 그래서 가끔 좌절하는 사람도 보았다. 팀장은 팀원에게 일을 어디까지 맡기고 어디부터 개입할 것인가를 고민해야 한다. 개입과 기다림의 균형이 팀장으로서 본인의 색깔이 될 것이다.

팀장은 귀와 눈을 더 열어야 한다. 귀를 열어야 한다는 것은 팀원들의 이야기를 더 많이 들어야 한다는 것이다. 특히 도움을 요청하는 것인지, 믿고 맡겨주기를 원하는 것인지를 파악할 수 있어야 한다. 믿고 맡겨달라는 팀원은 믿고 맡겨야 한다. 도움을 요청하는 팀원이 있다면 무시하지 말고 도움을 주어야 한다. 귀는 직접 팀원에게 듣는 것을 말한다면 눈은 스스로 판단하는 것을 뜻한다. 팀원이 믿고 맡겨달라고 했더라도 잘 진행되는지를 점검하고 판단해서 계속 맡길 것인지, 개입할 것인지를 정해야 한다.

팀장이 되면서부터 더 어려운 것은 사람도 챙겨야 한다는 것이다. 사람을 챙기는 시작은 다름을 인정하고 한 명 한 명을 존중하는 것이다. 모두가 팀장과 같은 경험과 지식을 가지고 있지 않다는 것을 인정해야 한다. 그래서 팀장이 가장 어려운 자리다. 나는 처음 팀장을 맡고 1년 반 후에 스스로 물러났다. 과거의 일하는 방식으로는 팀을 운영할 수 없었기 때문이다. 귀와 눈을 제대로 열지 못해서 적절한 위임과 개입을 하지 못했다. 다시 팀장이 되는 데는 2년 반이 필요했다. 그때도 너무 힘들었지만 그래도 위임과 개입의 균형이 필요하다는 것을 인식하고 있었던 덕분에 팀장 역할을 할 수 있었다.

담당은 유사한 여러 팀을 함께 관리하는 직책으로 팀장의 역할인 일과 사람을 관리하는 것에 전략을 더한 자리다. 담당부터는 자신이 전문가가 아닌 분야를 관리할 수도 있다. 회사에서 자신의 조직이 맡은 역할이 무엇이고 어느 조직과 어떤 관계를 통해서 업무가 진행되는지를 파악할 수 있어야 한다. 또 그 관계를 만들어가는 일에 익숙해져야 한다. 여러 팀을 함께 맡고 나면 어떤 팀의 업무는 매우 익숙하지만 한두 팀의 업무는 생소할 수 있다. 그러면 많은 사람이 익숙한 업무에 더 쉽게 마음이 간다. 그러나 이제 담당의 자리에 있기 때문에 익숙한 업무일수록 후배 팀장에게 맡겨야 한다. 그리고 익숙하지 않은 업무를 하는 팀장의 이야기에 더 귀를 기울일 때다. 그래야 담당 조직 내 팀들의 균형을 맞출 수 있다.

담당은 더 귀를 기울이고 더 관심을 가져야만 리더의 본질인 결정에 참여할 수 있다. 만일 본인이 결정할 수 없는 역할을 하는 팀이 있다면 그 팀에는 영향력을 미치기 어렵다. 다양한 경험을 통해 조직 내 모든 업무를 정확히 이해하고 결정할 수 있다면 가장 좋다. 그러나 전문 분야가 아니고 경험이 부족하다고 해도 적어도 팀장의 제안을 바탕으로 결정할 수 있는 만큼의 지식은 갖춰야 한다.

또한 담당은 완성도가 더 중요한 일과 기한이 더 중요한 일을 구별할 수 있어야 한다. 완성도가 중요하다면 목표한 완성도를 하루라도 빨리 달성해야 한다. 일정이 중요하다면 주어진 일정 안에 최대한의 성과를 만들어야 한다. 정말 끊임없이 고민하는 자리가 담당이다. 그러나 어쩔 수 없다. 그래야 조직에서 업무 우선순위를 시급성과 완성도 사이에서 판단할 수 있다. 이것은 전략의 중요한 부분이다.

담당은 무엇을 할 것인가를 정하는 것에 덧붙여 주어진 자원을 적절히 분배하여 최상의 결과를 만드는 사람이다. 해야 할 일이 정말 많다. 항상 자원은 부족하고 일은 넘친다. 그래서 담당은 사람을 반드시 챙겨야 한다. 사람을 챙기는 것은 조직문화 개선과 자원의 적정한 분배를 포함한다. 담당은 여러 팀을 조율하고 시너지를 만드는 일을 한다. 각각의 팀은 그들만의 문화를 가지고 있다. 서로 다를 수밖에 없는 팀의 문화를 조직문화로 만드는 역할도 담당에게 요구된다. 회사의 조직문화가 큰 방향을 이끌더라도 단위 조직이 가지는 힘을 무시할 수 없다. 회사의 문화를 잘 살리는 것과 함께 각 팀만의 색깔을 만들고 보여주는 것도 담당이 할 일이다.

책임의 무게가 리더의 그릇을 키운다

임원이 되고 센터장 이상이 되면 이제는 결정과 함께 책임을 기꺼이 져야 한다. 임원은 결정하고 책임지는 사람이다. 사원도 팀장도 자신이 한 일에 대한 책임을 지지만 책임은 무조건 최종 결정권자에게 있다. 그 사람이 임원이다. 임원에게 더 많은 보수를 주는 것도, 언제든지 보직 해임이 가능한 것도 책임지는 사람이기 때문이다. 임원이 되고 싶다면 또는 임원이 됐다면 결정하고 책임지는 모습을 보여야 한다.

때로는 최적의 결정을 하겠다는 핑계로 임원들이 결정하지 못하고 자료만 검토하는 일이 생기기도 한다. 그러나 부족한 자료를 가지고도 확률 높은 결정을 하는 것이 임원의 역량이다. 나는 빠른 실패fast fail가 차라리 실행할 시점을 놓치는 것보다 낫다고 생각한다. 실행하고 잘못된 결정이라는 것을 아는 순간 수정하면 되는 경우가 대부분이라고 생각하기 때문이다. 정당한 사유가 있는데 뒤집지 못할 결정은 없다. 정확한 결정만큼 중요한 것이 때를 놓치지 않는 것이다.

　만일 자신이 결정할 수 없다고 판단하면 즉시 윗사람에게 결정권을 넘기는 것도 방법이다. 자신 없는 결정보다는 잠시 구박을 받는 편이 낫다. 임원만이 아니라 누구라도 각자의 위치에서 판단하고 결정할 수 없다고 생각하는 것은 즉시 상위자와 논의하고 판단을 받자. 해결할 수 없는 문제를 상위자에게 보고하는 순간 책임은 상위자에게 넘어간다.

　여기에 더해 임원은 전략적 사고에 대해 항상 고민해야 한다. 전문성은 임원이 되기 이전에 이미 가지고 있는 것이지만 시야를 넓히는 것은 임원이 되고 난 후에도 계속되어야 한다. 더 이상 상위자가 지시한 일이 본인 업무의 전부가 될 수는 없다. 전략은 전혀 관련이 없을 것 같은 것을 연결하여 앞으로의 상황을 판단하는 것이다. 본인이 하는 업무의 전후방을 항상 고려하고 작은 변화가 전체에 가져올 영향에 관심을 가져야 한다.

　마지막으로 CEO는 미래에 더 관심을 가져야 한다. CEO의 생각에 따라 회사의 방향이 달라진다. 그 많은 역할을 다 열거할 수는 없지만 CEO는 더 이상 오늘을 사는 사람이 아니라 내일을 사는 사람이 되어야 한다. 오늘의 결과에도 책임을 져야 하기에 단기 성과를 관리하지 않을 수는 없다. 그럼에도 미래에 대한 고민을 끊임없이 함께 해야 오늘보다 나은 내일을 바라볼 수 있다고 생각한다. 그 많은 역할 중 하나를 꼽으라면 미래를 준비하는 것이다.

　일을 잘해서 임원으로 승진시켰는데 얼마 뒤에는 일을 못해서 비난받는 상황을 많이 본다. 실무자로 일을 잘했지만 관리를 못한다고 비난받는다. 관리자로 자리가 바뀌면 그에 따라 자신을 변화시켜야 하는데 그러지 못했기 때문이다. 앞으로 더욱 성장하고 더 큰 일을 맡고자 한다면 직급이나 직책이 요구하는 역할을 잘 이해해야 한다. 또 그에 맞추어 자기 그릇을 더 키워야 한다. 아무리 멋진 옷이라고 해도 자기 몸에 맞지 않으면 자기 것이 될 수 없다. 역할에 맞는 일하는 방식의 변화가 더 큰 역할을 가져온다.

4
모두에게 육성의 책임이 있다

"동료 한 사람 한 사람을 소중하게 생각하고 함께 가기 위해 할 수 있는 일을 바로 하나 더 찾아보라. 그것이 육성의 시작이다."

"당신은 조직에서 누구를 육성하고 있습니까?"

만약 당신이 이런 질문을 받는다면 답을 어떻게 하겠는가? 여기에 '누구'뿐이 아니라 '어떻게'라는 질문까지 함께 받는다면 당신의 대답은 무엇인가? 조직이 안정적으로 성장하고 지속적인 성과를 만들기 위해서 육성이 중요하다는 것은 모두가 동의한다. 그러나 육성을 위해 무엇을 하는지를 물으면 바로 답하지 못하는 경우가 있다. 육성은 고위 리더의 몫이고 적절한 후계자가 있는 경우에 한다고 생각하기도 한다. 교육과정에 참여할 기회를 제공하는 것으로 육성의 의무를 다하고 있다고 생각하던 때도 있었다. 업무를 통한 육성이 중요하다고 이야기하며 새로운 역할과 업무를 부여하지만 역할을 주는 것에서 끝나기도 한다. 사실인지는 의심스러우나 사자가 새끼를 절벽에 떨어뜨리고 살아서 올라오는 새끼만을 키우는 것과 다르지 않게 느껴진다. 업무를 통한 육성을 사자의 방식이 아니라 아이에게 자전거를 가르쳐주는 아버지의 모습을 통해 찾아보자.

혹시 자전거를 처음 배울 때가 기억이 나는가? 아이가 있다면 아이에게 자전거 타는 법을 가르쳐준 적이 있는가? 나도 내가 처음 자전거를 배울 때처럼 아이에게 자전거 타는 법을 알려주었다. 차이가 있다면 나는 초등학교 3~4학년은 되어서 자전거를 배운 것 같은데 내 아이는 학교도 들어가기 전에 자전거를 타기 시작했다는 정도다.

두발자전거를 처음 타는 아이는 누구나 넘어질 것을 걱정하고 바짝 긴장한다. 그러면 대개는 아버지나 아니면 큰형이 내가 잡아줄 테니 걱정하지 말라고 하며 자전거에 아이를 앉힌다. 그리고 바로 아래를 보지 말고 좀 멀리 보면서 페달을 밟으라고 한다. 보조 바퀴가 있을 때는 비틀거려도 넘어지지 않던 자전거가 이제는 더 비틀거리고 아무리 뒤에서 잡고 있어도 넘어지기도 한다. 그래도 뒤에서 아버지가 잡아주고 있다는 믿음으로 다시 안장에 오르고 페달을 밟는다.

아버지는 뒤에서 자전거를 잡고 같이 뛰어간다. 아이는 아버지가 뒤에서 자전거를 잡고 따라오고 있을 것이라 믿으며 조금씩 앞으로 간다. 그러다 보면 어느 순간 아이가 넘어지지 않고 앞으로 나아간다. 뒤따르던 아버지는 더 이상 쫓아갈 수가 없어서 그 자리에서 아이를 바라보며 조용히 웃고 있다. 그렇게 또 한 명이 자전거를 탈 줄 알게 된다.

넘어져도 다시 일어서게 하는 게 육성이다

이제 처음 자전거를 배웠던 때가 기억나는가? 나는 자전거 타는 법을 가르쳐주는 것에 육성의 기본이 모두 들어 있다고 생각한다. 먼저 자전거를 타겠다는 목표가 있고 자전거를 탈 줄 아는 아버지가 있다. 아버지는 넘어진다고 질책하기보다 넘어질 때 잡아주고 다시 할 수 있다고 격려하는 아버지다. 그런 아버지를 믿고 넘어질 때마다 다시 안장에 오르고 힘차게 페달을 밟는 아이가 있다. 그리고 마지막에는 아이가 자전거를 탈 수 있게 되고 아버지가 멀리서 흐뭇하게 웃고 있다.

자전거 배우기를 회사에서 직원을 육성하는 것과 비교해보자. 육성의 시작은 목표가 있어야 한다. 어떤 역할로, 어떤 사람으로 키우겠다는 목표가 있어야 한다. 육성의 대상은 작게는 신입사원일 수도 있고 크게는 CEO 후보일 수도 있다. 역할에 따라 기대치가 다르고 주어진 시간과 자원이 다르다. 하지만 육성이 필요한 것은 틀림이 없다.

대상에 맞게 육성 목표를 정해야 한다. 목표가 있어야 방법이 구체화되기 때문이다. 예를 들어 현장에 새로 들어온 신입사원을 육성한다면 3개월 이내에 기존 사원들과 마찬가지로 혼자서 설비 가동이 가능하게 하겠다는 식으로 목표를 세울 수 있다. 후임 팀장이 대상이라면 1년 동안 다음 팀장 후보로 준비시키겠다는 식의 목표가 있을 것이다. 그러면 그에 맞는 교육 방법이나 해야 할 일들이 결정된다. 해당 분야 전문가로 육성하겠다고 하면 지금 하는 일의 주변에서 답을 찾을 수 있다. 범위가 넓어지는 관리자로 육성하려면 그동안 접하지 못했던 부분을 보완할 방법을 추가할 것이다. 그러나 구체적인 목표가 없다면 그저 지금 하는 일을 잘하도록 격려하는 수준에 머무르기 쉽다.

육성을 위해서는 뒤에서 자전거를 잡아주고 넘어지면 다시 일어날 수 있게 격려하고 잘하면 칭찬해줄 아버지와 같은 선임자가 있어야 한다. 멘토라는 표현이 더 적절할 수도 있지만 멘토보다는 조금 더 책임감을 느끼고 필요한 순간에 개입할 수 있는 사람이다. 자전거를 어느 기간 안에 배우라는 지시 때문이거나 배워야 한다는 필요성 때문에 혼자서 배우려는 사람도 있다. 그런 사람도 옆에 자전거 타는 법을 가르쳐주고 잘할 때 아낌없이 칭찬하고 넘어졌을 때 다시 일어날 힘을 주는 사람이 있을 때 더 쉽게 자전거를 배울 수 있다. 어떤 것은 쉬워하고 어떤 것은 어려워하는지를 알고 그에 맞는 조언과 지원을 할 수 있어야 한다.

적절한 칭찬, 조언, 격려, 지원은 육성되는 사람에게 본인이 성장하고 있다는 확신과 함께 그 조직에 대한 신뢰를 높이게 한다. 그냥 자전거를 탈 줄 알아야 한다고만 한다면 사자가 새끼를 절벽에서 떨어뜨리는 것과 다르지 않다. 사자의 육성법이 무조건 잘못됐다고 할 수는 없다. 하지만 조직 전체의 역량을 키우기 위해서는 옆에서 지켜보다가 밀고 끌어주는 방법이 사람을 제대로 키울 확률이 높다. 또한 내가 스스로 성장했다고 생각하는 사람과 조직이 나를 키워줬다고 생각하는 사람은 조직에 대한 신뢰와 충성도가 다를 수밖에 없다.

또한 육성에서 가장 중요한 것은 육성 대상자의 태도다. 아무리

맛있는 식사가 차려져 있어도 먹고 싶은 것만 먹어서는 균형 있는 성장을 할 수 없다. 하고 싶은 것만 하고 익숙함 안에 머무르려고만 하면 아무리 조직이 육성하고자 해도 한계가 명확하다. 자신을 위해 기꺼이 울타리가 되어주고 스승이 되어주는 선배들과 함께 성장하겠다는 의지가 있어야 한다.

넘어져도 다시 자전거에 올라타는 아이만 자전거를 배울 수 있다. 한 번에 자전거를 타는 사람보다는 여러 번 넘어진 후에 제대로 타는 법을 배우는 사람이 훨씬 더 많다. 회사 일은 자전거를 타는 것보다 더 복잡하고 어렵다. 작은 실패에 주저앉지 말고 새로운 도전을 회피하지 않아야 한다.

육성 대상자의 태도를 이야기하면 생각나는 일이 있다. 처음 팀장이 됐던 2005년의 일이다. 리튬이차전지가 주목받자 회사가 급격하게 투자했다. 기존 구성원들이 제대로 교육하기 힘들 정도로 신입사원을 뽑았다. 신입사원은 입사하면서 기본적인 업무 교육을 받았지만 일하기 전에 모여서 받은 교육만으로는 업무를 제대로 하기 어려웠다.

6개월 정도 지나고 나서 우리 팀은 신입사원들을 모아서 별도 교육을 하기로 했다. 그해 새로 들어온 사람만을 대상으로 전지의 주요 구성 요소와 관련된 자료를 나눠주고 일주일에 한 번 한 사람씩 돌아가면서 발표하고 서로 질문하기로 했다. 첫 번째 시간이 됐는데 작년에 입사한 직원들도 같이 들어왔다. 나는 뭐 하러 들어왔느냐고 하며 이미 아는 이야기이니 나가라고 했다. 그런데 모두 하나같이 참여하고 싶다는 것이다. 본인들도 신입사원 교육 외에는 받은 적이 없어서 심화 교육이라고 생각하고 듣겠다고 했다. 교육이 잘될 수밖에 없었다. 모두가 필요성을 느끼고 하나라도 더 배우려고 했기 때문이다.

당시 전지의 구성 소재와 설계, 공정, 작업 지시서, 제품 사양서 등을 하나씩 다뤘는데 3개월 정도 걸렸던 것 같다. 모든 시간을 내가 주관해서 진행했다. 질문하고 대답을 고쳐주고 빠뜨린 내용을 추가하는 역할을 했다. 모두가 만족한 시간이었다고 자부했다. 다음 해에도 비슷한 과정을 하려고 했다. 그러자 한 파트장이 이제는 본인들이 주도할 것이니 빠져달라고 했다. 정말 고마웠다. 교육받는 사람도 교육하는 사람도 자발적으로 참여하는 성장의 기회가 만들어졌다.

육성할 줄 알아야 리더로 성장할 수 있다

나는 새로운 일을 맡을 때 종종 어려움을 겪었다. 나를 어떤 사람으로 육성시키겠다는 조직의 목표를 느끼지 못했기 때문이다. 한때는 6년 동안 공식적인 보직이 일곱 번 바뀐 적도 있었다. 나는 빈번히 업무가 바뀌던 당시 나에 대한 육성 목표를 알 수 없었다. 내가 절벽에서 떨어진 사자 새끼와 같은 처지라고 생각하기도 했다.

나는 스스로 절벽을 기어올라야 했다. 절벽을 오르다 떨어지기도 했지만 끝내 절벽을 올라왔다. 그러면서 후배들에게는 제대로 육성될 기회를 주겠다는 생각이 점점 강해졌다. 그래서 어느 시점 이후에는 새로운 자리로 가면 가장 먼저 하는 것이 후임자를 찾고 내가 당신을 후임자로 생각하고 있다는 것을 알려주는 것이었다. 누군가 나보다 내 자리에서 잘할 수 있는 사람이 있어야만 내게 새로운 도전의 기회가 생긴다고도 생각했다.

육성은 리더나 인사 조직만의 역할이 절대 아니다. 육성은 조직 구성원 모두가 항상 수행해야 하는 역할이다. 모든 구성원에게는 육성의 책임이 있다. 육성은 꼭 눈에 띄는 높은 자리에 있는 사람만 하는 것이 아니다. 어느 자리에서나 진행해야 한다. 본인의 업무가 바쁘면 바쁠수록 일하는 방법을 제대로 가르쳐줘서 함께 일할 수 있는 사람이 늘어나야 한다. 팀 업무가 늘어날수록 팀장의 권한을 나누어 새로운 팀을 만들어야 한다. 일이 없는데 직원을 뽑지는 않는다. 새로운 사람을 보충하는 것은 그만큼 해야 할 일이 있기 때문이다. 그런데 바쁘다는 핑계로 후배 육성을 등한시한다면 업무가 밀리는 것뿐 아니라 자신이 성장할 기회도 잃어버리게 된다. 후배가 자신보다 더 나아져야만 자신에게 새로운 도전이 주어진다고 생각하자.

나는 리더로 육성할 때 어떤 사안에 대한 의견을 묻고 지지하는 방법을 사용했다. 실행은 누구나 경험한다. 하지만 결정은 그 자리에 가기 전에는 경험하기 어렵다. 하지만 자기 권한을 넘어서는 결정을 하는 경험을 해봐야만 더 큰 일을 할 기회가 생겼을 때 도전할 수 있다. 아무리 경험이 많아도 결정은 다른 사람이 해주기를 기다린다면 성장에는 한계가 있다. 그러다가 자신이 결정해야만 하는 순간에 망설이게 된다. 예를 들면 팀장은 업무 방향을 명확히 하고 틀을 만들어주어야 하지만 가끔은 팀원들이 하고 싶은 대로 하게끔 놓아두고 그 방향으로 일이 잘되도록 지지하고 지원하는 것이다. 일이 조금 늦어질 수는 있지만 본인의 결정대로 결과를 만들어본 팀원은 분명 한 단계 성장해 있을 것이다.

사업부장 시절 신입사원들에게 리버스-멘토링을 받은 적이 있다.

MZ세대의 생각과 행동을 배우라는 취지였다. 그 활동에서 내가 배운 것은 MZ세대를 움직이려면 채찍보다는 당근이 더 중요하고 당근보다 동기부여가 더 중요하다는 것이었다. 하고 싶어야, 본인 생각과 비슷해야, 이해해야만 일에 제대로 몰입할 수 있다는 것이다. 아마 MZ세대만이 아니라 다른 모든 사람도 자신이 하고 싶고 이해하는 일에 더 몰입할 것이다.

적절한 육성을 통해 스스로 성장하고 있음을 느끼게 하는 것은 좋은 동기부여 방법의 하나다. 빨리 가려면 혼자 가고 멀리 가려면 같이 가라고 했다. 앞으로 멀리 가야 한다면 이 순간 당신 옆의 동료 한 사람 한 사람을 소중하게 생각하고 함께 가기 위해 할 수 있는 일을 바로 하나 더 찾아보라. 그것이 육성의 시작이다.

5
언행일치와 진정성이 리더의 신뢰를 만든다

"행동하는 리더를 보고 그를 믿고 따르고 싶은 생각이
저절로 들 때 그것이 진정한 솔선수범이다."

리더의 덕목을 이야기하면 솔선수범이 항상 들어 있다. 솔선수범은 먼저 행동으로 보여줌으로써 다른 사람에게 모범이 되는 것이다. 어려운 일, 하기 싫어하는 일, 어떻게 해야 할지 모르는 일을 앞장서서 행동함으로써 가야 할 방향을 보여주는 것이다. 다르게 이야기하면 말로만 지시하는 것이 아니라 먼저 행동으로 보여주는 것이다. 그러나 리더가 모든 것을 몸으로 보여주어야만 하는 것은 아니다. 특히 리더가 본인의 행동을 구성원들도 그대로 하기를 바라는 마음이 들어 있다면 솔선수범이 때로는 오히려 불필요한 벽을 만들 수도 있다. 그럼에도 솔선수범은 리더에게 요구되는 중요한 덕목이라는 것은 부정할 수 없다.

리더에게 요구되는 솔선수범을 구성하는 것으로 나는 다음과 같은 요소들을 생각한다. 첫 번째는 언행일치다. 생각이 밖으로 드러나는 것이 말이라면 그 말이 행동으로 연결될 때 비로소 내가 하고자 했던 것이 완성된다. 리더는 행동하는 사람이기 이전에 생각하는 사람이어야 한다. 주어진 환경과 상황 속에서 매번 결정하는 사람이 리더다. 그리고 고민해서 결정한 것을 실행하는 사람이다. 그래서 평소 말과 행동의 일치는 구성원들이 리더의 결정을 신뢰하게 만든다. 리더는 행동으로 먼저 보여주는 경우보다는 말로 지시하고 실행 결과를 확인하는 경우가 더 많기 때문이다. 평소 말과 행동이 일치하지 않는 사람이라면 신뢰를 얻지 못한다. 과거에 행동으로 이어지지 않았던 리더의 말이 떠올라 선뜻 실행하기 어려울 수 있기 때문이다.

언행일치는 아주 작은 것에서 시작한다. 회의 시간에 늦는 직원에게 잔소리하면서 정작 본인이 회의에 늦게 들어가는 리더. 회의에서 직원들이 집중하지 않는다고 나무라지만 다른 사람이 이끄는 회의에서 방관자가 되는 리더. 일이 잘 안될 때는 심지어 자신이 지시한 일마저 부정하는 리더도 있다. 직원들은 다 알고 있다. 이런 리더의 말에는 신뢰가 가지 않는다. 그저 힘에 눌려 억지로 따르고 있을 뿐이다.

스스로에게 더욱 엄격해야 한다

다음은 솔직함이다. 리더가 모든 것을 다 알 수는 없다. 사실 나는 모든 것을 알아서도 안 된다고 생각할 때도 있다. 더욱이 아는 척하는 것은 절대로 있어서는 안 된다. 모르는 것을 아는 것처럼 이야기하고 행동하면 솔선수범할 수가 없다. 설령 리더가 먼저 행동한다고 해도 직원들은 그대로 따를 수도 없다. 더군다나 리더가 모르는 채로 행동부터 하면 자칫 따라서는 안 되는 방향을 제시할 가능성이 크다.

모르는 것을 모른다고 솔직하게 이야기한다고 해서 무지함이 허물이 되는 것이 아니다. 오히려 솔직함이 믿음을 주게 된다. 물론 모르는 것이 당당하게 자랑할 일은 아니다. 그러나 숨길 일은 더욱 아니다. 리더의 말과 행동을 따르게 하려는 것이 솔선수범이라면 모르는 것을 모른다고 해야 아는 것이 정말 아는 것이 된다.

모든 리더는 한때 그 분야의 최고 전문가였다. 어쩌면 지금도 가장 전문가일 수도 있다. 그러나 실행하는 사람이 몸으로 느끼는 것을 같이 느낄 수는 없다. 과거에 모두 해본 것일 수는 있지만 시대가 변했기에 과거의 경험이 지금도 유효하다고만 할 수가 없다. 그래서 지금 가장 앞단에서 몸으로 부딪치고 있는 사람들의 말과 행동을 존중해야 한다. 그 시작이 모르는 것을 모른다고 하는 것이다.

그리고 리더가 가져야 할 것이 신기독愼其獨의 자세다. 신기독은 혼자 있을 때도 삼간다는 뜻으로 『중용』에 나오는 말이다. 스스로에게 더욱 엄격해야 하는 것이다. 다른 사람에게보다 자신에게 더 엄격해야 한다. 스스로가 지키지 못할 것이라면 누구에게도 강요해서는 안 된다. 본인이 못하는 일인데 꼭 해야 한다면 부탁하는 것은 가능하겠지만 지시하거나 강요하는 일은 없어야 한다.

애플의 스티브 잡스가 완벽주의자였다는 것은 다들 알고 있을 것이다. 그는 매킨토시를 만들면서 컴퓨터 안의 전선 하나도 아름답게 보이게 하려고 직원들과 논쟁했다고 한다. 아무도 보지 않는 컴퓨터 안에 이렇게까지 투자해야 하느냐는 불만이었다. 이에 스티브 잡스는 내가 알고 있다고 말했다고 한다. 스티브 잡스의 평소 언행이 어떠했는지는 잘 모르지만 남이 모른다고 해도 자신이 알고 있다면 어떤 사소한 것도 그냥 넘어갈 수 없었던 사람으로 보인다. 애플의 구성원들은 무척이나 힘들었겠지만 그러한 완벽주의가 지금의 애플을 만들었다. 다른 사람이 모를 것이라는 가정을 세우면 자신에게 엄격하기 쉽지 않다. 다른 사람이 아느냐 모르느냐가 아니라 내가 스스로에게 당당할 수 있느냐 없느냐가 결국 다른 사람 앞에서도 당당하게 만든다.

솔선수범은 후배들을 성장시킨다

솔선수범은 구성원들에 대한 애정이 담겨야 한다. 애정이 없는 솔선수범은 그저 규율을 세우고 자신을 드러내기 위한 도구일 뿐이다. 회사라면 구성원들과 회사에 대한 애정이 바탕이 된 행동만이 솔선수범의 예가 될 수 있다. 할 수 있는 것을 하는 것이 아니라 회사와 구성원들의 성장에 필요한 일을 해야 한다. 리더가 본인이 원래 이렇게 철저한 사람임을 드러내기 위한 행동이어서는 안 된다.

솔선수범은 자신을 드러내는 것이 아니라 후배들의 성장을 위한 행동이어야 한다. 평소 말과 행동이 일치하고 자신의 부족함에 대해 솔직하고 혼자 있어도 자신에게 엄격한 사람이 후배들과 회사에 대한 애정 때문에 하는 말과 행동이 솔선수범이다. 행동하는 리더를 보고 그를 믿고 따르고 싶은 생각이 저절로 들 때 그것이 진정한 솔선수범이다.

6
맡기고 개입하며 책임질 때
진짜 리더가 된다

"얼마나 많은 사람을 통해서 일할 수 있느냐가 그 사람이
할 수 있는 일의 크기를 결정한다."

"경영이란 무엇인가?"라는 질문을 하는 상사가 있었다. 두 명의 상사가 같은 질문을 가끔 했는데 같은 듯 다른 각자만의 정의가 있었다. 한 사람은 "경영이란 사람의 마음을 얻는 것이다."라고 했고 다른 한 사람은 "경영이란 다른 사람을 통해서 자신이 원하는 것을 하는 것이다."라고 했다. 표현은 다르지만 경영의 본질이 사람에게 있다는 점은 같았다.

리더로 선임되면 가장 먼저 부딪히는 어려움 중 하나가 어떻게 구성원들에게 동기부여를 하고 적절히 일을 맡기느냐다. 특히 스스로 알아서 일을 잘하던 사람이 리더가 되면 어려움을 겪는 것을 보

았다. 많은 리더가 누가 시키지 않아도 자기가 필요한 일을 알아서 했기 때문에 구성원들도 일을 알아서 하기를 기대한다. 그러나 팀장이 처음 되고 일을 시켜보면 구성원들이 가져오는 결과물이 본인의 마음에 들지 않는 경우가 많다. 일을 어디까지 맡기고 어디서부터 개입해야 하는지 고민할 수밖에 없다. 여기에 일을 맡는 구성원들이 왜 이 일을 자신이 해야 하는지 불만을 표현한다면 일 시키는 것은 더 힘들어진다. 그러다 보니 어떤 리더는 일을 시키는 것을 포기하고 직접 처리하기도 한다. 이렇게 리더가 일을 짊어지고 가는 것은 조직에도 리더에게도 심지어는 구성원들에게도 도움이 되지 않는다.

리더가 혼자서 일하게 되면 일을 통해서 성장해야 하는 구성원으로부터 성장의 기회를 뺏는 것이다. 그리고 리더는 과부하가 걸려 어느 순간에 주저앉기도 한다. 조직은 여러 사람의 다양한 시각을 통해 성장할 기회를 잃게 된다. 그래서 리더는 아무리 힘이 들어도 심지어 비효율적이라는 생각이 들어도 구성원들에게 적절히 일을 나눠줘야만 한다.

혼자 다 하는 리더는 성장하지 못한다

구성원들에게 일을 잘 못 맡기는 리더들에게 물어보면 여러 가지 이유가 있다. 시간이 없어서 본인이 하는 것이 더 빠르고 정확하다고 말하기도 하고 직원들의 역량이 아직 부족해서 중요한 일은 직접 할 수밖에 없다고 하기도 한다. 때로는 좋은 상사라는 덫에 걸려서 직원들이 싫어할까 봐 일을 지시하지 못하고 본인이 처리하는 경우도 봤다. 일을 지시하는 방법을 잘 몰라서 자신이 하는 경우도 있다. 본인의 전문 분야가 아니다 보니 구체적으로 진행되는 일을 파악하지 못해서 정확한 지시를 하지 못할 때도 있다. 어떤 경우든 리더가 됐다면 이제는 일을 맡겨야만 한다.

일을 잘 맡겨야 하는 가장 큰 이유는 더 많은 일을 할 수 있기 때문이다. 200의 역량을 가진 팀장은 200만큼 일할 수 있다. 8시간이 아니라 16시간 일한다고 하면 400까지 만들어낼지도 모른다. 그러나 100의 역량을 가진 팀원 5명이 있고 그들이 역량을 발휘할 장을 마련해주기만 한다면 팀장이 혼자 16시간 일하는 것보다 더 큰 결과를 만들어낼 수 있다. 심지어 평균에 못 미쳐서 80의 역량을 가진 팀원만 있다고 해도 5~6명이 함께 힘을 모으면 400 이상의 결과를 만들어낼 수 있다. 여기에 일을 통해 구성원들이 성장하면 리더 혼자는 도저히 할 수 없는 일도 하게 된다. 잠깐은 혼자 일하는 것이 빠르고 정확하다고 생각할 수 있지만 시간이 지나면서 자신의 판단이 틀렸다는 것을 깨달을 것이다.

나도 그랬다. 한 사건을 접하기 전까지 나 역시도 웬만한 일은 직접 하는 사람이었다. 해외 자동차 OEM과 처음 일할 때였다. 서로 시간을 맞추다 보니 우리는 저녁 8시에 고객은 새벽 6시에 매주 미팅했다. 고객의 사양에 맞춰 신제품을 개발하는 일이었는데 매주 진행 상황과 평가 결과를 검토하고 점검하는 미팅이었다. 때로는 개발 방향까지도 논의하는 자리였다. 1년 넘게 자료도 내가 혼자 만들고 발표도 직접 했다. 우리 쪽에서는 나 이외에는 누구도 고객과 직접 소통하는 일이 없었다. 미팅에는 함께 들어갔지만 내가 모르는 내용을 질문받으면 확인해주는 역할을 할 뿐이었다.

그런데 한 날은 내가 다른 일로 미팅에 들어갈 수 없게 됐다. 차

선임자에게 내가 만든 자료를 전달하고 주요한 내용을 정리해주며 미팅을 맡겼다. 그리고 다음 날 아침 미팅 내용을 물었더니 하지 않았다는 것이다. 고객이 내가 없으니 미팅하지 말자고 했다는 것이다. 그들은 새벽 6시에 모였는데도 말이다. 그제야 뭔가 잘못되고 있다는 것을 알았다. 실제 실험을 하고 내용도 다 잘 알고 있는 사람들인데도 고객에게 믿음을 주지 못했다는 것은 내가 그들에게서 기회를 빼앗았기 때문이라는 것을 알게 됐다. 그날부터 내가 하던 일을 넘겨주기 시작했다.

과거에는 내 맘에 들게 자료를 직접 수정했다면 그날 이후에는 팀원들이 초안을 만들어오면 수정할 것을 일일이 적어서 다시 만들어오게 했다. 마무리는 내가 하더라도 한두 번은 팀원들이 직접 수정하면서 내용을 다시 검토하도록 했다. 시간이 지나면서 구성원들이 만들어온 초안에 손댈 것이 크게 줄었다. 그때부터는 발표를 맡겼다. 질문에 대한 대답은 내가 하기로 해서 부담은 줄여주고 발표는 작성자가 하라고 했다. 몇 달이 지난 후에는 질문에 대한 답변도 직접 하게 했다. 답변을 못 하거나 잘못된 대답을 하면 내가 개입하기로 했지만 그럴 일은 거의 없었다.

그렇게 몇 달이 지난 후에 나는 전화로 진행하는 미팅 시간에 같은 공간에 있지 않고 사무실에 남아 있기로 했다. 문제가 생기면 언제든지 들어갈 테니 걱정하지 말라고 했다. 역시나 한 번도 나를 부르지 않았다. 마침내 나는 미팅에 더 이상 참석할 필요가 없어졌다. 나를 대신할, 어쩌면 나보다 더 나은 많은 사람이 생겼기 때문이다. 그 미팅에서 완전히 자유로워졌다. 1년 반 이상이 걸렸다. 덕분에 나는 다른 중요한 일에 시간을 쓸 수 있었다. 그리고 여러 부서를 옮기면서 새로운 일도 하고 더 큰 조직을 맡으면서 임원으로 성장했다. 지금도 개인적으로 회사에서 가장 잘한 일 중 하나로 꼽는다.

리더는 다른 사람을 통해서 일한다

리더로 처음 선임된 사람들은 자신에게 맡겨진 일을 다른 사람들보다 더 잘했던 사람들이다. 누군가에게 일을 시키는 것을 잘해서 리더가 된 경우는 거의 없다. 그러니 어떤 팀원보다도 일에 대한 이해가 높고 빠르고 정확할 수밖에 없다. 다른 사람에게 일을 시키는 것에 서툰 것이 정상이다. 그렇지만 리더로 성장하기 위해서는 다른 사람을 통해서 결과를 얻는 방법을 배워야만 한다. 시간이 걸릴 뿐 누구나 배울 수 있다.

다른 사람을 통해서 결과를 만들기 위해서는 먼저 자기 생각을 명확히 하는 것이 중요하다. '척' 하면 '착' 하는 것은 없다. 말 안 하면 귀신도 모른다고 한 것처럼 자기 생각을 정리하고 정리한 생각을 정확히 전달할 수 있어야 한다. 자신이 잘 알기 때문에 다른 사람도 잘 안다고 생각하고 띄엄띄엄 설명하면 안 된다.

일의 목적과 기대하는 결과를 지시하기 전에 한 번 더 생각하자. 만약 리더 본인도 불명확하다면 다른 사람을 통해서 그 일에서 원하는 결과물을 만들 수가 없다. 특히 일해야 하는 동기가 중요한 사람들에게는 더욱 그렇다. 목적과 기대하는 결과가 명확하다면 그것을 일할 사람에게 설명하고 상대방이 어떻게 이해했는지를 확인하자.

우리는 자신이 생각하는 것보다 자기 뜻을 잘 전달하지 못한다. 상대방 수준에서 설명하는 것이 아니라 자기 수준에서 전달하기 때문이다. "알겠지?"라고 묻는 것은 확인하는 것이 아니다. 안다는 사실이 아니라 아는 내용을 확인해야 한다. 목적과 기대하는 결과를 일하는 사람의 입으로 설명하게 하는 것은 좋은 방법이다. 만일 본인 생각과 다른 대답을 얻는다면 리더가 설명을 잘못한 것이다. 다시 더 쉽게 차분히 설명해야 한다. 그것도 못 알아듣냐고 목소리를 높이는 것은 전혀 도움이 되지 않는다. 한 번이라도 화를 내면 그 뒤로는 못 알아들어도 이해했다고 대답하고 알아서 일할 것이기 때문이다.

일하는 방법은 가르쳐줄 수도 있지만 가르쳐주기 이전에 상대에게 어떻게 할 것인지 물어보고 함께 이야기를 나누면 좋다. 부족한 생각이라도 자꾸 생각하고 고민하는 습관을 만들어야만 언젠가는 적절한 방법을 스스로 찾을 수 있다. 항상 지시만 이행하던 사람은 지시가 없으면 아무 일도 하지 않아도 된다고 생각하기도 한다. 그런 사람에게는 너무 엉뚱한 방법이 아니라면 그렇게 해보라고 동의해주는 것이 방법이다. 그 대신 중간 점검이 꼭 필요하다. 중간 점검에서 원하는 결과에 가까워지고 있다면 그대로 지켜보면 되고 원하는 방향에서 벗어났다면 교정하면 된다.

그래서 필요한 것은 적절한 개입이다. 맡겨두고 아무런 개입을 하지 않다가 마지막에 결과물로 평가하는 것은 위임이 아니라 방임이다. 리더로 선임된 것은 일을 시키라는 것이 아니라 결과를 만들어내라는 것임을 기억해야 한다.

리더의 개입은 일하는 사람의 역량과 수준에 따라 달라져야 한다. 처음 그 일을 하는 사람이라면 매일매일 점검해야 할 수도 있다. 지나가면서 한번 물어보는 것만으로도 효과가 있다. "오늘은 어디까지 진행됐나요?" "일하는 데 어려움은 없나요?" 정도로도 상황을 파악할 수 있다. 이미 경험이 많고 역량이 충분한 사람에게 일을 맡겼을 때도 중간 점검은 필요하다. 이럴 때는 수시로 점검하는 것보다는 미리 언제 어떤 식으로 점검할지를 합의하고 진행하는 것이 좋다. 한 달짜리 과제라면 미리 2주나 3주 후에 점검하기로 약속하는 것이다. 보고서를 작성하는 것이라면 초안을 볼지, 대략적인 흐름을 볼지도 미리 이야기해두면 불필요한 중복 작업을 줄일 수 있다. 늘 귀와 눈을 구성원들을 향해 열어둬야 한다. 위임이 방임으로 되지 않게 하려면 구성원들이 하고 싶어 하는 방향을 듣는 귀와 일이 제대로 가고 있는지를 살피는 눈이 필요하다.

하나 더 꼭 필요한 것은 어떤 결과가 나오든 대외적인 책임은 리더가 지는 것이다. 그렇지만 공은 반드시 실무적으로 그 일을 한 사람에게도 돌아가야 한다. 누구도 공은 챙기고 과는 넘기는 상사는 따르지 않는다. 공은 나눠야 한다. 리더의 지시와 지지가 있었기에 일이 됐다면 당연히 리더의 몫도 분명히 있다. 그러나 실제로 고생한 사람이 드러나야 한다. 하지만 일이 잘못됐다면 리더 선에서 마무리해야 한다. 실제로 누가 했는지는 중요하지 않다. 리더가 잘못 지시하고 제대로 점검하지 않은 탓이다. 공과에 대한 평가가 그다음 업무의 성과를 좌우한다. 리더를 진심으로 믿게 되면 구성원들은 리더의 목소리에만 귀를 기울이는 것이 아니라 리더의 마음과 생각을 같이 고민할 것이다.

얼마나 많은 사람을 통해서 일할 수 있느냐가 그 사람이 할 수 있는 일의 크기를 결정한다.

7
동기부여는 성장의 기회와 인정으로 만든다

"지금 하는 일의 가치를 정확히 알려주는 것이
동기부여의 시작이다."

"지지자불여호지자知之者不如好之者 호지자불여락지지자好之者不如樂之者"는 『논어』에 나오는 이야기다. 아는 사람은 좋아하는 사람만 못하고 좋아하는 사람은 즐기는 사람만 못하다는 뜻이다. 천재는 노력하는 사람을 이길 수 없고 노력하는 사람은 즐기는 사람을 이길 수 없다고도 한다. 내가 좋아하는 표현은 아니지만 피할 수 없으면 즐기라는 말도 있다. 아는 것, 좋아하는 것, 즐기는 것이 무슨 차이가 있을까? 아는 것을 재능이라고 하고 좋아하는 것을 노력이라고 해석하기도 한다. 아는 것은 해야 해서 하는 것이라면 좋아하는 것은 하고 싶어서 하는 것이라고 하면 어떨까? 그렇다면 즐거워서 하는 것은 무엇일까?

당신은 언제 어디서 누구와 무슨 일을 어떻게 할 때 즐거운가? 아, '왜'가 빠졌다. 같은 일을 한다고 가정하자. 나는 오전 시간에 무엇을 하면 마음이 좀 더 편안하다. 혼자만의 장소이고 환경이 쾌적한 곳이면 더 좋다. 마음이 맞는 사람과 함께 일하면 일이 더 잘 풀리는 것 같다. 내가 잘 아는 일을 하는 것도 좋지만 나는 약간 안 풀리는 문제를 푸는 것이 좋다. 누가 시켜서 따라가는 것보다는 내가 스스로 답을 찾아갈 때 에너지가 좀 더 높아지는 것을 느낀다. 일하는 이유도 참 중요하다. 그 일이 누구를 또는 무엇을 위한 일인가가 때로는 즐거움을 느끼게도 한다. 요리를 거의 하지 않는 사람이라도 사랑하는 사람이 맛있게 먹는 모습을 상상하면서 한다면 즐겁게 할 수 있는 것처럼 말이다. 그래서 요즘은 요리가 참 즐겁다.

가치와 성장을 연결하는 게 동기부여다

회사 일은 어떤가? 정말 즐겁게 일한 경험이 있는가? 나는 솔직하게 회사 일이 재미있고 즐거워서 출근하고 싶었던 적은 없다. 그렇지만 누구보다도 회사 일에 몰입해서 결과를 만들어냈다. 나를 일하게 만들었던 것은 책임감, 성취감, 공동체 의식, 호기심, 그리고 보상이었다. 대부분은 누가 내게 주는 것이 아니라 내 안에 있는 것을 스스로 꺼내야 하는 것이었다. 이렇게 일을 해야만 하는 이유를 만들어주는 것이 동기부여다.

각자 삶에서 중요하게 생각하는 것이 다른 것처럼 일해야 하는 이유도 모두 같지 않다. 회사나 리더가 구성원이 삶에서 중요하게 생각하는 것에 맞춰 일해야 하는 이유를 만들어줄 수 있다면 구성원들은 시켜서 일하는 것을 넘어서 스스로 움직일 것이다. 사람마다 중요한 것이 다르다. 같은 일을 하더라도 일에 대한 몰입도는 다를 수밖에 없다. 사람의 마음을 움직이는 것은 항상 어렵다. 그래도 몇 가지를 지켰을 때 사람들을 일하고 싶게 만들 수 있었다.

그 첫 번째가 목표를 알려주는 것이다. 당신도 한번은 들어봤을 벽돌공 이야기가 있다. 벽돌을 쌓고 있는 사람에게 "무엇을 하고 있습니까?"라고 질문을 했다. 벽돌공마다 다르게 대답한다. 누구는 벽돌을 쌓고 있다고 하고 누구는 돈을 벌고 있다고 대답한다. 그렇지만 어떤 사람은 성당을 짓고 있다고 한다. 누가 그 일에 보람을 더 가지겠는가? 이 이야기는 일하는 사람이 무엇을 보고 일하느냐에 따라 일이 주는 가치가 달라진다는 것을 말하고 있다.

벽돌을 쌓는다고 대답한 사람에게 벽돌 쌓는 일은 의미 없는 고된 일일 수 있다. 돈을 벌고 있다고 말하는 사람에게는 가족이나 자신의 미래를 위해서 힘든 일도 이겨낼 가치가 생겨난다. 아름다운 대성당을 짓는 일을 하는 사람에게 그 일의 가치는 이미 성당의 모습만큼 커져 있다. 함께 일하는 사람들에게 지금 하는 일의 가치를 정확히 알려주는 것이 동기부여의 시작이다. 그런데 현장에는 눈앞의 일에만 집중하는 사람들이 있다. 어디서 오고 어디로 가는지는 중요하지 않다. 지금 내 앞에서 일어나는 일이 무엇인가만 중요하다고 하는 사람들이 있다.

심지어 리더들조차 가끔은 가고 있는 길을 잃기도 한다. 매번 똑같은 일을 하고 있더라도 본인이 하는 일이 회사에서 어떤 의미가 있고 지금 회사가 하는 일이 이 세상에 어떤 영향을 주고 있는지를 안다면 조금 다르게 보일 것이다. 스스로 알아서 하는 사람들이 많으면 좋겠다고 생각한다면 반드시 가야 할 방향을 알려주어야 한다. 왜 가야 하는지를 알려주어야 한다. 가야 할 곳과 이유를 알면서도 안 가는 사람도 있지만 가야 할 곳이 어디인지 모른다면 아무도 갈 수가 없다.

다음은 지금 하는 일이 본인의 성장과 관련이 있다는 것을 인식하게 만드는 것이다. 이 일을 통해서 자신이 원하는 다른 목표에 도달할 수 있다면 지금 일이 마음에 들지 않더라도 시간과 노력을 투자할 수 있다. 성장의 정의는 사람마다 다르지만 자신이 원하는 성장의 방향과 연결된다는 것을 알면 일에 좀 더 집중할 수 있다. 예를 들어 부서 이동을 원하는 사람이라면 지금 하는 일이 이동을 원하는 부서와 어떻게 연결되는지를 생각해보게 하는 것이다. 팀장이 되기를 원하는 사람에게는 어떤 일을 했던 사람들이 팀장이 됐는지, 지금 하는 일을 잘 마쳤을 때 어떤 기회가 있을지를 설명해줄 수도 있다.

성장 기회 제공과 보상이 리더의 역할이다

나는 가끔 직원들에게 부서 이동을 제안했다. 그 부서에 사람이 필요해서 제안하는 때도 있지만 뜬금없이 제안할 때도 있었다. 그 이유는 아주 단순했다. 그곳으로 가면 성장할 기회가 보였기 때문이다. 새로운 도전을 위해 내 제안을 받아들였던 직원이 생각난다.

내가 다녔던 회사는 사업 성격이 B2B여서 광고나 홍보와는 거리가 멀었다. 그런데 ESS전지사업에는 주택용 상품이 있어서 광고를 만들기도 하고 SNS에 홍보도 하고 일반인을 상대하는 전시회에 나가기도 했다. 나는 상품기획팀에서 파트장으로 일하던 한 직원을 눈여겨보게 됐다. 그 직원은 자신의 역할을 충실히 수행했고 더 성장할 역량이 있었다. 하지만 ESS전지사업부에서는 성장이 제한될 수밖에 없었다. 그때 회사 차원의 광고를 담당할 부서가 생긴다는 소식을 들었다. 본인 의사를 물어보기 전에 그 일을 하기 위해 선임된 담당을 찾아갔다. 그전까지는 전혀 모르는 사람이었다. 나는 그에게 나와 함께 일하는 사람 중에 광고 일을 좋아하고 잘하는 사람이 있는데 같이 해보면 어떻겠느냐고 물었다. 그는 좋다고 했다.

그런 뒤에 나는 그 직원과 면담했다. 당장 팀장으로 가는 것은 아니지만 그쪽으로 옮긴다면 분명 성장의 기회가 있을 것이라고 이동을 제안했다. 그 직원은 고맙게도 내 제안을 받아들였다. 지금 그 직원은 팀장이 되어 재미있게 일하고 있다. 새로운 부서로의 이동은 어려운 결정이었겠지만 그 직원에게는 좋은 동기부여였다고 생각한다. 그 직원의 부재가 잠시 내게 아쉬울 수 있더라도 더 좋은 자리가 났을 때 먼저 알아보고 제안했다는 사실은 다른 사람들에게도 동기부여가 됐을 것이라고 믿는다.

또 다른 중요한 것은 직원의 성과와 기여를 적기에 인정하는 것이다. 사람들은 자신을 알아주는 사람과 일하고 싶어 한다. 칭찬은 고래도 춤추게 한다고 했다. 작은 성과라도 인정과 칭찬을 받으면 어깨에 힘이 들어가게 마련이다. 괜히 뭔가 더 하고 싶어진다. 이러한 인정과 칭찬은 구체적으로 그리고 적기에 해야 한다. 막연하게 "잘했어!"가 아니라 무엇을 잘했는지, 그래서 어떤 기여가 있었는지를 알려주어야 한다. 예를 들어 부서 회식 장소를 누군가가 정했다고 하면 "이렇게 맛있는 곳을 찾아주어서 우리 부서가 더 좋은 시간을 보낼 수 있었다."라고 할 수도 있다. 또는 "조용한 장소를 찾아주어서 우리끼리 많은 이야기를 할 수 있었다."라고 할 수도 있다. 이 한마디가 회식 장소를 정하는 귀찮은 일이 팀에서 중요한 일로 바뀐다. 아마도 이런 인정을 받았다면 직원들은 다음 회식 장소를 정할 때 기쁘게 좀 더 신중히 장소를 정할 것이다.

한 직원이 보고서 요약을 너무 잘해서 이번 보고가 성공적이었다고 칭찬을 들으면 그 사람은 다음 보고서를 작성할 때 요약에 더욱 신경을 쓰게 될 것이다. 승진이나 금전적 보상도 매우 중요하다. 그러나 자신이 하는 일을 지켜보는 사람이 있고 내가 하는 일을 인정받는 것도 그에 못지않은 동기부여가 된다.

그래도 승진이나 금전적 보상은 꼭 필요하다. 지금은 가치가 돈으로 평가되는 시기이기에 더욱 그렇다. 적기에 적절한 보상은 사람들을 계속 움직이게 한다. 그러나 금전적 보상이 의미 없이 반복되면 어느 순간 보상이 당연한 것이 되고 만다. 보상이 동기부여가 되는 것이 아니라 보상이 부족할 때 의욕을 떨어뜨리기도 한다는 것을 기억해야 한다. 역할과 기여에 따라 적절하게 보상해야 하고, 특히 인정과 칭찬을 보상과 함께 해야 한다. 가끔 통장에 입금이 됐는데 사유를 모르는 사람들이 있다. 이 경우는 보상했지만 효과는 전혀 없는 것이다. 그래서 금전적 보상은 당사자가 무엇을 잘했기 때문에 보상을 받는 것이라는 것을 명확히 알려줘야 한다.

한 가지 더 이야기하면 의욕을 꺾는 일이 없어야 한다. 동기부여는 어렵지만 의욕을 꺾기는 참 쉽다. 부정적인 경험을 긍정적인 경험으로 바꾸는 것은 더 큰 노력이 들어간다. 어떤 제안을 했는데 다른 사람 앞에서 면박을 주거나 제안만 하지 말고 결과를 보여달라고 한다면 그 사람은 더 이상 새로운 제안을 하지 않을 것이다. 일을 열심히 한 사람이 아니라 말을 잘 듣는 사람이 성과를 가져간다면 누가 열심히 일하겠는가? 지켜지지 않는 약속이 반복된다면 아무도 그 사람 말을 믿지 않을 것이다. 조직이 자주 바뀌고 바뀔 때마다 일하는 방식이나 방향이 달라진다면 당연히 구성원들은 눈치만 늘어간다. 이 모두가 의욕을 꺾는 일이다. 의욕을 꺾지만 않아도 조직은 스스로 움직인다.

4장
리더의 커뮤니케이션

경청과 질문이 소통의 문을 연다

1
관심과 존중의 경청이 소통을 완성한다

"말하는 사람은 많지만 제대로 듣는 사람은 적다."

누구나 소통이 중요하다고 이야기한다. 그런데 공동체의 문제를 파고들면 항상 소통의 부재가 주요한 원인 중의 하나로 드러난다. 소통 없이 공동체가 단단해질 수는 없다. 물이 제대로 흐르지 않는 강은 썩을 수밖에 없는 이치와 같다.

리더는 충분히 소통하고 있다고 하고 팔로어는 부족하다고 할 때가 있다. 그러면 소통이 부족한 것이다. 양쪽이 함께해야 하는 것이라면 주는 사람이 아니라 받는 사람이, 강자가 아니라 약자가, 가해자가 아니라 피해자가 만족해야 소통을 충분히 한 것이기 때문이다.

리더가 먼저 들어야 조직이 말한다

소통의 가장 기본은 상호 존중이다. 수직관계에서 소통도 매우 중요하지만 지시와 이행만으로는 제대로 소통하기가 참 어렵다. 수직관계에서 일을 완수하기 위해서는 지시를 명확히 이해하고 숙지하는 것이 매우 중요하다. 하지만 이는 소통의 아주 작은 부분에 지나지 않는다. 수평관계도 그렇지만 수직관계에서는 서로를 존중하고 다양한 의견이 인정되는 분위기여야만 온전한 양방향 소통이 가능하다.

이러한 존중을 기반으로 한 소통은 경청에서 시작된다. 의견을 내고 지시하는 것이 아니라 듣는 것에서부터 시작된다. 물론 말하는 사람이 있어야 들을 수 있다. 하지만 경청은 지시받는 사람뿐만 아니라 지시하는 사람과 말하는 사람에게도 매우 중요하다.

경청은 귀로만 듣는 것이 아니다. 눈과 마음으로도 같이 듣는 것이다. 가끔은 상대방이 내 이야기를 귀 기울여 듣는지를 전혀 눈치채지 못하는 사람들도 있다. 하지만 대부분의 사람은 상대방이 자신의 이야기를 잘 듣고 있는지 조금만 관심을 가지면 알 수 있다. 만약에 상대방이 내 이야기에 관심을 가지지 않는다면 내 탓일 가능성이 크다. 내가 무언가를 전달하려고 한다면 논리를 잘 짜고 단어를 잘 선택하고 상대방이 알아듣게 설명하는 것도 중요하다. 그러나 그게 전부는 아니다. 상대방이 내 이야기를 듣고 있는지 확인하는 것도 중요하다. 당연한 말이지만 상대방이 들어야만 이야기가 전달된다. 내가 말을 잘했다고 전달되는 것이 아니다. 상대방이 제대로 들어주어야 전달되는 것이다.

그런데 경청은 주로 누가 해야 할까? 자신이 약자의 위치에 있을 때를 생각해보자. 아버지는 내 말을 잘 안 들어준다. 상무님도 이미 답이 정해져 있다. 팀장에게 내 의견을 말해봐야 소용이 없다. 아마도 이런 경험을 한 적이 있을 것이다. 하지만 이제 당신이 부모이자 팀장이고 상무라고 생각해보자. 과연 상대방은 당신을 말 잘 들어주는 사람으로 생각하고 이야기할까? 경청은 상사가 하는 것이고 부모가 하는 것이다. 소위 강자가 하는 것이다. 자녀와 구성원들은 경청을 강요받지만 부모와 상사는 듣기도 전에 말하고 있다. 자신의 경청을 통해 자녀와 구성원의 경청을 끌어내야 한다.

경청을 끌어내는 것은 말하는 사람의 몫이다. 경청은 관심이 있어야 가능하다. 관심이 없는 이야기는 경청하기 너무 어렵다. 중고등학교 수업을 예로 들어보자. 가장 관심이 적을 법한 수학 시간이다. 수학이 전체 성적에 중요한 것은 모두 다 알고 있다. 그런데 반에서 몇 명이나 선생님의 말씀에 귀를 기울일까? 다들 고개를 푹 숙이고 있다. 그러다가 수업 중에 선생님이 농담하면 어떤가? 갑자기 학생들이 고개를 들고 집중하는 모습이 떠오르지 않는가? 수학에는 관심이 없지만 재미있는 이야기에는 관심이 있기 때문이다.

회사에서도 마찬가지다. 관심이 있어야 한다. 상사와 부하직원으로 이야기할 때도 서로에게 관심이 있어야 들린다. 관심 없는 이야기에도 경청하는 훌륭한 사람들이 많이 있지만 관심 없는 이야기는 보통 잘 들리지 않는다. 내용에 관심이 없는데도 귀를 잘 기울여주는 사람은 사람에게, 즉 그 상대방에게 관심이 있는 경우가 많다. 인간적으로든 업무적으로든 관심이 있어야만 서로 이야기에 귀를 기울이고 상대가 내 말을 듣고 있는지 알 수 있다.

이야기하기 전에 상대가 관심 있는 이야기인가를 먼저 생각해야 한다. 만일 상대가 관심을 보이지 않는다면 다른 이야기를 하든가 아니면 관심을 가지도록 만들고 이야기를 이어가야 한다. 예를 들어 어떤 문제의 해결책을 찾아야 하는 경우라면 해당 문제가 다른 사람의 문제가 아니라 상대방의 문제 또는 공통의 문제여야 듣는다. 다른 부서의 문제가 아니라 우리 부서의 문제로 만들어야 관심을 끌 수 있다. 그러려면 배경부터 잘 전달해야 한다. 상사가 관심이 없는 문제를 구성원들만 관심을 가지게 할 수는 없다. 먼저 이야기하는 사람이 문제를 잘 이해하고 설명할 수 있어야 한다. 부하직원이 상사의 동의를 구할 때도 상사가 그 문제에 어떤 관심이 있는지를 잘 살펴야 상사가 내 이야기에 집중하도록 할 수 있다. 내용도 중요하지만 같은 배에 타고 있어야 경청을 끌어낼 수 있다. 관심을 가지게 만드는 것이 경청을 이끄는 시작이다.

경청을 유도하는 또 다른 방법은 적절한 질문을 섞어서 대화하는 것이다. 자신에게 질문이 왔을 때 답변을 못 하면 모두가 신경이 쓰인다. 그러므로 대화를 주도하는 사람은 중간중간에 적절한 질문으로 상대방의 관심을 계속 유지할 수 있다. 대답을 제대로 못한다고 면박을 주지 말자. 대답을 제대로 못해서 받는 압박을 스스로 받는 것으로도 충분하다. 특히 여러 명이 함께 있는 자리라면 충분히 긴장할 것이다.

만약 상대방이 집중하지 못하는 것 같으면 누군가에게 대화의 요약을 부탁해보자. "지금까지 우리가 논의한 것을 간단히 정리해주십시오."라고 하면 된다. 그리고 요약이 끝나면 다른 사람에게 "혹시 빠진 것은 없는지요?"라고 물어보는 것만으로도 그날 나눈 이야기가 훨씬 잘 전달될 것이다. 답하기 위해서 자신이 듣고 이해한 것을 머릿속으로 떠올리고 정리하는 순간 그 내용이 전달되기 때문이다. 팀장이 중간에 질문하는 사람이라는 것을 잘 알고 있는 것만으로도 팀원들의 집중도가 올라간다.

내 생각을 내려놓아야 들린다

경청을 잘하기 위해서는 자기 생각을 내려놓아야 한다. 이야기를 판단하면서 경청하기는 쉽지 않다. 상대방의 이야기를 들으면서 내 생각이랑 맞춰보고 약점을 찾고 있으면 이야기를 있는 그대로 들을 수가 없다. 특히 본인이 조금 알고 있는 이야기라면 더욱 그렇다. 이미 머릿속에서 다음 이야기를 생각하고 있다면 현재 이야기에 집중하지 못한다. 학창 시절 꼭 아는 문제인데 문제를 제대로 읽지 않아서 틀리는 경우와 같다. 너무 잘 알기 때문에 문제의 시작만 읽고 문제를 다 알았다고 생각했기 때문이다.

같은 영화를 여러 번 보면서 더 깊이 감동하는 사람도 있지만 그렇지 못한 사람도 있다. 매번 볼 때마다 감동하는 사람은 다시 볼 때 다음 장면을 미리 그리는 것이 아니라 마치 처음 보는 것처럼 그 순간에 집중한다. 다음 장면을 미리 머릿속에서 그리고 있으면 처음에 느꼈던 감동을 온전히 느끼기가 어렵다. 그릇이 비어야 채울 수 있는 것처럼 자기 생각을 내려놓아야 다른 사람의 마음을 들을 수 있다.

나는 많은 회의에 참석했다. 가끔은 통역을 하기도 했다. 외국어를 통역하는 것이 아니라 우리말을 우리말로 전달하는 역할이었다. 한번은 부회장님이 주관하는 회의에 참석했다. 그런데 참석자들이 대답을 잘 못할 때마다 부회장님이 내게 본인 질문을 다시 말해 달라고 했다. 그래서 나는 내가 이해한 대로 약간 풀어서 전달했다. 당연히 어려운 이야기는 아니었다.

나와 다른 사람들의 차이는 단순했다. 나는 부회장님이 이야기하는 동안 별생각 없이 그냥 들었지만 다른 사람들은 질문에 대한 답을 잘하기 위해서 머릿속이 복잡했다. 그 차이밖에 없었다. 대답을 잘해야 한다는 생각이 앞서면 상대의 질문이 자기가 아는 대답에 맞는 질문으로만 들리기도 한다. 그리고 대답이 맞는 말일지라도 질문에 관한 대답이 아닐 수 있다. 어쩌면 내가 부회장님을 다른 사람보다 무서워하지 않았기 때문일 수도 있다. 나는 잘못하면 혼나는 것이 당연하고 그다음에 잘못하지 않으면 된다고 생각하기 때문에 혼날까 봐 미리 겁먹지 않는 장점이 있다. 이 장점이 잘 듣는 것으로 이어진 것 같다. 반대로 참석자들의 답변을 내가 이해한 대로 부회장님에게 전달하기도 했다. 질문에 맞게 다른 사람들이 한 대답을 정리한 것뿐이지만 이런 통역 덕분에 회의가 원활해졌다.

듣는 위치에 있는 사람도 경청을 잘하려면 관심과 질문이 필요하다. 연애할 때 애인이 하는 말은 정말 귀에 쏙쏙 박히지 않았는가? 어깨 너머로 들리는 이야기도 내 귀에 대고 이야기하는 것처럼 들렸을 것이다. 이미 관심이 차고 넘치는데도 더 가까워질 작은 실마리도 놓치고 싶지 않기 때문이다. 상대방에 대한 관심이 경청을 가장 잘하게 만든다. 말하는 사람에게 관심을 가지면 잘 들린다. 그런데 만일 회사나 일상생활에서 상대방에게 관심이 없다면 적어도 대화의 주제에 대해서는 관심을 찾아야 한다. 그것도 아니라면 그 사람이나 그 주제가 앞으로 자신에게 줄 영향에는 관심이 있어야 한다. 이도 저도 아니라면 상대방에게 나와 무슨 관계가 있는지 물어보는 것도 방법이 될 수 있다. 어떻게 해도 관심이 안 생긴다면 그 대화에서 나오는 것이 다음을 위해 서로에게 더 좋을 것이다.

　마지막으로 경청에는 요령도 필요하다. 말하는 상대방에게 내가 잘 듣고 있으며 어떻게 이해하고 있는지 질문이나 요약을 통해서 중간중간 알려주면 상대방이 내용을 더 잘 전달할 수 있다. "지금 말씀하신 것을 저는 이렇게 이해하고 있는데 맞나요?" "조금 전에 이야기한 부분은 잘 이해하지 못하겠네요." 등 간단한 질문이나 요청을 하면 자신이 어디에 관심이 있는지가 드러난다. 동시에 상대방은 내가 이야기를 잘 듣고 있다고 생각하면서 내가 관심이 있는 방향으로 더 쉽게 요약해서 알려주려고 노력하게 된다. 설령 그게 아니라고 잠시 타박하더라도 다시 알아듣기 쉽게 설명할 것이다.

　말하는 사람은 많지만 제대로 듣는 사람은 적다. 말을 잘 못하더라도 잘 듣는 사람이라면 이미 소통을 잘할 수 있는 능력을 갖추고 있다. 경청은 듣는 사람에게만 필요한 것이 아니라 말하는 사람에게도 필요하다. 경청이야말로 상대방의 경청을 끌어내는 가장 좋은 방법이다.

2
소통은 실행으로 완성된다

"구성원이 동의하고 해야 할 일로 계획을 세우고 충분한 자원을 투입하고 적절히 점검한다면 소통은 전달에서 끝나지 않고 실행을 통해 완성될 것이다."

소통의 목적은 전달이 아니라 변화다. 내가 만났던 상사 중에 누구도 전달이 잘됐으니 소통이 완벽하다고 말하지 않았다. 항상 소통을 통한 변화가 목적이었다. 회사의 대표가 지난 분기는 예상하지 못한 전염병과 그로 인한 세계 경제의 변화로 정말 어려운 시기를 겪었는데 앞으로 2~3년은 더 어려울 것 같다고 이야기했다면 대표는 무엇을 기대하고 있을까?

대표는 긴축하고 일하는 방식을 바꿔 새로운 활로를 찾아보자고 직접적으로 이야기하지 않았어도 구성원들이 그렇게 하기를 바라고 있을 것이다. 대표가 직접적으로 변화의 방향을 제시했다면 더 분명하다. 구성원들이 자발적으로 또한 적극적으로 동참하기를 기대하고 있을 것이다. 어떤 대표도 내가 상황을 전달했으니 다들 잘 이해했고 이번 소통이 잘됐다고 하지 않는다. 불필요한 비용이 줄어들고 새로운 매출이 늘어나는 것을 보아야 자기 말이 잘 전달됐다고 생각한다. 즉 소통은 실행으로 완성된다.

소통이라고 말하기 힘든 질책이나 잔소리조차도 목적은 비난이 아니라 변화다. 부모가 자녀에게 지시를 많이 하는 것은 정말 그렇게 변하기를 바라기 때문이다. 숙제부터 하고 놀라고 하는 것은 놀지 말라는 말이 아니라 정말로 숙제부터 하고 놀라는 것이다. 이때는 아이가 숙제를 먼저 해야 소통이 잘된 것이다. 방학이 끝나갈 때 방학 숙제를 못 했다고 징징대는 아이에게 "엄마는 숙제 먼저 하라고 했다."라고 하는 것은 아무 의미가 없다.

나는 목소리가 큰 편이다. 거기에 톤도 좀 높아서 듣는 사람이 공격적으로 느끼는 경우가 있다. 최근에는 과거에 비하면 아주 조용해지고 공격성이 줄어들었는데도 360도 평가로 단점을 물으면 강한 주장과 다른 의견에 대한 수용성 부족이 나온다. 그나마 다행인 것은 가까이서 함께 일하는 사람들이 내가 조금씩 긍정적인 방향으로 변하고 있다고 평가하는 것이다.

과거에 여러 상사가 나에게 비슷한 이야기를 했다.

"다른 사람 의견을 반대하고 본인 의견을 주장하는 것은 회의에 참석한 사람들이 네 의견이 맞다는 것을 이해하고 인정해달라는 것 아니냐? 그런데 그렇게 강하게만 이야기하면 누가 네 이야기를 듣겠느냐? 시끄러워서 알았다고 할 수는 있지만 진심 어린 동의를 끌어낼 수는 없다."

돌아보면 당시 나는 다들 동의하고 실행하지 않는다고 불만을 품었다. 때로는 나는 할 만큼 했다고 생각했다. 그러나 지금 돌이켜보면 내 소통은 주장이었지 실행으로 연결되는 진정한 소통은 아니었다. 상대방들은 동의하지 않았는지도 모른다. 어쩌면 당시 내 소통의 목적이 변화보다는 내 의견을 주장하고 전달하는 것에 머물렀던 것도 같다.

동의에서 실행으로 끌어내야 소통이다

소통이 변화와 실행으로 연결되려면 듣는 사람의 동의를 끌어내야 한다. 동의를 구하는 방법으로 앞에서 이야기했던 경청과 질문이 있다. 경청과 질문을 통해 동의를 확인해야 한다. 그리고 최대한 구체적으로 실행 계획을 세우는 것이 중요하다. 동의를 구하기 위해 "동의하십니까?"라고 물어보는 것도 방법이지만 "이제 무엇을 해야 할까요?"라고 물어본다면 자연스럽게 실행 계획으로 넘어갈 수 있다.

실행 계획에는 누가 무엇을 언제까지 할 것인가가 들어 있어야 한다. 시간이 많이 있거나 어려운 일이라면 중간 점검의 시기와 방법도 함께 정해야 한다. 이렇게 동의를 확인하여 구체적인 계획을 찾았다면 "하세요." "합시다."라고 지시나 선언하지 말고 "하겠다."라는 대답이 나오게 하자. 지시받는 경우보다 스스로 제안하는 경우가 실행으로 완성될 가능성이 더 크다.

내가 사업부장으로 공장 증설을 할 때였다. 내가 선임됐을 때는 이미 투자가 완료되어서 가동을 준비하고 있었다. 그런데 계속 기존 설비와는 다르게 문제가 생겼다. 나는 간단한 질문을 했다. 기존 설비와 똑같은 것을 설치했다고 했는데 정말 똑같은 것이 맞느냐고 물었다. 직원들은 똑같은 것이라고 대답했다. 그런데 문제가 발생한 곳을 확인하니 기존 설비와 다른 것이 있었다. 그래서 기존 설비와 다른 것이 더 없는지 확인을 지시했다. 또다시 직원들로부터 없다는 답이 왔다. 그 후에 또 문제가 생겼다. 그러자 기존 설비와 다른 것이 있었다고 했다. 그 후에도 비슷했다.

새로운 사업부장의 지시가 어쩌면 그들에게는 그냥 지나가는 말로 들렸던 모양이다. 피상적으로 차이점을 찾아봤을 뿐 구석구석을 점검하지 않았다. 소통이 잘못된 예다. 내가 하라고 해서 하겠다고 했지만 할 생각이 없었던 것이다. 그걸 몰랐다. 결국 차이점을 더 명확히 확인하고 개선해서 새로운 설비도 기존 설비와 같은 성능을 낼 수 있었다. 직접 확인하고 다시 지시하면서 내 기대 수준을 정확히 알린 후에야 직원들의 눈에 차이점이 보였다. 기존 설비와 정말 같은지를 확인하는 것이 필요하다는 것에 동의한 후에야 진심으로 실행했다.

다른 실패 사례는 비록 합의는 했지만 이행 점검을 하지 않아서 발생한 것이다. 사업부장 초기에 고객과의 계약 조건을 직원들과 논의하고 변경하도록 지시한 적이 있었다. 당시 사업 환경 변화가 심했기 때문에 환경 변화가 심할 때는 계약 조건이 자동으로 변경되도록 하는 것이었다. 6개월쯤 지나고 사업 환경이 심하게 바뀌었다. 그래서 직원들에게 우리는 미리 계약에 반영해두어서 다행이라고 이야기했다. 그랬더니 직원들이 대뜸 죄송하다고 하는 것이었다.

나와는 합의를 마쳤지만 고객과 협의가 두려워서 진행하지 않고 있었다. 동의는 했지만 실행하지 않은 것이다. 결국 그 과제는 손해를 입었다. 중간에 한 번만 고객 협의는 어떻게 되고 있느냐고 물어봤으면 달랐을 것이다. 소통을 의사 전달로만 생각했던 내 잘못이었다.

방향이 맞지 않으면 소통이 아니다

일은 필요성과 가능성에 따라 구분할 수 있다. 필요성으로 보면 해야 할 일과 꼭 하지 않아도 되는 일이 있다. 가능성으로 보면 할 수 있는 것과 할 수 없거나 매우 어려운 일이 있다. 이를 조합하면 해야 하고 할 수 있는 일, 하지 않아도 되지만 할 수 있는 일, 해야 하지만 할 수 없는 일, 할 필요도 없고 할 수도 없는 일이 있다. 여기서 중요한 것은 해야 하는 일이다. 할 수 있고 없고는 나중에 생각하더라도 무엇을 해야 하는가를 먼저 정리해야 한다.

누구나 이 네 가지 일 중에 해야 하고 할 수 있는 일을 가장 먼저 한다. 할 필요도 없고 하기도 어려운 일은 아무도 하려고 하지 않는다. 그리고 해야 하지만 할 수 없는 일보다 꼭 할 필요는 없지만 할 수 있는 일을 먼저 하는 경우가 많다. 해야 하는가를 따지기 전에 우리가 무엇을 할 수 있는가를 먼저 생각할 때 그렇다. 그래서 계획을 세울 때는 해야 하는 일과 할 필요가 없는 일을 먼저 구분해야 한다. 하기 어렵지만 성공하면 가치가 있는 일이 해야 하는 일이다.

중간 점검 때도 진도만 확인할 것이 아니라 가고 있는 방향이 맞는지도 확인해야 한다. 계획을 세울 때는 알 수 없었던 것들 중에 진행하다 보면 알게 되는 것이 있다. 그래서 중간 점검에서는 진도를 확인하기 전에 방향을 확인해야 한다. 고려하지 못했던 문제가 있는지, 새로운 변화가 생긴 것은 없는지, 지금 투입한 자원으로 안

성할 수 있는지 등을 먼저 확인한다. 그런 뒤에 지금도 지난 결정이 맞다면 원래 계획에 따라서 진도를 확인한다. 만약 과거 결정을 수정해야 한다면 다시 방향부터 설정해야 한다. 물론 일단 시작했기 때문에 결론을 내야 하는 경우도 있다. 여전히 해야 할 일이고 다음 결정을 하는 데 중요한 단서를 제공한다면 상황이 다소 바뀌었어도 끝까지 해야 한다. 그러나 해야 할 일이 이제는 할 필요가 없는 일로 바뀌었다면 바로 해야 할 일로 돌아가야만 한다.

리더는 만일 팀의 업무 진행 속도가 계획에 비해 느리다면 구성원의 역량이나 태도를 문제 삼기 이전에 자원이 충분히 투입되었는지를 확인해야 한다. 자원이 부족한데 역량과 태도를 이야기하면 안 된다. 구성원들의 하고자 했던 열정마저 꺾는 무리수를 두는 것이나 다름없다. 자원이 충분하지 않았다고 판단하면 자원을 추가 투입하든지 일정을 변경해야 한다. 우리가 가진 것은 이것밖에 없으니 어떻게든 가진 것만으로 성공시키자고 하는 것은 정말 마지막에 한 번만 쓸 수 있는 방법이다.

100이라는 자원이 필요한데 50을 투입하고 1.5배의 노력으로 75를 달성하는 경우와 120을 투입해서 85%의 효율로 102를 달성하는 경우를 비교해보자. 결국 1.5배의 노력을 했어도 실패한 것이고 85%만 일했어도 성공한 것이다. 자원을 효율적으로 사용하는 것은 매우 중요하다. 그러나 때로는 일부 자원 낭비가 있어도 꼭 성공해야 하는 경우가 있다. 50을 투입하고 2배의 효율을 내지 않았다고 질책하는 것이나 150%의 효율을 보였으니 실패했어도 수고했다고 하는 것은 다음 과제에도 충분하지 않은 자원 투입으로 인한 실패를 반복할 수 있다.

구성원이 동의하고 해야 할 일로 계획을 세우고 충분한 자원을 투입하고 적절히 점검한다면 소통은 전달에서 끝나지 않고 실행을 통해 완성될 것이다.

3
생각을 키우는 질문을 해야 한다

"질문은 생각의 방향을 정하고 생각을 다양하게 한다."

　TV 예능 프로에서 질문에 엉뚱한 대답을 하는 게임이 있었다. 평소 동문서답을 하는 경우를 많이 접하다 보니 별거 아닌 것 같았는데 출연자들은 자꾸 질문에 맞는 답을 말하고 있었다. 코칭 교육을 받으면서 교육생들과 같은 게임을 해보았다. 정말 엉뚱하게 답하는 것이 쉽지 않았다. 우리는 자꾸 제대로 대답하려고 해서 오히려 생각 없이 답해선 안 되고 정신을 차려야 엉뚱한 답을 말할 수 있었다.
　게임을 마치고 강사가 엉뚱한 답을 하기 어땠느냐고 묻자 모두 쉽지 않았다고 했다. 그러자 강사는 그게 질문의 힘이라고 했다. 질문하면 질문을 받은 사람은 답하고 싶어 한다는 것이다. 입으로 답을 말하지 않더라도 머릿속은 매우 복잡하게 돌아가고 있다고 했다. 즉 질문이 상대방을 생각하게 만든다고 했다.

답을 정해두지 않은 질문이 길을 연다

질문은 다양하다. 특별히 대답을 기대하지도 않으면서 의례적으로 하는 질문도 있고 이미 정해진 답을 듣고 싶어서 하는 질문도 있다. 자신이 알고 있는 것을 다시 확인하고 싶어서 하는 질문도 있다. 어떤 질문은 상대방을 좌절하게 만들기도 하고 어떤 질문은 상대방의 가슴을 뛰게 한다. 질문이 새로운 생각을 하게 만들기도 하고 순전히 질문 속에서 길을 찾기도 한다. 좋은 질문을 한다면 그 질문을 통해 나아갈 방향을 찾을 수 있다. 이게 질문의 힘이다. 질문이 생각의 폭을 넓히고 깊어지게 만든다.

조직에는 실행해야 하는 많은 일이 있다. 답을 알고 있는 것도 있고 답을 전혀 모르는 것도 있다. 쉽게 누구나 할 수 있는 일도 있지만 정말 어려운 일도 있다. 내가 예상하고 계획한 일도 있지만 갑작스럽게 닥치는 일도 많이 있다. 이미 예상했고 답도 알고 있고 어렵지 않게 할 수 있는 일이라면 지시를 통해 일을 풀어나갈 수 있다. 이미 해결책에 대한 암묵적 동의가 되어 있기 때문이다. 그러나 예상하지 못했고 답을 모르는 일이 닥치면 한두 명의 경험과 지식만 가지고는 안 되고 모두의 역량을 모아야 한다. 이때는 지시만으로는 문제를 풀 수 없을 때가 대부분이다. 다양한 의견이 필요하고 브레인스토밍을 많이 한다. 만일 브레인스토밍으로 다양한 의견이 모이지 않는다면 질문이 좋은 실마리를 제공할 수 있다.

그러면 어떤 질문이 좋은 질문일까? 좋은 질문은 질문을 받는 사람이 다시 한번 신중히 생각하게 만드는 질문이다. 관점을 바꿔주는 질문이다. 상대방이 생각하지 못했던 답까지도 스스로 끌어내게 한다면 정말 좋은 질문이다. 좋은 질문을 같이 알아보자. 먼저 답을 정하고 질문을 해서는 안 된다. 윗사람, 아랫사람이라는 표현이 좀 불편할 수는 있지만 윗사람이 아랫사람에게 하는 질문 중에는 답이 정해져 있는 경우가 매우 많다.

특히 부모가 자녀에게 하는 질문이 그렇다. "공부 언제 할 거야?"라는 질문은 "지금 할게요."라는 답이 따라올 것을 기대하고 있다. 못마땅한 일이 생겼을 때 "왜 그랬어?"라고 묻는 것은 이유를 알고 싶기도 하지만 "잘못했습니다."라는 답을 기대하는 것일 수도 있다. 회사도 마찬가지다. "언제까지 할 수 있습니까?"라는 질문에는 가능한 한 빠른 시간을 기대하는 마음이 있다. 이 일은 누가 한 것이냐고 모두에게 물을 때는 그냥 입 다물고 있는 것이 덜 불편하기도 하다. "오늘 점심은 어디서 먹을까요?"라고 묻는 팀장에게 "팀장님은 어디를 원하세요?"라고 되묻는 것도 팀장을 맞춰주는 것이 여러모로 좋다는 것을 알고 있기에 나오는 질문이다. 이렇게 답이 정해진 질문은 사실 질문이 아니다.

새로운 답을 얻기 위해서는 객관식보다 주관식 질문을 해야 한다. 단답형보다는 객관식이 더 좋을 수 있지만 다양한 답이 가능한 질문이 좋다. 스무고개라는 게임의 규칙은 단순하다. 답이 예와 아니요, 흑과 백, 밤과 낮과 같이 대비되는 것 중에 하나만 고를 수 있는 질문을 하고 답은 단답형으로만 할 수 있다. "살아 있습니까?" "예." "동물입니까?" "예." "하늘을 날 수 있습니까?" "아니요." "물에서 삽니까?" "아니요." "뿔이 있습니까?" "아니요." "반려용으로도 키

움니까?" "예." 등등으로 질문과 답을 이어가며 정답을 찾아간다. 쉽게 찾기도 하지만 꽤 많은 질문이 오가야 답을 찾기도 한다. 질문을 정말 잘해야 한다. 대답하는 사람이 질문을 다르게 해석하면 답에서 멀어진다. 앞에서 예를 든 정답은 돼지였다. 답변자는 반려용 돼지가 있다고 생각했다. 그런데 주관식으로 질문한다면 전혀 다른 답을 기대할 수 있다. "(돼지에 대해) 어떤 추억이 있습니까?"라고 질문한다면 사람마다 다른 답이 나올 것이다. 냄새 때문에 고생한 기억이 있을 수도 있고 반려용 돼지를 키웠던 사람이라면 함께 뒹굴었던 이야기를 할 수도 있다. 돼지고기에 얽힌 이야기도 나올 수 있다. 고사에 사용된 돼지머리를 기억하는 사람도 있을 것이다. 모두가 다른 답이지만 모두 맞는 답이다. 상황이 다를 뿐이다. 이런 질문을 열린 질문이라고 한다.

열린 질문이라도 제한된 조건을 통해 답을 더 구체화할 수 있다. 불가능한 것까지 포함하여 다양한 답을 기대할 수도 있다. 상황에 따라 어떤 때는 조건을 잘 정의하는 것이 좋을 수도 있고 어떨 때는 불가능한 모든 것까지 열어두고 논의하는 것이 좋다. 짧은 시간에 제한된 자원으로 문제를 풀어야 한다면 조건을 정해주는 것이 도움이 된다. 이미 풀었던 경험이 있는 경우도 그럴 것이다. 그런데 지금까지 계속 풀지 못했던 문제이거나 풀었다고 생각했는데 다시 유사한 문제가 발생하는 경우라면 지금 가지고 있는 자원으로는 불가능하다고 생각하는 모든 것까지 열어두고 답을 찾을 수 있도록 질문해야 한다. 예를 들어 "시간이 충분하다면 무엇을 할까?" "경쟁사라면 어떻게 할까?" "자원이 충분하다면 어떻게 할까?" 등등이다. 만일 그 안에 이제까지 실행하지 못했던 의미 있는 답이 있다면 "왜 우리는 실행할 수 없었을까?" "지금도 과거와 같은 상황인가?" "그렇게 하려면 무엇을 바꿔야 할까?"라는 질문이 따라갈 수 있다.

모든 가능성을 열어두고 정말 다양한 답을 기대한다면 질문이 간단할수록 좋다. 상대를 위해서 질문을 구체화하는 것도 필요하지만 질문을 구체화하다 보면 답이 점점 제한되기 때문이다. "취미가 무엇인가요?"와 "다양한 취미가 있을 텐데 그중에서 가장 잘하는 것은 무엇인가요?"는 둘 다 취미를 묻고 있지만 다른 답이 돌아온다. 전자는 좋아하지만 잘하지는 못하는 것, 지금 새로 시작한 것들도 언급할 수 있다. 하지만 '가장 잘하는'이라는 말이 들어가면 오히려 지금은 하지 않지만 과거에 오랫동안 투자했던 취미를 언급할 수도 있다.

좋은 질문은 자각과 책임감을 갖게 한다

질문과 답변은 자각과 책임감을 깨우는 장점이 있다. 질문을 잘하면 문제를 다시 한번 인식하게 되고 고민하고 대답하면서 그 대답에 대한 책임감이 생긴다. "건강해지려면 운동을 열심히 하세요."라고 말하면 누구나 "그렇지."라고 생각한다. 그러나 "건강을 위해서 무엇을 먼저 하시겠습니까?"라는 질문에 스스로 운동이라고 답했다면 운동을 해야겠다는 자각과 책임이 생기는 것이다.

질문이 책임질 사람을 찾거나 실행할 사람을 찾는 방향으로 흘러서는 안 된다. "당신이 의견을 냈으니 당신이 맡아서 해주십시오." "당신 뜻대로 결정됐으니 이 문제가 잘못되면 책임지십시오." 같은 대화가 오간다면 질문은 답을 찾는 것이 아니라 표적을 찾는 화살이 된다. 질문을 받은 사람들은 답하려고 하기보다 화살을 피하려고 할 것이다. 만약 구성원이 스스로 답을 했다면 답을 생각하는 중에 이미 책임감이 조금이라도 생겼을 것이기 때문에 리더는 그가 스스로 할 수 있도록 자극만 하면 된다.

질문의 가장 좋지 않은 유형은 원하는 답을 유도해놓고 "당신 뜻대로 하는 것입니다."라고 하는 것이다. 리더가 책임조차 지지 않겠다는 것을 모두가 느끼게 된다. 이렇게 되면 누구도 마음에 있는 생각을 꺼내 놓을 수가 없다. 그래서 문제 해결을 위한 질문이라면 질문과 실행을 구분해야 한다.

질문은 생각의 방향을 정하고 생각을 다양하게 한다. 어떤 답이라도 상황에 따라 정답일 수도 오답일 수도 있다. 좋은 질문은 상대방의 마음과 입을 열고 생각하지 못한 답을 찾아내고 스스로 하고 싶다는 자각과 책임감을 불러일으킨다. 하고자 하는 마음이 있고 연습한다면 누구나 좋은 질문을 할 수 있다. 좋은 질문이 좋은 답을 끌어낸다.

4
좋은 대답은 질문을 존중할 때 가능하다

"좋은 대답은 소통을 이어가게 한다."

실과 바늘처럼 대답은 질문과 떼려야 뗄 수 없는 관계다. 주변에 말 잘하는 사람, 특히 자기 의견을 잘 정리해서 이야기하는 사람을 보면 부러울 때가 참 많다. 나도 아는 이야기인데 정리가 안 되어 대답하지 못하거나 내 생각은 조금 다른데 논리가 부족한 것처럼 느껴져서 말을 꺼내지 못할 때가 종종 있다. 그러나 이야기하지 않으면 아무도 내 생각을 알 수가 없다. 상대방이 내 눈만 봐도 내 마음을 알면 좋겠지만 그런 상대를 찾기는 너무 어렵다.

문제부터 이해하는 것이 가장 중요하다

대답을 잘하려면 무엇이 중요할까? 아마 가장 먼저 떠올리는 것은 지식일 것이다. 아는 질문이 나오면 아무래도 대답하기 쉽다. 그런데 대답을 잘하려면 먼저 문제를 제대로 이해해야 한다. 대화 중이라면 경청하고 있어야 하고 문제 풀이를 하고 있다면 문제를 정확히 읽어야 한다.

무엇보다 묻는 것이 무엇인지부터 정확히 알아야 한다. 그래야 적어도 아는 문제는 틀리지 않는다. 아는 문제를 틀리는 이유가 뭘까? 잘 알기 때문에 질문에 대한 답을 적는 것이 아니라 자신이 아는 것을 적는 것이라는 생각을 해본 적이 있는가? 나는 다양한 보고에 참여했는데 잘 아는 이야기가 나오면 상대방의 질문에 귀 기울이지 않고 원래 본인이 가지고 있던 생각을 이야기하는 사람을 자주 만났다. 특히 어려운 자리나 긴장하는 경우가 더 그랬다. 정답을 이야기해야만 한다는 압박 때문에 질문에 집중하지 못하고 계속 어떻게 답할 것인지만을 생각하기 때문이다. 그래서 어려운 자리일수록 어려운 문제일수록 답변을 고민하기 전에 질문을 정확히 이해해야 한다. 질문을 이해하지 못했다면 반드시 되물어서 질문자의 의도를 파악하고 대답하는 습관이 필요하다.

질문을 잘 이해했으면 이제 생각해야 한다. 이때 지식과 경험이 필요하다. 나는 질문을 받으면 다른 사람들의 경험이나 들은 지식보다는 내 경험과 지식에 비춰 아는 것인지 모르는 것인지를 먼저 생각한다. 내가 아는 것이라면 다행이지만 모르는 것이라면 다른 사람에게 들은 것 중에 답이 될 것이 있는지를 생각한다. 그리고 답변을 머릿속으로 정리한다. 내가 아는 것으로 충분한지, 내가 아는 것과 다른 사람에게 들은 것이 같은지, 때로는 지금도 유효한 답변인지 등을 잠시라도 고민한다. 질문이 끝나자마자 답할 필요는 없다. 오히려 잠시 시간을 갖는 것이 질문하는 사람이 보기에 신중하게 보이기도 한다. 대답할 때도 내가 아는 것을 이야기하는 것과 다른 사람의 생각을 전달하는 것은 명확히 구분해야 한다.

그리고 답변할 때는 상대방과 상황에 맞춰 정리된 생각을 전달한다. 상대방과 상황에 따라 같은 문제라도 대답의 형식이 달라진다. 질문의 형식에 따라 '예, 아니요'로 대답해야 하기도 하고 다소 긴 설명이 필요하기도 하다. 질문한 사람도 충분한 지식이 있는 경우이고 배경도 이미 잘 알고 있다면 서론이 필요 없는 경우가 많다. "예"라는 한마디로 해결될 때도 있다. 때로는 너무나 급박한 상황이라 바로 답변이 필요한 경우도 있다. 반대로 질문한 사람이 배경을 잘 모를 때가 있다. 그 사람이 배경을 잘 몰라서 어떤 답변도 이해할 수 없는 경우가 발생하기도 한다. 이럴 때는 배경 설명과 과정을 먼저 이야기하고 질문에 대한 답을 하는 편이 이해하는 데 더 나을 수 있다.

하지만 배경을 잘 모르는 경우에도 먼저 결론을 이야기하고 설명하는 것이 더 효과적이다. 상대방이 집중하게 되기 때문이다. 모르는 이야기를 계속 듣다 보면 집중도가 떨어지거나 중요한 부분을 놓치기도 한다. 그러나 일단 답을 알고 나면 더 이상 듣지 않기도 하지만 더 귀를 기울이는 경우도 많다. 내 경험으로는 많은 결정을 해야 하는 사람일수록 두괄식으로 답을 먼저 듣기를 원했다.

질문자가 듣고 싶어 하는 방식으로 대답하자

대답하는 중간에 질문자를 잘 관찰해야 한다. 대답의 목적이 내가 아는 것을 자랑하는 것이 아니고 내 생각을 전하는 것이기 때문이다. 경청은 듣는 사람만 하는 것이 아니고 말하는 사람도 해야 한다고 했다. 상대가 내 말을 잘 이해하는지, 답변에 만족하는지, 가끔은 더 이상 듣고 싶지 않은지, 새로운 궁금증이 생긴 것은 아닌지 관찰해야 한다. 대답하는 중간에 잠시 멈추고 눈을 맞추는 것만으로도 충분할 때도 있다. 필요하면 요약해서 다시 이야기할 수도 있다. 답변에 대한 의견이나 추가 질문이 있는지를 물어볼 수도 있다.

그런데 질문자가 원하는 답변을 잘 못하는 경우를 보면 몰라서가 아니라 많이 알아서 제대로 대답을 못하는 경우도 있다. 자신이 가지고 있는 가장 정확한 답을 하려고 하는 사람도 있다. 반면 자신의 기준으로만 설명하는 사람도 봤다. 나도 그랬던 때가 있다. 나쁘게 이야기하면 대답이 아니라 자랑으로 보일 때도 있었다.

답을 모르면 모른다고 하지 않고 유사한 다른 것을 이야기하는 경우도 많다. 모른다고 말하는 것이 무의식중에 허락되지 않는 것이다. 하지만 모르는 것은 모른다고 하는 것은 매우 중요하다. 그래야 아는 것도 인정받을 수 있다. "예"라고 하면 끝난다. 그런데 답이 왜 "예"가 되는지 죽 설명만 하고 끝까지 "예"라고 말하지 않는 사람도 있다. 이유만 들으면 "예"라는 것을 당연히 알 것으로 생각하는 것이다. 상대방이 충분한 지식을 가지고 있지 않거나 관심이 없는 분야이면 다 들어도 "예"라는 것을 모를 수도 있다. 이 모든 게 자기가 너무 잘 알고 있다고 생각하기 때문에 나오는 실수다.

가끔은 질문하는 상대방을 동등하게 생각하지 않고 존중하지 않아서 답을 잘 못하기도 한다. 상대의 질문 자체가 잘못된 것으로 생각하고 자기 의견만을 이야기하는 경우다. 직장에서도 가정에서도 대화하기 어려운 사람이 있다면 비슷한 경우일 수 있다. 자기가 우월하다고 생각하는 마음을 접어놓아야만 상대가 원하는 대답을 하고 대화를 이어갈 수 있다.

예전에 독일 전시회에 참여했을 때 내가 그룹 부회장님께 전시관을 소개했다. 우리 회사 제품만 소개하는 것이 아니라 경쟁사들의 전시관을 같이 다니며 경쟁사의 제품도 소개하는 시간이었다. 정말 긴장을 많이 했다. 우리 회사 사장님과 지주사의 임원들이 다양한 팁을 주었다. 결론적으로 전시관 설명은 잘 끝났다. 다른 계열사 직원과 비교가 된 것도 있었지만 다음 몇 가지를 칭찬받았다.

우선 내용이 잘 전달됐다는 칭찬이었다. 목소리가 크고 발음이 명확한 내 기본 성향에 대한 칭찬이었다. 소음이 가득한 전시관의 특성과 다른 계열사 직원의 작은 목소리가 내 전달력을 돋보이게 했다. 다음은 갑작스러운 질문에 잘 대응했다는 칭찬이었다. 제품을 설명하는 도중이라도 부회장님이 입을 여는 순간 설명을 멈췄다. 그런 후에 질문에 대한 답변으로 이어갔다. 내가 설명하던 내용은 바로 잊고 부회장님의 질문에만 집중했다. 답변에 만족하신 것을 확인한 후에 다시 설명을 이어갔다. 내가 하고 싶은 이야기를 한 것이 아니라 듣고 싶어 하는 내용을 이야기한 것이다. 며칠 동안 다른 회사 제품을 공부하고 발표를 준비했지만 제품 설명을 잘했다는 칭찬은 듣지 못했다. 듣고 싶은 이야기를 하는 것이 가장 중요하다는 것을 확인한 순간이었다.

질문과 대답이 오갈 때 중요한 것은 각자의 생각이 오가야 한다는 것이다. 열린 질문을 해야 하는 이유다. 다양한 생각을 펼칠 수 있도록 질문하는 것이 중요하다. 그리고 어떤 대답이 나오더라도 끝까지 경청한 후 자신이 이해한 언어로 되물어가며 확인하는 것 또한 완전한 소통을 위해 매우 중요하다. 그렇지만 시간 제약과 정보와 지식의 비대칭으로 질문자와 답변자가 다른 출발선에 있는 경우도 많다. 이에 맞는 대화를 이어가야 할 경우도 있다는 것은 기억해야 한다. 특히 본인이 긴장하고 있다면 먼저 질문을 다시 한번 요약하자. 질문자의 의도를 제대로 파악하면 긴장이 조금 풀어진다. 그리고 잠시 시간을 가진다. 그런 후에 두괄식으로 예와 아니요 또는 단답형으로 먼저 대답하고 상대방의 반응을 기다리자. 2~3초라도 좋다. 추가 설명을 요청받으면 추가하고 그렇지 않으면 다음 질문을 기다리거나 다음 설명으로 넘어가면 된다.

마지막으로 다시 한번 강조하지만 모르는 것은 잘 모르겠다고 하자. 그러면 상대방은 대화를 주도하고 있다는 느낌이 들 것이고 그 대화에 편안함을 느끼는 경우가 많았다. 혹시 꼭 대답해야 하는데 질문이 안 나올 때는 시간이 허락하고 분위기가 무난하다면 오늘 논의할 것 중에 무엇이 빠졌다고 말하면 효과가 좋다.

좋은 대답은 소통을 이어가게 한다. 질문과 대답 모두 상대방이 중심이 되어야 한다. 질문자와 답변자 모두가 각자의 의견을 강화하기 위한 것이 아니라 상대방이 생각을 정리할 수 있도록 하는 대화라고 생각하면 편안하게 소통할 수 있다. 그래야 다음에 또 만나서 이야기하고 싶어진다. 답변을 잘하려면 당연히 자신의 것으로 소화한 다양한 지식과 경험이 필요하다. 여기에 더해 질문자를 배려하고 존중하며 답변한다면 아는 것 그 이상의 소통이 될 것이다.

5
보고는 보고자가 주도하는 소통이다

"보고는 준비된 자료를 바탕으로 서로 생각을
주고받는 것이다."

"당신은 대화를 잘 이끌어가는가?"
"당신은 상대방의 이야기를 잘 듣는가?"
"당신은 자기 생각을 잘 정리하는가?"
"당신은 자기 생각을 잘 전달하는가?"
"당신은 상대방 의도를 잘 알아채는가?"

이 다섯 가지의 물음은 보고와 관련된 질문이다. 보고는 회사에서 가장 중요한 소통 채널이자 의사결정의 기초 자료가 되는 중요한 업무다. 그런데 가끔은 구성원 중에 보고는 리더가 할 일이라고 생각하고 본인은 자료 수집과 기본적인 자료 정리만 하는 사람이 있다. 혹자는 너무 많은 보고와 회의로 인해 보고는 주 업무가 아니라 보조 업무라고 생각하기도 한다. 그러나 말 안 하면 귀신도 모른다고 한 것처럼 보고나 회의가 없으면 당신들이 한 일이 제대로 인정받거나 평가받기가 어렵다. 회사에서 업무 역량이나 결과는 평범한 것 같은데 말 잘하는 사람이 인정받는 것 같다면 상사에게 본인이 한 일과 할 수 있는 일을 잘 전달하기 때문이다. 그만큼 보고가 중요하다.

보고된 내용을 따라 중요한 결정이 내려지기도 하고 다음 할 일의 방향이 결정되기도 한다. 하지만 보고는 기본적으로 준비된 자료를 바탕으로 서로 생각을 주고받는 것이다. 특히 보고하는 사람으로서는 보고는 자기 생각을 상대방에게 이해시키는 것이다. 그래서 보고를 보고자 중심으로 이루어지는 대화라는 관점에서 생각해야 한다.

보고는 준비된 대화일 때 성과가 된다

대화의 시작은 듣는 것이라고 했다. 대화를 잘 이끄는 사람은 상대방의 작은 몸짓이나 지나가는 말 한마디도 놓치지 않고 잘 활용해서 대화를 이어간다. 보고도 보고받는 사람, 다르게 표현하면 그 회의에서 결정권을 가진 사람의 의도를 파악하는 것부터 시작해야 한다.

보고하라는 지시를 받았다면 상사는 무슨 목적으로 보고를 지시했을까부터 고민해야 한다. 정확한 의도를 모르겠다면 가장 좋은 것은 직접 물어보는 것이다. 직접 지시받아도 정확히 알기 어려운

데 다른 사람을 통해서 지시받았다면 그 의도를 알기 쉽지 않다. 그래서 더더욱 보고의 목적을 정확히 이해하는 것이 중요하다. 직접 확인하기 어렵다면 내용을 가장 잘 아는 사람이나 주변 사람들을 통해서라도 감을 잡아야 한다.

나는 보고 지시를 받으면 앞뒤 상황을 먼저 확인했다. 어떤 자리에서 나온 이야기인지, 당시 상사는 누구와 함께 있었는지, 그 전후의 주제는 무엇이었는지, 과거에 유사 내용으로 어떤 논의가 있었는지 등을 확인한다. 그리고 보고받는 사람이 과거 어떤 부분에 더 관심을 보였는지 파악하는 것도 중요한 출발점이 된다. 보고는 당연히 자기 의견을 전달하는 것이다. 지시받아서 하는 보고라도 자기 의견이 있어야 한다. 그렇지만 대상이 있는 대화이기에 상대가 원하는 방식으로 전달해야 대화가 쉽게 이어진다. 내용이 얼마나 충실한가가 가장 중요하지만 상대방의 관심을 적절히 끌어내는 것도 중요하다.

나는 한국타이어 사원 시절에 새로운 시설 투자를 위해 업체로부터 받은 많은 자료와 해당 시설이 필요한 이유를 정리해서 당시 연구소장님께 상사와 함께 보고드린 적이 있었다. 그때 연구소장님은 "나는 잘 모르겠으니 공장장님에게 검토받고 오세요."라고 하셨다. 그래서 공장장님께 찾아갔다. 그때 공장장님의 첫 질문은 "운영비는 얼마나 듭니까?"였다. 당시 나는 아무런 준비가 되지 않았다. 잔뜩 야단을 맞고 다시 보고해야 했다 지금 생각해보면 공장장은 투자와 함께 운영을 책임지는 자리라 초기 비용뿐 아니라 운전 비용도 중요했을 것이다. 그런데 당시 나는 생산에 대한 경험이 전혀 없어서 무슨 질문을 받을지 예측하지 못했다. 그 이후에 보고받는 사람에 따라 보고 내용을 점검하는 습관이 생겼다.

지시받은 것이 아니라 일의 진행을 위해 내가 스스로 보고하기로 했다면 보고를 통해 얻고자 하는 것이 명확해야 한다. 친구와 예정에 없던 한잔을 하려고 할 때 배우자에게 허락받아야 하는 상황을 예로 들어보자. 평소에 한잔하고 들어가는 것에 매우 관대한 배우자이고 그날이 특별한 날도 아니라면 그냥 "오늘 한잔하고 들어갈게."라는 말로도 충분할 수 있다. 하지만 평소에도 술 때문에 다툼이 있었고 게다가 특별한 날이라면 어떻게 해야 할까? 물론 술자리를 미루고 집에 선물을 사서 들어가는 것이 맞다. 그래도 허락을 받으려면 아무 이야기나 막 하다가 불쑥 "나 오늘 늦어."라고 하는 것보다는 오늘 회사에서 힘든 일이 있었다고 말을 꺼내본다. 상대가 누구고 그 자리가 어떤 자리이고 정말 나는 어쩔 수 없어서 한잔해야 한다고 말한다. 그러고 나서 내일은 꼭 일찍 들어갈 테니 오늘 하루는 좀 늦는 것을 이해해달라고 하는 편이 그래도 원하는 결과를 얻을 가능성이 있지 않을까?

보고는 의도를 읽고 설득하는 과정이다

회사에서 하는 보고도 그렇다. 투자 승인을 받을 것인지, 과제 연장이 목적인지, 성과를 자랑하고 싶은 것인지, 어려움을 해결해달라는 것인지 등 보고의 목적은 저마다 다르다. 보고받는 사람의 성향에 따라서도 보고는 달라져야 한다. 자료도 그 목적에 맞춰서 만들어야 하고 모든 대화의 흐름이 결국에는 보고의 목적으로 가도록 만들어야 한다.

실험 결과를 검토하고 다음을 어떻게 갈지 의견을 구하는 것이 목적이라고 해보자. 먼저 지금 단계에서 결정해야 할 것이 무엇인지 확실히 하는 것이 중요하다. 어려움이 있는 것은 무엇인지, 계획대로 안 되는 것은 무엇인지, 생각보다 잘 풀리고 있는 것은 무엇인지 등을 정리하는 것이다. 잘하고 있는 것도 언급해야겠지만 잘하고 있는 것을 강조하다 보면 정작 도움받아야 할 부분이 소홀해질 수 있다. 강조할 것과 그냥 넘어갈 것을 정하는 것이다.

내가 했던 전기자동차용 전지 개발을 예로 들어보자. 주행 중 퇴화를 예측하는 사이클 수명은 목표를 달성했는데, 주차 중 퇴화를 판단하는 저장 수명이 문제라면 잘 진행되고 있는 사이클 수명은 하나의 그래프로도 충분할 수 있다. 하지만 이슈가 있는 저장 수명은 다양한 고민의 흔적을 보여야 한다. 문제를 논의하는 것이 목적이다. 잘된 것을 나열하고 잘하고 있다는 것에 시간을 보내면 문제의 본질이 흐려진다. 그러나 많은 경우 이야기하고자 하는 흐름에 상관없이 했던 일을 모두 나열하고 처분을 기다렸다. 잘한 것은 잘한 대로, 못한 것은 못한 대로 다 보여주는 것은 본인을 제삼자로 만든다. 보고받는 사람이 내용을 정말 잘 알고 있어서 자료에서 중요한 것을 찾아내고 방향을 정할 수도 있다. 그러나 처분을 기다리지 말고 보고자가 논의의 방향을 정해서 그 방향으로 보고를 끌고 가야 더욱 생산적인 결과를 얻을 수 있다.

보고서를 만드는 것에 대해 많은 사람이 부담을 느낀다. 그냥 엑셀을 보거나 원사료raw data를 보면 되는데 왜 예쁘게 정리하라고 요구하는지 모르겠다고 하는 사람도 있었다. 하지만 보고의 목적이 본인이 원하는 것을 얻어내는 것으로 생각하면 생각이 달라지지 않을까? 30분이든 1시간이든 논의 시간 안에 정확한 정보를 전달하고 답변을 받아야 한다고 생각하면 보고받는 사람이 가장 이해하기 쉽게 정리하는 것이 맞다.

보고서를 만들 때 가장 먼저 전달하고 싶은 메시지를 적어보자. 그리고 해당 메시지를 전달하기 위해 필요한 것이 무엇인지 정리해 보자. 필요한 자료들을 이야기의 흐름에 따라 정리하면 좋다. 가끔은 꼭 필요한 자료인데 빠진 것이 있을 수 있다. 그러면 자료를 찾아 넣거나 실험을 추가로 해서 그 내용을 채우는 것이 가장 좋다. 만약 그것이 어렵다면 최소한 그 내용과 가장 유사한 것이라도 넣어야 이야기가 된다. 물론 가지고 있는 자료가 무엇이 있는지 먼저 확인하고 해당 자료로 할 수 있는 이야기가 무엇인지를 찾아내는 방법도 있다. 그러나 보고의 결과로 원하는 것이 있다면 가지고 있는 자료로 할 수 있는 이야기를 만드는 것보다 먼저 얻고자 하는 목적에 따라 스토리라인을 짜는 것이 도움이 될 때가 더 많다.

보고서를 만들 때 절대로 해서는 안 되는 것이 있다. 필요한 자료가 빠졌다고 그 내용을 무시하거나 새로운 이야기를 만드는 것이다. 의도적으로 거짓말을 하는 사람은 거의 없다. 그러나 중요한 자료를 누락시키는 경우는 있다. 원하는 목적에만 집중해서 의도와 다른 결과는 뺀다면 제대로 의사결정을 할 수 없다. 이에 따라 의사결정이 잘못된다면 그 사실을 알았을 때는 이미 늦다.

나는 보고서를 쓸 때 제일 먼저 왜 보고를 하는지 확인했다. 다음은 상대가 듣고 싶은 이야기와 내가 하고 싶은 이야기를 정리했다. 둘이 같다면 다음으로 넘어가고 만일 서로 다르다면 보고받는 사람의 생각을 고민하면서 내 의견을 정리했다. 다음은 전체 보고서에 들어가야 할 내용을 적었다. 내가 회사에 다니던 때는 발표 자료 형식의 보고서를 많이 사용했기에 몇 장이 필요한지, 각 장에 들어갈 내용은 무엇인지를 나열했다. 그다음 장마다 하고 싶은 이야기를 적었다. 나는 머리말에 신경을 많이 썼다. 보고서를 읽기만 해도 내용이 전달되도록 하는 것이 중요하다고 생각했기 때문이다. 머리말에 해당 페이지에서 하고 싶은 이야기가 담겨 있는지 매번 확인했다.

실험보고서를 쓸 때는 다른 방식을 취했다. 내가 팀장 시절에는 팀원들에게 논문 형식으로 작성할 것을 요구했다. 요약을 적고 목적과 실험 방법을 이야기한 후에 실험 결과를 정리하고 자신만의 결론을 내는 식의 보고서를 요구했다. 처음에는 익숙하지 않은 방식이라서 많은 사람이 힘들어했다. 하지만 보고서가 완성된 후 자기가 한 일이 일목요연하게 정리된 것을 보고 다들 만족했다. 그 보고서의 목적은 기록을 남기고 다른 사람을 설득하는 것이었다. 실험을 직접 하지 않은 사람들이 보고서를 보고 쉽게 이해하고 따라 할 수 있게 하는 것이 목적이었다. 한참 세월이 흐른 후에 그때 보고서가 아직도 도움이 된다는 이야기를 들었을 때 저절로 미소가 지어졌다.

당신이 만약 보고가 없이도 일의 흐름을 파악하고 결정을 내릴 수 있는 상사와 함께 일하고 있다면 매우 복 받은 것이다. 회사는 매번 선택과 결정을 하면서 일을 한다. 그 선택과 결정의 근거가 되는 것이 지금까지 당신이 한 일이다. 그리고 당신이 한 일을 정리해서 알려주는 것이 보고다. 결정권이 없는 위치에 있더라도 매번 당신이 그 자리, 즉 결정권자의 자리에 있다면 이 자료를 바탕으로 어떤 결정을 내릴 것인가를 생각해보라. 그러면 다음 보고서를 작성할 때 방향이 좀 더 확실해질 것이고 길게는 결정을 내려야 하는 위치에 갔을 때 보다 빠르고 명확하게 결정을 내릴 수 있을 것이다.

보고는 정해진 주제에 대해 서로 생각을 주고받는 자리다. 보고는 양방향 대화다. 일방적으로 어느 한쪽의 생각을 강요받는 자리가 아니다. 처분을 기다리는 자리가 아니라 원하는 결과를 끌어내는 자리로 만들어야 한다. 보고받는 사람이 귀를 기울일 수 있도록 보고받는 사람이 원하는 주제에 집중해야 한다. 새로운 주제라면 관심을 먼저 끌어내자. 보고서는 처음부터 끝까지 보고의 목적에 따라 흐름 있게 만들어야 한다. 자료는 보고받는 사람이 이해하기 쉽게 만들어야 하지만 주도권은 보고하는 사람이 가지고 있어야 더 정확하게 의사를 전달할 수 있다.

6
리더는 결론이 나는 보고를 끌어내야 한다

*"90%의 확신을 가질 때는 늦다. 그때는 누구나
결정할 수 있다."*

조직 생활을 하면 정말 많은 보고와 회의가 있다. 보고는 단순한 진도 파악에서부터 심각한 방향 전환까지 다양한 목적이 있다. 보고에는 다 준비가 필요하지만 때로는 며칠 밤을 새워야 할 만큼 중요한 내용을 다루는 때도 있다. 보고를 마치고 나면 어떤 기분이 드는가? 시원할 때도 있고 허탈할 때도 있다. 내 경험에서 가장 허탈했던 경우는 "다시 봅시다."로 결론이 나는 경우였다.

때로는 중요 사항을 검토하지 못해서 누가 생각해도 결론을 내릴 수 없는 경우도 있었다. 때로는 결론을 내릴 수 있었는데도 내지 못한 적도 있었다. 회의 주관자가 판단 근거가 부족해서 결론을 내릴 수 없다며 필요한 자료를 다시 준비해서 며칠 후에 다시 보자고도 했다. 물론 많은 보고와 회의가 목적대로 잘 마무리된다. 하지만 재논의하는 보고가 늘어날수록 조직은 생산적인 업무가 아니라 보고를 위한 보고에 점점 더 시간을 쓰게 된다. 이 시간을 잘 활용한다면 할 수 있는 일이 참 많은데 말이다.

앞에서 언급했지만 보고는 어떻게 준비하느냐가 매우 중요하다. 보고받는 사람이 관심 있는 내용을 이해하기 쉽도록 흐름이 논리적이고 꼭 필요한 자료를 바탕으로 적절한 결론에 도달했다면 보고는 잘 마무리될 것이다. 즉 보고자의 준비, 태도, 전달력 등이 매우 중요하다. 그런가 하면 보고받는 사람이 보고를 더 충실하게 만들 수도 있다. 오히려 보고받는 사람의 태도와 성향에 따라 준비가 조금 부족한 보고에서도 중요한 결론을 내릴 수 있다. 이번에는 보고받는 사람의 관점에서 보고를 잘 이끄는 방법을 같이 생각해보자.

구체적인 지시가 보고의 향방을 결정한다

우선 리더가 보고 지시를 얼마나 구체적으로 하느냐가 자료의 방향과 내용을 결정한다. "다음 주에 내년도 사업계획을 논의합시다."라고 지시하면서 "내년은 전반적으로 어려움이 예상되니 잘 챙겨주세요. 그렇지만 중장기적으로는 성장이 예상되니 이 부분도 함께 고려해주십시오."라고 했다고 가정해보자. 사업계획을 논의한다는 것 자체가 이미 보고의 명확한 목적을 갖췄다. 하지만 여기에 몇 가지 조건을 추가하면 더 구체적으로 준비할 수 있다.

리더가 구체적으로 보고의 목적과 방향을 특정한다면 논의는 꼭 필요한 곳에 자원을 투입해서 깊이 있게 이뤄질 것이다. 위 경우에는 중장기적인 성장을 언급했기 때문에 다소 보수적으로 목표를 잡더라도 미래를 위한 투자는 지연되지 않도록 챙겨볼 것이다. 그런데 너무나 무심하게 '내 마음 알지?'라는 식으로 지시를 내리는 경우가 종종 있다. 막연하게 한마디 주제만 던지고 나중에 보고 자리에서 내가 말을 다 해야 아느냐는 식으로 질책하는 경우를 봤다. 주제가 막연하다면 자료도 모호할 수밖에 없다. 실제 보고에서 어디로 튈지 모르니 모든 경우의 수를 다 챙기느라 보고서는 방대해지고 준비하는 사람은 지치게 된다. 정말 마음이 잘 맞고 수년간 함께하면서 척척 맞는 사람이 분명히 있다. 그러나 이런 일은 정말로 특별한 경우라는 것을 알아야 한다. 리더는 알아서 맞춰주기를 기대하지 말고 기대하는 바를 명확히 전달해야 한다. 그게 보고를 의미 있게 만드는 시작이다.

리더는 보고 자리에서 먼저 큰 그림을 보고 방향성을 분명히 하고 들어가야 한다. 회의를 시작하면서 오늘 할 주요 논의 사항이 뭔지를 물어볼 수는 있다. 그것은 몰라서 물어보는 것이 아니다. 참석자들의 주의를 환기하기 위함이어야 한다. 리더가 준비가 안 됐다면 보고의 결론이 제대로 나지 않을 가능성이 크다. 보고자가 완벽한 준비와 전달력으로 보고를 잘 끌고 갈 수도 있으나 관심과 배경지식이 없는 리더를 설득하기는 쉽지 않다.

리더가 명확한 생각을 가지고 보고를 이끌어간다면 보고자들이 불필요한 자료 준비와 걱정으로 낭비하는 시간을 획기적으로 줄일 수 있다. 리더가 보고의 핵심을 정리하고 논의 방향을 확인하고 필요한 부분에 더 집중한다면 보고자들에게 보고는 더 이상 힘들고 불필요한 업무가 아니게 된다. 그보다 자신을 드러낼 수 있고 불필요한 업무를 배제할 수 있어 너무나 소중한 시간이 된다. 보고자가 보고 시작에 논점을 짚고 들어가는 것이 당연하지만 리더가 무엇을 왜 보고하라고 했는지 확인하고 그날 기대하는 결론을 공유하면서 보고를 시작하면 보고의 초점을 계속 유지할 수 있다.

리더는 보고서의 부족한 부분에 집중하지 말고 큰 흐름을 이어가야 한다. 지적은 누구나 할 수 있다. 물론 경험이 많은 사람들이 더 세밀하게 지적할 수 있다. 그렇지만 다양한 자료에서 중요하고 새로운 관점을 찾아내는 것은 아무나 할 수 없다. 보고자가 엮어온 스토리라인 이면에 있는 내용이나 때로는 보고자가 생각하지 못한 시장의 흐름을 읽고 보고의 방향이 맞는지를 이야기하는 것이 리더의 역할이다. 장점만 나열되어 있다면 단점을 점검해야 하고 부정적인 의견으로 가득 차 있다면 긍정적인 시각을 찾아봐야 한다. 해야 할 일과 할 수 있는 일도 구분하면서 봐야 한다. 누구나 할 수 있는 일에 집중하지만 리더는 해야 하는 일에서 눈을 떼면 안 된다.

리더도 모르면 모른다고 해야 한다. 보고 중에 모르는 내용이 나오거나 기존에 알고 있던 내용과 다른 내용이 있다면 자연스럽게 한 번 더 설명해달라고 요청할 줄 알아야 한다. 혹은 자신이 알고 있는 내용과 어떻게 다른지 물어볼 수도 있다. 가끔 관리자 중에 후배들에게 모른다고 하면 안 된다는 생각에 오히려 화를 내는 사람도 봤다. 세상일을 다 아는 사람은 하느님밖에 없다. 모르는 것이 있는 게 정상이다. 리더가 모른다고 할 수 있어야 직원들도 모르는 것을 모른다고 할 수 있다. 모르는 것은 잘못이 아니다. 모르는 것을 무시하고 잘못된 결론을 내린다면 그것은 리더의 잘못이다.

리더가 잘 모르는 내용이 보고서에 많이 들어가면 재보고로 이어지는 경우가 많다. 리더가 이해하지 못해서 결론을 내릴 수 없는 것이다. 모두가 아직 충분히 공부하지 못한 것이라면 다시 논의할 부분을 명확히 해서 재논의하는 것이 바람직하다. 그러나 자료를 준비하는 사람들에게는 일반적인 것인데 리더만 아직 익숙하지 않은 것이라면 그 자리에서 가장 잘 아는 사람에게 결정권을 주는 것도 좋다. 간단하게 "이 부분은 모 팀장님이 가장 잘 아시니 팀장님 의견대로 해봅시다."라고 하면 된다. 그렇지만 리더는 리더이기에 그 결정에 대한 책임은 리더의 몫이다. 리더가 책임진다고 했다고 해서 리더에게 책임을 미루는 구성원보다는 책임감 있는 리더를 위해서 한 번 더 고민하고 한 발 더 움직이는 구성원들이 더 많다.

부족한 자료로도 결론을 만드는 게 리더다

리더는 보고마다 결론을 내주어야 한다. 무엇이 부족하니 다음에 다시 보자고 할 수는 있지만 치명적이지 않다면 제시된 자료에서 중요한 점만을 연결해서 결론을 낼 수 있어야 한다. 99%의 확신이라면 누구나 결정을 내릴 수 있다. 80%의 확신이라면 대부분 결정할 수도 있다. 하지만 놀라운 변화와 성공을 가져온 CEO들을 보면 처음 그 결정이 본인에게는 확신이 있었을지 모르지만 객관적으로는 이해할 수 없는 결정이 많다. 구글, 테슬라, 애플이 그랬다. 우리나라에서도 삼성이 반도체를 하고 LG가 배터리를 하고 1970년대에 고속도로를 만들 때의 결정은 객관적인 판단과는 다소 달랐다. 그럼에도 그들이 과감한 결정을 내렸기 때문에 지금의 성과가 있다.

90%의 확신을 가질 때는 늦다. 또 그때는 누구나 결정할 수 있기도 하다. 빠른 실패fast fail라는 말처럼 과감히 시도하고 실패하더라

도 빠르게 대안을 찾아가야 한다. 지금처럼 세상이 빨리 변화할 때는 가만히 있으면 중간을 가는 것이 아니라 뒤처지는 것이다. 결정할 때 내용이 가장 중요하지만 시점 또한 그 중요성을 간과할 수 없다. 다소 부족하더라도 "그렇게 합시다."라고 하고 부족한 점에 대한 재점검을 명확히 지시하는 편이 실행의 관점에서 실기하지 않고 한 발 앞으로 갈 수 있다. 또한 부족한 자료를 가지고도 제대로 결정하는 리더라면 구성원들의 지지와 인정을 받을 것이다.

부족한 자료나 보고를 바탕으로 결론을 내렸던 기억을 더듬어 보니 설비 부품 분실 사고가 있었다. 중국에 전극 공장을 처음 지을 때였다. 공장 건설과 장비 설치를 동시에 진행했던 터라 장비가 도착했을 때 건물이 아직 건설 중이었다. 그래서 배송된 장비를 상자째로 야적장에 내려놓았다. 며칠 후에 부품 상자가 하나 없다는 보고를 받았다. 어떻게 할 것인지 회의했다. 설비 제조업체에서는 컨테이너에 실은 사진을 보내왔다. 가장 먼저 내린 결론은 빠르게 재주문하는 것이었다. 수억 원을 하는 부품이었지만 바로 다음 장비가 들어올 예정이었고 부품 하나로 전체 일정을 연기할 수는 없었기 때문이다. 동시에 분실된 부품 추적에 들어갔다. 나는 다시 한번 컨테이너를 확인하자고 했다. 구성원들은 짐을 모두 내렸다고 확신했고 공장을 나갈 때 빈 컨테이너를 한 번 더 확인하기 때문에 컨테이너에 있을 리가 없다고 했다. 결론은 부두로 돌아간 컨테이너에서 찾았다. 내리지 않았던 것이다. 결론적으로는 해프닝으로 끝났고 입출고 관리자들을 경고하는 선에서 마무리했다. 하지만 의사결정을 할 때는 부품을 찾는 것보다 일정을 지키는 것에 집중했다.

장비나 공정을 개발하는 과정에는 비슷한 사례가 많다. 실험실이나 작은 규모에서는 성공적이어도 실제 공정에서는 적용하기 어려운 경우가 많기 때문이다. 그러면 나는 양산에 영향을 주지 않는다면 적용하자는 결론을 많이 내렸다. 결국 적용할 수 없었던 것도 많았다. 하지만 불량 개선을 빠르게 시도한 덕분에 도움이 된 경우도 많았다.

마지막으로 보고를 마칠 때는 칭찬과 기대를 전해야 한다. 기대를 넘어선 부분은 반드시 칭찬하고 인정해주자. "오늘 보고 좋았어."라고만 해도 보고자는 자신의 고생은 잊고 실행을 준비한다. 구체적으로 어느 부분이 좋았다고 이야기하면 더 좋지만 적어도 수고했다는 말은 진심을 담아서 해야 한다. 그렇지만 부족한 점을 언급하는 것도 잊어서는 안 된다. 숫자가 더 정확해야 한다든지, 빠진 관점이 있다든지, 논리가 허술하다든지, 개선이 필요한 부분은 명확히 해야 한다. 정확한 피드백 없이 보고가 반복되면 원하는 수준으로 보고의 품질이 좋아지지 않는다는 점을 명심하자.

리더는 괜히 리더가 아니다. 좋은 선수들로 가득한 스포츠팀이 성적을 내지 못하면 항상 리더의 부재라는 말이 따라붙는다. 방향을 제시하고 그 방향으로 함께 가는 것이 바로 리더의 역할이다. 보고의 분위기는 리더의 작품이다.

7
조직이 커질수록 더 넓고 깊은 소통이 필요하다

"항상 문이 열려 있다는 믿음을 주어야 어쩌다 한 번 들어온다. 언제나 들어가도 된다는 믿음을 주어야 정말 필요한 순간에 찾아온다."

나는 담당하는 조직이 커지면서 가장 힘들었던 것이 내 생각을 구성원들이 알고 있을 것이라는 확신이 줄어드는 것이었다. 7~8명의 인원과 파트장으로 일할 때는 조금 과장하면 종일 붙어 있었다. 거의 모든 의사결정에 관여했고 실무도 많은 부분은 함께 진행했다. 다른 부서와의 미팅에도 대표로 들어갔다. 팀장이 되며 구성원이 20명에서 40명까지 늘어났다. 그래도 내 생각을 구성원들이 모를 것이라고 생각하지 않았다. 아마도 그때부터 생각의 차이가 생겼을지 모르지만 나는 전혀 인식하지 못했다. 4명의 파트장과 적극적으로 소통하고 자주 보고받고 지나가면서 물어보는 것으로 충분하다고 생각했다.

그룹장을 맡으면서부터 본격적으로 소통을 고민하기 시작했다. 최종 목적은 같아도 성격이 전혀 다른 4개 팀을 담당하면서 소통의 중요성과 어려움을 느꼈다. 4팀 중 한 팀만이 내가 해오던 분야였다. 다른 분야는 전반적인 내용과 중요성은 알고 있었지만 내 지식과 경험으로는 구체적인 의사결정을 할 수 없었다. 그래서인지 생각이 다르게 전달되는 경우가 많았다. 그때는 계속 만나서 이야기하는 방법을 썼다. 자리에 앉아 있기보다 팀장들을 찾아다니고 자주 보고를 받았다. 내가 결정하기보다는 팀장들의 의견을 최대한 수용했다. 그럼에도 생각의 차이가 드러났다. 내가 결정한 내용이 정확히 전달되지 못하거나 팀에서 보고한 내용을 기억하지 못하는 일이 수시로 생겼다. 이 문제를 해결할 다른 방법을 몰랐다. 그저 더 자주 만나서 이야기했던 기억이 난다.

진짜 어려움은 내가 공장으로 발령받고 생겼다. 그룹장 시절에는 팀장들이 분야는 다를지라도 잠시라도 내 팀원으로 있었기에 기본적으로 팀장들과는 신뢰가 있었다. 그러나 공장에 발령받고 나니 제대로 아는 사람이 없었다. 회의 시간에 일로 잠시 만난 적은 있었지만 개인적으로 식사 한 번 같이한 사람이 거의 없었다. 나를 알리고 나를 믿게 만드는 것이 필요했다. 제일 먼저 한 일은 나를 소개하는 메일을 보낸 것이다. 전 구성원에게 내 이력과 내가 일하는 방식을 설명했다. 앞으로 어떻게 부서 운영을 하고 싶다는 말도 전했다. 별 반응이 없었다. 다음에 한 일은 이름을 외우려고 한 것이다. 200여 명의 이름을 한 번에 외우는 것은 솔직히 불가능했다. 그래도 회의를 하고 보고받을 때마다 가장 먼저 하는 일은 참석자의 이름을 한 번씩 확인하고 진행했다. 또 당시에는 실내화를 신었는데 실내화에는 실내화 주인의 이름이 적혀 있었다. 그래서 복도에서 사람을 만나면 제일 먼저 실내화에 적힌 이름을 확인했다. 이름을 기억하고 불러준 것은 마음의 문을 여는 데 큰 역할을 했다.

그리고 소그룹 모임도 만들었다. 팀별로는 저녁에 회식하고 파트별로는 점심에 간담회를 했다. 지금도 전혀 통하지 않는 방법은 아니지만 10여 년 전에는 밥 한번 같이 먹는 것이 심리적 거리를 줄이는 데 도움이 됐다. 이름을 불러주고 회식과 간담회를 통해 구성원들에게 한 걸음씩 다가갔다. 나도 그 시절이 소중하게 기억난다. 그때가 좋았다고 이야기하는 사람을 만나면 전혀 모르던 사람들과 신뢰를 쌓고 성과를 만들기 위해 다양하게 노력했던 나를 스스로 칭찬한다.

솔직함과 꾸준함의 메시지가 일체감을 만든다

나는 공장에서 다시 조직을 옮겨 상품기획 담당으로 소수의 인원과 일하게 됐다. 상품기획 담당과 연구소 선행개발센터장을 하는 동안은 오히려 일대일 소통이나 파트 미팅과 같이 소수와의 직접 소통에 더 집중했다. 전체를 대상으로 한 소통은 1년에 한두 번 비정기적으로 했을 뿐이다.

상품기획 담당 시절에는 부서원이 13명에 지나지 않았고 선행개발센터장 시절에는 과거 함께 일했던 사람들이 대부분이라 직접 소통하는 데 어려움이 없었다. 하지만 사업부장이 되면서 모든 것이 달라졌다. 이제는 의사결정권을 가진 임원이 나와 구성원들 사이에 있었다. 개별 소통도 멈추지는 않았지만 전체를 대상으로 소통해야 할 필요성을 강하게 느꼈다.

나는 공장에 처음 갔을 때처럼 발령 첫날 인사 메일을 보내고 다음 달 첫날에 다시 한번 전체 메일을 보냈다. '대전으로 가는 기차 안에서 컴퓨터를 켭니다.'라는 문장으로 시작했던 것 같다. 한 달의 소회와 지금의 과제를 엮어서 전체 메일을 보냈다. 몇 사람에게서 생각하지도 못한 답장이 왔다. 이렇게도 소통할 수 있겠다는 생각이 들었다. 그리고 회사를 떠나는 그날까지 매달 첫 근무일 아침에는 직원들에게 메일로 생각을 나누었다.

그때 내가 보낸 메일의 내용은 다양했다. 좋은 성과가 있으면 함께 나누었다. 문제가 생기면 그 문제를 공개할 수 있는 범위에서 자세히 전달했다. 회사의 성과와 사업 환경을 있는 그대로 설명하기도 했다. 일하는 방식과 그에 대한 내 생각도 적었다. 목표를 향해 성과 지향적인 이야기만 오가던 회사에서 사람 냄새가 나는 이야기를 담으려고 노력했다. 그렇게 5년이 흘렀다. 이 책에 담긴 이야기 대부분이 5년 동안 매달 보냈던 메시지의 내용이다.

내가 메일을 한 번 보낼 때마다 많게는 5명 정도로부터 답장이 왔다. 매달 답장을 보내준 직원도 있었고 한 번도 이야기를 나눈 적이 없는 직원이 마음을 담아 답장하기도 했다. 내 산하 조직이 아닌 사람들에게 글이 전달되기도 하고 수신자에 포함해달라는 사람도 생겼다. 일방적인 소통이었지만 그 내용이 나와 함께 일하는 직원들에게는 죽은 글이 아니라 살아 있는 행동으로 다가갔던 것 같다. 꾸준함과 솔직함이 만들어낸 결과였다.

월간 메시지는 해외 직원들에게도 보냈다. 사업부장 시절에는 해외 법인이 여럿 있어서 미국, 독일, 호주, 일본, 인도에서 근무하는 현지 채용인들이 있었다. 처음에는 아무 생각 없이 국내 직원들과 본사에서 파견한 주재원들에게만 보냈는데 1년 정도가 흐른 후에 용기를 냈다. 번역기의 도움을 받아 영어로 메시지를 보냈는데 현지 직원들의 반응이 국내 직원들보다 더 좋았다. 메시지를 받은 후 현지 직원들은 한국 회사에서 월급을 받지만 이방인으로 느꼈던 적이 있었는데 메시지를 받으면서 한 팀이라는 생각을 하게 됐다고 했다.

당시는 해외 법인에 외국인 구성원이 많았는데도 국내에서 파견한 주재원을 중심으로 돌아가던 시절이었다. 과감하게 현지 채용인 중심으로 바꿔가는 과정에서 영어로 전달한 월간 메시지가 큰 역할을 했다. 잠시 현지인 중심 경영을 이야기하자면 너무나 당연한 일이지만 해외 출장 때는 항상 현지 채용인들을 포함해서 회의했다. 중국어는 전혀 몰랐지만 중국 직원이 직접 자료를 준비하고 발표하도록 했다. 미국이나 유럽에서는 내 영어가 부족할지라도 영어로 회의를 진행했다. 이러한 현지인 중심 경영이 향후 미국 회사를 인수해서 현지 연구개발과 판매 법인화를 하는 데 밑거름이 됐다고 생각한다.

다수를 상대하는 소통도 신뢰가 기본이다

전체를 상대로 한 일반적인 소통으로 타운홀 미팅도 있다. 구글 직원들이 강당에 모여서 CEO의 발표를 듣고 다양한 질문을 하는 모습을 영상에서 쉽게 볼 수 있다. 과거 영상에서 내게 인상적이었던 것은 질문하기 위해 마이크 앞에 줄 서 있던 모습이다. 자리에서 손을 들면 마이크를 전달해주는 것이 아니라 질문하고 싶은 사람이 자리에서 일어나 마이크로 가는 것이었다. 누구나 어떤 질문이나 가능한 자리로 보였다. 나도 그런 타운홀 미팅을 하고 싶었다.

나는 사업부장이 된 이후로 분기에 한 번 분기 성과 보고를 하는 자리를 만들었다. 길면 30분 정도 사업 지표를 공유하고 회사의 전달 사항을 이야기한 후 질문을 받았다. 당시는 코로나로 집합이 어려운 시기여서 화상 회의로 진행했다. 현장 질문이 안 나올 것을 대비해서 미리 질문을 받았고 현장 질문이 나올 때까지 미리 받은 질문에 답변했다.

회의의 원칙은 단순했다. 모든 질문에 답하기였다. 내 권한을 넘어서거나 법적인 문제로 공개할 수 없는 것을 제외하면 모든 질문에 최선을 다해 대답했다. 답할 수 없는 질문은 이유를 이야기했다. 다음에는 영상이나 채팅으로 들어온 질문에 대답했다. 원칙은 같다. 모든 질문에 답하느라 예정된 시간이 항상 넘어서 끝났다. 무슨 질문이든 답한다면 이상한 질문이 더 많을 것 같겠지만 오히려 한두 번을 제외하면 질문들이 진지했고 함께 고민할 내용으로 흘러갔다. 어떤 질문을 해도 답을 들을 수 있다는 생각이 정말 궁금한 것을 물어보게 만들었던 것 같다. 나는 이상한 질문이 계속되는 바람에 중단되는 타운홀 미팅을 본 적이 있다. 또 무기명 질문인데도 구태여 질문한 사람을 확인하는 것도 봤다. 단지 형식이 타운홀 미팅일 뿐 중고등학교 시절 조회와 다를 것이 없었다. 나는 그게 싫었다. 타운홀 미팅을 보는 실문에 신심을 남아 대납하고 선제와 신성으로 소통하는 시간으로 만들고 싶었다.

사업부장 시절에는 해외 직원과도 타운홀 미팅을 했다. 미국과 유럽을 한국과 동시에 할 수 없어서 같은 내용으로 한국, 미국, 유럽

시간에 맞춰 각각 진행했다. 한국과 해외의 차이점은 해외는 무기명 질문이 필요 없다는 점이었다. 현지 채용인들은 마이크를 켜고 다양한 질문을 했다. 그들도 한곳을 바라보는 구성원들이고 우리 사업을 절실히 고민하고 있음을 느낄 수 있었다. 내 영어가 완벽하지 않아서 중간에 다른 사람에게 해석을 부탁하기도 했지만 진정성 있게 대답하려는 마음은 그대로 전달됐다.

우리가 미국 회사를 인수하기로 한 후에도 가장 먼저 인수 대상 회사의 직원들을 상대로 타운홀 미팅을 했다. 왜 인수하려고 하고 인수한 후에 어떻게 회사를 성장시키겠다는 비전을 공유했다. 물론 인수되는 입장에서 마음이 편할 리가 없었다. 고용과 투자에 관한 질문이 이어졌고 나는 고용 안정과 지속적인 투자를 약속했다. 그러나 바로 내 보직이 바뀌면서 지속적인 투자는 내가 약속한 것보다 줄어들었지만 지금도 이 회사는 미국 에너지저장장치 사업에서 핵심 역할을 하고 있다.

일대다수의 소통이나 대중과 하는 소통도 일대일 소통과 다르지 않다. 신뢰가 바탕이 되고 실행으로 이어져야 한다. 일회성으로 할 게 아니라 꾸준히 해야 한다. 직접 피드백을 받을 수 없기에 공허하게 보일 수도 있지만 그렇기 때문에 더욱 솔직해야 한다.

대중 소통은 원론적인 이야기를 담는 경우가 많다. 사업 성과를 이야기하고 조직문화를 말하는 것들이 그렇다. 일방적인 소통이었지만 나는 구성원들과 연결되어 있음을 항상 느낄 수 있었다. 내가 마음을 열고 다가가면 상대도 마음을 열었다. 내 마음의 문을 굳게 닫아놓고 상대가 비집고 들어오기를 기다리는 것은 말도 안 된다. 들어오든 그냥 지나가든 항상 문이 열려 있다는 믿음을 주어야 어쩌다 한 번 들어온다. 언제나 들어가도 된다는 믿음을 주어야 정말 필요한 순간에 찾아온다.

5장

리더의 자기관리

리더는 흔들림 속에서 균형을 찾는다

1
삶과 일의 동적 균형을 추구해야 한다

"삶과 일에서 균형은 삶과 일 양쪽 모두 최선을 다하는 것이다."

　삶과 일의 균형이 중요하지 않은 적은 한 번도 없었지만 지금처럼 그 중요성이 강조된 적도 없는 것 같다. 직원들과 간담회를 하면 항상 내가 받았던 질문이기도 하다. 나는 어떻게 삶과 일의 균형을 맞추고 있느냐고 질문을 받으면 사실 잘 못 맞췄다고 대답했다. 과거를 돌아보면 균형 있는 삶을 살았다고 말하기에는 스스로에게 아쉬움이 많기 때문이다. 그러나 한 걸음 더 들어가 보면 나름 삶과 일의 균형을 잃지 않았던 것 같다.

균형은 제자리로 돌아올 수 있는 힘이다

균형이라고 하면 무엇이 생각나는가? 양팔 저울이 멈춰 있는 상태를 떠올리는가? 줄타기하고 있는 사람이 생각나는가? 조금만 한쪽으로 기울어지면 무너질 것 같은 동전 쌓기가 보이는가? 나는 이러한 균형을 정적 균형이라 말한다. 멈춰 있는 균형이다. 정확히 중심을 찾아 그곳에 머무르는 것이다. 한쪽으로 조금이라도 치우치면 균형이 깨지는 그런 균형이 정적 균형이다. 그런데 균형에는 동적 균형이라는 것도 있다. 나간 만큼 들어와서 일정한 규모를 유지하고 있는 상태다. 밀물과 썰물이 반복되지만 그 자리에 있는 바다처럼 말이다.

화학반응을 배우면 화학반응에서 말하는 평형이 있다. 화학적 평형은 반응이 멈춘 상태가 아니라 양쪽 반응이 같은 속도로 일어나고 있어서 반응이 없는 것처럼 보이는 상태를 말한다. 나는 이 개념을 조직의 관점에서 좀 더 확대해봤다. 제자리로 돌아올 수 있는 상태도 균형의 하나라고 말이다.

고무줄을 당겼다 놓으면 제자리로 돌아오는 것처럼 제자리를 찾아갈 수 있는가가 중요하다. 너무 당겨서 끊어지면 제자리로 돌아갈 수 없다. 그네나 시소처럼 계속 움직이면서 균형점을 지나는 것도 균형이라고 생각한다. 고무줄이 끊어지지 않고 제자리로 돌아갈 수 있는 정도로 당겨졌다면 아직은 균형을 잃지 않았다고도 보는 것이다.

삶과 일의 균형을 이야기하다 보면 일주일 7일 하루 24시간 중에 어느 만큼을 삶에, 어느 정도를 일에 배정했는지를 말하는 사람을 본다. 가족들과 시간을 보내고 싶을 때 언제든지 보낼 수 있는지 없는지를 말하는 사람들도 있다. 주말에 회사 일에서 완전히 벗어나야 한다고 하기도 한다. 그리고 이것을 지킬 수 없으면 심지어 회사를 떠나는 경우도 있다. 개인 폰과 회사 폰을 가지고 다니면서 마치 회사 폰은 회사에 두고 다니는 것처럼 근무 시간이 지나자마자 끄는 사람도 있었다. 이런 경우는 앞에서 이야기한 정적 균형을 삶과 일에 적용한 것이다. 그러나 우리 삶은 계획한 대로만 흘러가지 않는다. 개인 일도 회사 일도 마찬가지다. 이럴 때 내가 잊지 않으려고 했던 것이 동적 균형이었다.

삶과 일 양쪽에 최선을 다해야 한다

삶과 일에서 동적 균형은 삶과 일 양쪽 모두 최선을 다하는 것이다. 주중에는 개인을 돌보지 않고 회사에만 몰입하고 주말에는 회사는 싹 잊고 개인의 삶만을 살 수는 없다. 아무리 근무 시간이라고 해도 자신과 가족을 돌봐야만 하는 때가 있다. 반대로 한가로운 개인의 일상이 아무리 소중해도 회사 일에 휴식 시간을 내주어야만 하는 시기도 있다.

회사에 있는 동안은 정말 모든 에너지를 회사 일에 쏟지만 어느 순간이라도 개인이 우선되어야 하는 일이 발생하면 그 일을 할 수 있는 것이 동적 균형이다. 주말에 완전한 휴식이 꼭 필요하지만 휴식 대신에 일을 해야만 할 수도 있다. 그렇지만 다시 제자리로 돌아올 수 있어야 한다. 어쩌다 하루이틀은 밤을 새울 수도 있지만 매일 잠을 잘 수 없다면 미쳐버리는 것처럼 하루이틀 야근해야만 했다면 며칠은 정시 퇴근을 하거나 더 나아가 휴가가 꼭 필요하다. 어쩌다 한 번은 근무 시간에 개인 업무를 볼 수도 있다. 그러나 기본적으로 근무 시간에는 근무에 집중해야 한다. 마찬가지로 주말에도 일해야 한다면 일시적으로는 받아들일 수 있어야 한다. 이것이 동적 균형이다.

직장생활을 처음 시작하던 시절에 나는 이러한 균형 감각이 없었다. 가족이 중요했지만 회사 일과 경중을 비교했다. 가장 내가 후회하는 사건은 첫 아이가 태어났을 때 해외 출장을 간 것이었다. 게다가 태어나면서 어려움이 있어서 신생아 중환자실에 있는 아이와 아내를 병원에 두고 출장을 다녀왔다. 출장 계획이 잡혀 있었기에 아이가 비록 중환자실에 있었지만 상태가 괜찮은 것을 보고 출장을 갔던 것이다. 생각하면 생각할수록 내가 회사 생활에서 한 가장 바보 같은 결정이었다.

한동안은 내가 무엇을 잘못했는지도 모르고 지냈다. 시간이 지나고 아이가 커가고 유학 생활을 거치면서야 내가 큰 잘못을 했다는 것을 알았다. 그 이후로 삶과 일의 균형에 대해 조금씩 생각하게 됐다. 회사 일을 소홀히 하는 것은 아니지만 가족이 조금씩 앞으로 나오기 시작했다. 그 순간이 아니면 돌아올 수 없는 것이 많다는 것을 깨달았다. 아직도 완전한 균형을 이루지는 못했지만 지금은 언제든지 돌아올 수 있는 균형을 찾았다. 지금은 너무나 긴박한 회사 일이 있다면 잠시 가족들에게 양해를 구할 수도 있고 지금 놓치면 돌아오지 않는 삶의 순간이라면 어떤 회사 일이라도 순서를 바꿀 수 있다는 것을 안다. 또 그렇게 하려고 지금도 노력하고 성찰하고 있다. 덕분에 정말 바쁘던 시절에도 아이들 학교 행사에는 거의 다 참석할 수 있었다.

때로는 하루이틀의 휴가로는 할 수 없는 경험이 있다. 적어도 한

달은 일에서 빠져나와야 느낄 수 있는 것들이 있다. 내게는 산티아고 순례길이 그랬다. 40일간 자리를 비우고 800킬로미터를 걷고 다시 제자리로 돌아왔다. 당시는 퇴직하려는 마음이 더 강해서 회사에 대한 미안함이 전혀 없이 출발했다. 그런데 다녀오고 나니 다시 회사를 다닐 수 있는 힘이 생겼다. 어쩌면 육아휴직도 마찬가지일 것이다. 한 달을 함께하는 동안 할 수 있는 일과 6개월을 함께하면서 할 수 있는 일은 분명히 다르다. 그 대신 가끔은 회사를 위해 자신의 삶도 멈출 수 있는지 생각해봤으면 한다. 회사가 개인의 삶을 살기 위한 경제적인 기반에 지나지 않는다면 그런 고민을 할 필요가 없을 것이다. 하지만 회사에서도 이루고 싶은 것이 있다면 한 번쯤 고민해봤으면 한다. 물론 제자리로 돌아올 수 있는 만큼인지는 따져봐야 한다. 고무줄이 끊어지기 전까지만 늘려야 한다.

  정확한 균형점을 찾는 것은 너무나 어렵다. 균형점이 항상 제자리에 있지도 않다. 균형이라고 믿었던 지점도 어느 순간에는 한쪽으로 치우친 것이 되기도 한다. 양팔 저울의 양쪽에 올라가 있는 것들의 무게가 시간에 따라 변하기 때문이다. 가정을 이루고 아이가 태어나거나 진급하고 새로운 업무를 맡거나 하면 양쪽의 무게가 달라진다. 아이가 아프거나 긴급한 회사 일이 생기면 저울이 한쪽으로 완전히 무너질 수도 있다. 그러나 개인의 시간이나 회사의 일이나 모두 자기 삶의 일부다.

  균형을 잡기 위해서 앞으로 나아가지 못하는 것이 아니라 넘어지지 않는다면 조금 흔들려도 앞으로 나가는 것이 필요하다. 다시 제자리로 돌아올 수 있으면 균형이 잡혀 있다는 것을 믿자. 우리는 벼랑에서 줄타기하고 있는 것이 아니라 넓은 도로에서 자전거를 타고 있는 것이다. 조금만 흔들리면 떨어지는 것이 아니라 흔들릴 때 페달을 밟으면 중심을 잡을 수 있다. 아니 심지어 넘어져도 다시 일어날 수 있다. 시대에 따라 개인에 따라 삶과 일의 균형에 대한 기준이 다르겠지만 균형부터 잡느라 앞으로 나아가지 못하고 있다면 나는 어디까지 기울어져도 제자리로 돌아올 수 있는지를 고민해보자.

2
스트레스 관리가 리더의 지속가능성을 만든다

"스트레스 관리는 그 자리에서 떠나야 하는 상태를
만들지 않는 것이다."

　직장생활은 스트레스의 연속이다. 가끔은 회사가 너무 즐겁다고 하는 사람도 있지만 대부분의 사람은 스트레스를 받으며 회사에 다닌다. 그러니까 돈을 받으면서 다니지 재미있으면 돈을 내고 다녀야 한다고 농담하기도 한다. 사실 우리가 하는 일에서 스트레스를 받지 않는 것은 거의 없다. 스스로 하고 싶어서 즐겁게 하는 취미생활도 하다 보면 더 잘하고 싶고 다른 사람과 비교하기도 하면서 스트레스를 받는다.
　스트레스라고 하니 부정적으로 들리지만 긴장감으로 말을 바꾼다면 어떨까? 무엇을 하든 더 잘하겠다고 생각하면 긴장할 수밖에 없다. 운동을 좋아하는 사람이라면 긴장감이 떨어지는 순간 위험한 일이 생기거나 다치게 된다는 것을 몸으로 알고 있을 것이다. 긴장해야 하는 것이다. 즉 스트레스는 회피의 대상이 아니고 관리의 대상이다.

'메기 효과'라는 말은 모두 들어보았을 것이다. 노르웨이의 어부들이 먼바다에서 항구까지 정어리를 살아 있는 상태로 운반하기 위해 정어리가 들어 있는 수조에 천적인 메기를 풀어놓았다. 그랬더니 정어리들이 메기에게 잡아먹히지 않으려고 끊임없이 움직였다. 그 때문에 항구에 도착할 때까지 살아 있었다는 이야기다. 오히려 천적이 없는 수조 속의 정어리는 움직이지 않아 죽는 경우가 많았다.

현악기의 줄들이 고운 소리를 내려면 팽팽하게 당겨져 있어야 한다. 느슨한 줄은 끊어지지는 않지만 결코 아름다운 소리를 낼 수가 없다. 흔히 보는 노란 고무줄도 적당히 당겨져야만 자기 구실을 할 수 있다. 우리도 긴장한 순간에 집중도가 올라가는 것을 알고 있다. 기한이 없는 일보다 기한이 정해진 일을 더 빨리 마무리하게 된다. 한 번 더 질문하면 생각하지 못했던 답을 내놓기도 한다. 프로야구는 7개월 정도를 거의 매일 하지만 타이틀이 걸린 포스트시즌에는 실력이 조금 부족해도 집중력을 더 발휘하는 팀이 승리를 가져가곤 한다. 학창 시절을 생각해보면 시험 직전에 몰아치기로 준비해서 시험을 마치고 나면 머릿속에 남아 있는 것은 몇 개 없지만 결과는 좋았던 경험이 있다. 스트레스가 긍정적인 역할을 한 것이다. 그러나 정도가 지나치면 역효과가 난다. 고무줄을 너무 당기면 갑자기 끊어지고 긴장감이 높아지면 실수한다. 부담감이 쌓이면 몸과 마음에 병이 생기기도 한다. 그래서 우리는 스트레스를 관리할 줄 알아야 한다.

스트레스의 원인을 알아야 관리가 가능하다

스트레스 관리는 그 자리에서 떠나야 하는 상태를 만들지 않는 것이다. 몸과 마음이 회복하기 어려울 정도로 망가지지 않도록 해야 한다. 밀려오는 압박감과 긴장감을 긍정적인 에너지로 바꾸는 것이다. 그 첫 번째가 스트레스의 원인을 아는 것이다. 왜 지금 이 순간에 내가 스트레스를 받는가를 스스로 물어보고 답을 찾아야 한다. 원인이 나에게 있는지 아니면 다른 사람이나 환경에 있는지를 아는 것이다.

만약 자신이 스트레스를 받는 상황이 본인의 승부욕이나 경쟁심이 지나치게 커서, 해당 업무에 대한 지식이나 경험이 부족해서, 자신이 하고 싶은 일이 계속 생각나서 그런 것이라면 원인은 스스로에게 있다고 할 수 있다. 상사의 업무처리 방식에 도저히 적응이 안 되거나 함께 일하는 사람들을 믿을 수 없는 등 주어진 환경이 업무를 적절히 수행할 수 없거나 주어진 자원 대비 업무량이 너무 많아서 일을 제때 하기 어렵다면 그 원인은 밖에서 오는 것이라고 볼 수 있다.

하루아침에 자신을 바꿀 수는 없지만 문제가 스스로에게 있다고 생각한다면 자신이 언제 어떤 상황에서 스트레스를 받는지 인지할 수 있어야 한다. 그 순간마다 내가 지금 스트레스 상황이라고 인정하는 것은 도움이 된다. 혼자 문제를 해결하려고 하거나 너무 일이 많은 것이 원인이면 다른 사람의 도움을 구하는 연습을 할 수 있다. 승부욕이 너무 강하다는 사실을 알게 된다면 상황에 따라서는 한 발 뒤로 물러나는 연습을 할 수도 있다. 역량이 부족하다고 느끼면 역량 개발을 하거나 다른 사람의 도움을 요청할 수도 있다. 완벽주의 성향이 문제라면 가끔은 초보자로서 새로운 도전을 하면서 실수하는 것을 인정하는 법을 배울 수도 있다. 인지하고 인정하지 않으면 변화를 시도할 수도 없다. 스트레스는 외부에서만 오는 것이 절대 아니다. 적어도 자신이 만드는 스트레스는 스스로 인정하는 것만으로도 조금씩 나아지기 시작한다.

스트레스의 원인이 환경에서 오는 것이라면 적극적으로 환경을 개선하는 것이 필요하다. 자원이 부족해서 일정이 지연되거나 일의 완성도가 떨어진다면 상사에게 명확히 알리고 도움을 청하는 것이 해결의 시작이다. 스트레스를 안 받으면 모를까, 자원 부족으로 인한 완성도 부족이나 야근이나 일정 지연 등으로 스트레스를 받는다면 자원을 보충해야 문제가 해결된다. 상사들은 부족한 자원으로 어떻게든 일을 해내면 자원이 부족하다고 생각하지 않는다. 그래서 일을 잘하는 사람들에게 더 많은 일이 몰리게 된다. 어떻게든 주어진 일을 해내기 때문이다.

내가 인정받고 있다는 사실에 만족한 나머지 자원이 부족한 채로 더 열심히 하다 보면 번아웃이 온다. 스트레스에 몸과 마음이 무너지는 상태가 되는 것이다. 다른 사람들은 주어진 환경에서 일을 잘하는데 자신만 투덜거리는 것처럼 보여서 민망할 수는 있다. 하지만 정확히 필요한 것을 필요한 시점에 요구할 수 있어야 지금보다 더 큰 일이 주어졌을 때 해낼 수 있다. 상사나 회사가 알아서 해결해주기를 기다리는 것으로는 해결할 수 없다.

스트레스는 부딪히고 흘려보내며 다스려야 한다

나는 외부 환경에서 오는 스트레스 해소는 다른 경우보다 잘 관리했다. 연구개발을 하면서 필요한 것이 있으면 심지어 건물도 지어달라고 했다. 전지 개발에 가장 기본적인 장비로 충방전기가 있다. 2008년쯤에 GM과 전기자동차용 전지 개발을 계약하면서 충방전기 구매 비용은 확보했는데 설치할 곳이 없었다. 기술원에서는 본사 CFO가 결정할 일이라고 할 뿐 움직이지 않았다.

당시 일개 부장이었던 나는 CFO를 찾아가기로 했다. 다행히도 연구소장님이 일정을 바꾸고 함께 참석해주셨지만 처음에는 혼자 갈 생각으로 대전에서 출발했다. 사정을 듣고 난 CFO가 건축을 승인한 덕분에 충분한 충방전기를 확보하고 전지 개발을 성공적으로 마칠 수 있었다. 부딪히지 않았다면 어떤 결과를 얻었을지 알 수 없다. 비슷한 일이 또 있었다. 핵심 소재를 사내 석유화학부문에서 개발해서 사용하고 있었는데 해당 설비를 없앤다는 소식을 접했을 때도 일면식도 없었던 사업부장을 찾아갔다. 그때도 사정을 다 듣고 난 사업부장이 설비 철거를 취소해주었다. 안 되면 다음을 고민해야 했지만 일단 직접 부딪힘으로써 자원 부족에서 오는 스트레스를 해결할 수 있었다.

사실 스트레스의 원인이 사람일 때가 가장 어렵다. 상대가 변하기를 바라지만 그런 일은 잘 일어나지 않는다. 문제를 만드는 사람이 스스로가 문제를 만들고 있다는 사실을 인정하면 긍정적인 변화가 생길 수 있다. 하지만 대부분은 문제의 원인이 자신에게 있다고 생각하지 않기 때문에 스스로 변하려는 생각을 하지 않는다. 그래서 그 사람은 원래 그런 사람이라고 생각하고 변할 것을 기대하지 않는 편이 덜 스트레스를 받는다. 변할 것을 기대하면 더 힘들다.

사람에게서 오는 스트레스를 줄이려면 공사를 정확히 구별하고 공적인 수준에서만 관계를 맺는 것도 고려할 수 있다. 자신의 스트레스 내성 안에서 관리가 가능하다면 말이다. 그런데 도저히 버틸 수 없다면 피해야 한다. 지속적으로 가해지는 스트레스를 해결하지 않고 어딘가에 묻어둔다면 결국에는 터진다. 참고 버티며 원인 제공자가 사라지고 좋은 사람을 만나기만을 기다리지 말자. 회사에서 도움을 받을 수 있는 사람을 찾아보라. 인사부서를 찾아갈 수도 있고 상사나 상사의 상사와 이야기하는 방법도 있다. 만약 상담실이 있다면 적극적으로 찾아가자. 이직이 어쩌면 가장 쉬운 해결책일 수 있지만 해볼 수 있는 것을 다 해보고 결정해야 후회를 최소화할 수 있다.

사실 가장 좋은 것은 불가능한 이야기 같지만 어떤 상황에서도 스트레스를 받지 않는 것이다. 스트레스를 받아도 바로 흘려보내는 것이다. 스트레스로 힘겨워지는 것은 본인이기 때문이다. 회사 밖에서 에너지를 충전할 방법을 찾아서 소진한 에너지를 제때 채운다면 회사에서 버틸 힘이 생긴다. 명상하거나 자기만의 시간을 가지는 것도 좋은 방법이 된다. 가족이나 친구와 더 많은 추억을 만드는 것도 좋다. 나도 번아웃을 경험하고 퇴직 의사를 밝힌 적이 있다. 당시 회사의 양해로 휴가를 모두 모아 다녀온 산티아고 순례길은 다시 살아갈 힘을 주었다. 스트레스 상황에서 완전히 벗어나 온전히 나에게 집중한 시간이 나를 단단하게 만들었다.

어느 곳에나 스트레스는 있기에 모두 피할 수는 없다. 한편으로는 스트레스에 대한 내성을 키우고 한편으로는 잘 관리하는 방법을 찾아야 한다. 어쩔 수 없으니 버텨야 한다는 생각은 스트레스를 해결해주지 않는다. 적극적으로 자신을 돌봐야 한다.

3
정지의 순간이 지속의 힘이 된다

"졸음운전을 멈추는 방법은 잠시라도 눈을 붙이는
방법밖에는 없다."

우리는 멈추지 않고 달리는 것에 참 익숙하다. 학창 시절부터 뭐든 다른 사람보다 더 많이 해야 한다고 들었다. 네가 잠잘 때 경쟁자는 뛰고 있다는 말도 들었던 것 같다. 고등학교 3학년 시절에는 4당 5락이라고 해서 4시간 자면 붙고 5시간 자면 떨어진다는 이야기를 듣기도 했다. 지금 생각하면 말도 안 되는 것이었다. 그때는 쉰다는 것이 마치 죄악인 것처럼 이야기했었다. 그 순간만 지나면 미래가 보장된다는 식으로 지금은 쉴 때가 아니라고 했다. 지금 들어보면 어떤 생각이 드는가?

서울에서 부산에 가야 한다고 가정해보자. 당신은 어떻게 가는

가? 가장 빠르게 가는 방법은 아마도 비행기를 타는 방법일 것이다. 공항을 오가는 시간을 생각하면 KTX가 더 좋다고 생각할 수도 있다. 버스로 가는 방법도 있고 직접 운전하고 다녀올 수도 있다. 당일에 도착할 수는 없지만 자전거로 갈 수도 있다. 심지어는 걸어서 갈 수도 있다. 각각의 방법들을 옳고 그름으로 나눌 수는 없다. 상황에 따라 다르다고 말하는 것이 더 맞겠다. 가는 방법에 따라 걸리는 비용도 다르고 시간도 다르다. 그뿐만 아니라 가는 길에 대한 경험도 달라진다. 과정이 아니라 결과에만 가치를 둔다면 가는 길에 따른 경험이 주는 가치는 얻을 수 없다.

서울에서 부산에 가는 것이 아니라 걸어서 1시간 정도 걸리는 곳을 간다고 가정을 바꿔보면 조금 이야기가 달라진다. 차로 갈 수도 있고 지하철로 갈 수도 있지만 이 정도라면 걸어서 갈 수도 있다. 걸어간다면 가는 길의 풍경을 느낄 수 있고 어떤 가게들이 있는지도 새롭게 알게 될 것이다. 항상 차로 다니던 길을 걸어보면 전혀 다른 느낌을 받는다. 천천히 가야만 보이는 것이 있다. 비로소 과정이 경험이 된다.

톱으로 나무를 자르는 사람이 있다. 처음에는 잘 들던 톱날이 점점 무뎌지면 나무를 자르는 데 힘이 더 많이 든다. 그러면 어떻게 하면 될까? 당연히 톱을 바꾸거나 톱날을 세워야 한다. 그런데 톱날을 세우는 시간이 아깝다고 그냥 힘을 더 쓰는 경우가 있다. 잠깐은 힘이 더 들고 시간도 더 들어가겠지만 나무를 자를 수 있다. 그러나 결국에는 힘으로도 해결할 수 없는 지점에 도달하게 된다. 멈춰야만 하는 때가 된 것이다. 그때마저 멈춰서 톱날을 세우지 않으면 아무리 힘과 시간을 더 써도 더 이상 나무를 자를 수가 없다.

쉬지 않고 돌아가는 기계도 정기 점검을 한다. 장비, 상황, 운영 역량에 따라서 다르겠지만 1주일에 한 번, 한 달에 한 번, 계절에 한 번 세워서 점검한다. 소모품도 갈고 윤활유도 넣는다. 석유화학 공장은 몇 년에 한 번은 한 달씩 세우고 공장을 점검하기도 한다. 물건이 너무 잘 팔려서 정기 점검을 미루기도 한다. 하지만 여기에도 마지노선이 있다. 멈추고 제대로 정비하지 않으면 감당할 수 없는 손실을 본다는 것을 경험과 지식으로 잘 알고 있기 때문이다.

누구에게나 휴식이 필요하다

당연히 사람도 마찬가지다. 누구에게나 휴식이 필요하다. 학생들이 50분 수업하고 10분 쉬는 것처럼 휴식이 필요하다. 하루를 마치면 숙면해야 다음 날을 개운하게 맞이할 수 있다. 5일을 열심히 일하고 주말을 푹 쉬면서 다시 한 주간을 달릴 에너지를 채우곤 한다. 여름휴가를 가기도 하고 장기 휴가를 얻어 해외여행을 다녀오기도 한다. 너무나 중요하고 급한 일이 있으면 하루이틀 밤을 새우거나 야간 근무를 하고 주말도 반납할 수도 있다. 그러나 이 모든 것은 어쩌다 한 번 너무나 불가피한 경우에만 허용되어야 한다. 자동차 엔진오일을 조금 늦게 교환한다고 해서 바로 엔진에 문제가 발생하지는 않지만 엔진오일을 교체하지 않으면 자동차가 제대로 성능을 발휘하지 못하고 결국에는 망가진다. 사람도 하루이틀 밤을 새우고 한두 날 주말을 반납한다고 쓰러지지는 않을지 몰라도 이러한 상황이 계속되면 누구도 정상적인 역량을 발휘할 수 없다.

에너지가 소진되면 반드시 재충전해야 한다. 에너지 소진 문제를 의지의 문제로 이야기하는 사람들이 있다. 열정의 문제로 이야기하기도 한다. 열정과 의지는 일하는 동안에 발휘하는 것이지 휴식을 하지 않는 것으로 표현할 것이 아니다. 2보 전진을 위한 1보 후퇴라는 전략이 있는 것처럼 자신을 최상의 상태로 유지하는 것은 또 다른 역량이다. 과정보다 결과를 중요하게 생각하는 곳에서 일할수록 스스로 자신을 지켜야 한다. 과정보다 결과를 중요하게 생각하는 조직은 구성원들이 얼마나 많은 에너지를 사용했는지 알지 못한다. 그래서 다음에 더 많은 에너지를 소모해야만 얻을 수 있는 결과를 요구한다. 결국 구성원은 번아웃될 수밖에 없다.

나만의 회복 방법을 찾아야 한다

누구나 자신만의 재충전 방법이 있다. 만일 당신이 어떻게 소모한 에너지를 재충전하는지 모른다면 가만히 앉아서 생각해 보라. 이제까지 힘이 다 빠지면 어떻게 했었는지를 말이다. 잠을 잤는지, 친구를 만났는지, 혼자 영화를 보러 갔는지, 골방으로 들어갔는지, 여행을 갔는지 생각해보자. 분명히 의식하지는 못했어도 당신도 당신만의 방법을 가지고 있을 것이다.

에너지를 채우는 방법은 사람마다 다르다. 방법만 다른 것이 아니라 필요한 시간도 다르다. 항상 에너지가 샘솟는 사람은 없다. 재충전 방법이 단순하고 시간이 빨라서 에너지가 항상 차 있는 것처럼 보일 수는 있어도 에너지가 소모되지 않는 사람은 없다. 자신만의 재충전 방법을 알고 있어야 에너지가 완전히 소진되어 더 이상 일어나지 못하는 일을 막을 수 있다.

나는 에너지가 완전히 떨어진 것이 아니면 혼자 산책을 하거나 좋아하는 사람들과 함께 시간을 보내는 것으로 에너지를 채울 수 있다. 하지만 더 나아가서 에너지가 거의 바닥나면 에너지 사용을 멈춰야만 하는 사람이다. 결국 그 자리에서 벗어나야만 다시 에너지를 채울 수 있었다.

나는 근무 중에 스트레스가 올라가고 에너지가 소진되어 도저히 견딜 수 없을 때는 다가오는 일정 몇 개를 취소하고 밖으로 나가 여의도 공원을 걷거나 공장 외벽을 따라 2~3킬로미터를 생각 없이 걸었다. 에너지가 바닥난 상태에서 정상적인 생각이나 의사결정을 할 수 없었다. 비정상적인 상태에서 잘못된 판단을 하는 것보다는 잠시 멈추는 것이 훨씬 효율적이다.

50분 수업에 10분 쉬는 시간처럼 무조건 얼마마다 휴식을 하라고 강요할 수는 없지만 휴식은 자신을 최고의 상태로 만들기 위해 반드시 있어야만 한다. 졸음운전을 멈추는 방법은 잠시라도 눈을 붙이는 방법밖에는 없다. 자신만의 재충전 방법을 꼭 알고 있어야 한다.

4
부딪혀야만 자신의 한계를 알 수 있다

"지나가지 않으면 끝이 어디인지 알 수 없다."

'미치다'는 말을 들으면 어떤 생각이 드는가? 내게 '미치다'는 말은 부정적인 느낌보다는 긍정적인 느낌에 더 가깝다. '미치다'는 정신이 나갔다, 제정신이 아니라는 의미도 있지만 어느 하나에만 몰두한다는 의미도 있다. 나는 '미치다'에 대한 이미지로 적어도 그 순간만큼은 다른 모든 것을 잊고 그 일에만 몰입하는 것을 떠올린다. 몰입이나 플로flow라는 단어보다 훨씬 더 친근하고 강렬한 느낌을 받는다. 그래서 '미치다'는 말에 긍정적인 느낌이 더 강하게 드는 것 같다.

당신은 무언가에 미쳐본 적이 있는가? 혹시 지금 무언가 미쳐 있는가? 아마도 과거를 돌아보면 스스로 미쳤다는 말을 쓸 정도는 아니어도 무언가에 정말 푹 빠져서 지냈던 시기가 있었을 것이다. 나도 과거를 돌아보면 다른 어떤 것보다도 우선순위를 두었던 것들이 몇 가지 떠오른다. 초등학교 때 우표를 수집한다고 우체국 앞에서 새벽에 줄을 서기도 했다. 고등학교 시절에는 자주 연극 공연을 보러 갔지만 학업에 우선순위를 크게 두었던 것 같다. 대학 때는 종교 생활이 가장 중요해서 학교 수업이 없으면 대부분의 시간을 성당에서 보냈다. 아내를 만나 서로를 알아가던 때는 어떻게 하면 한 번 더 만날 수 있을까에 모든 생각이 가 있었다. 또 유학 시절에는 실험하는 것이 참 재미있었다. LG에 들어와서 처음 GM 과제를 할 때는 하루 종일 과제 생각만 했다. 그런데 정말 그 무언가에 완전히 미쳐본 것은 아쉽게도 없는 것 같다. 우선순위를 높게 둔 것뿐이지 식음을 전폐하고 파묻혀 본 적이 없었다. 그래도 그 순간 우선순위를 높게 두었던 것들이 지금의 나를 만들었다.

성공을 자신이 원하는 목표에 도달하는 것이라고 했을 때 그 목표가 본인이나 다른 이가 보기에 쉽게 달성할 수 없는 것인데도 목표를 달성한 사람들은 아주 간단한 공통점이 있다. 분명히 어느 한 순간은 그 목표에 미쳐 있었을 것이다. 성공한 운동선수들에게 성공의 비결을 물어보면 재능이라고 이야기하는 사람은 아무도 없다. 다른 사람은 그 사람의 재능을 이야기할 수도 있지만 본인은 노력을 이야기한다. 한 발 더 뛰고 한 번 더 던지고 한 번 더 휘두르고 한 번 더 들었다고 이야기한다. 가까이에서 그 사람을 바라본 사람들은 더 강하게 증언한다. 그 선수가 하는 만큼 자기는 따라갈 수가 없었다고 이야기한다. 심지어 부상으로 몸을 사용할 수 없다면 머리로라도 노력한다. 지난 경기를 꼼꼼히 돌아보거나 이미지 트레이닝을 계속한다. 잘한 것은 무엇이었는지를 보고 그 속에서 더 잘할 수 있는 것을 찾아낸다.

유명한 운동선수가 아니라도 주변에 성공했다는 말을 듣는 사람에게 성공의 비결을 물어봐도 자신의 재능을 내세우는 이는 찾기 힘들다. 때를 잘 만났다던가 운이 좋았다던가 등을 먼저 이야기하는 사람도 있다. 그러나 조금만 더 이야기해보면 얼마나 그 일에 미쳐 있었는지를 알 수 있다.

최선을 다한 시간이 성과와 성장을 남긴다

나는 무언가에 미쳐본 적은 없지만 그래도 그 순간 우선순위를 가장 높게 두었던 것을 이야기해보고 싶다. 유학 시절을 생각해보면 나는 실험실에 가장 오래 있는 사람은 아니었다. 그렇지만 실험은 가장 많이 하는 사람이었다고 자부한다. 학교에 있는 동안은 거의 모든 시간을 학업과 실험에 보냈다. 요리하면서 설거지를 같이 하는 사람처럼 실험을 하는 중간에 시간이 나면 바로 다음 실험을 시작했다. 하나를 하는데 하루가 걸리는 실험들은 서너 개를 함께 하기도 했다. 일주일에 한 번 확인해도 되는 것을 나는 아침저녁으로 확인해서 잘못된 실험을 바로 중단했다. 그러면 준비된 다음 시료로 바로 새 실험을 시작할 수 있었다. 그렇지만 주말은 항상 가족과 함께 보냈다. 연말연시도 없이 돌아가는 실험실이었지만 졸업하기 직전에 교수님께 그해 연말연시는 가족과 여행을 다녀오겠다고 말씀드렸을 때 교수님이 잘 다녀오라고 하신 말씀에서 간접적으로 그동안의 노력을 인정받는 느낌이었다. 덕분에 9편의 논문을 쓰고

3년 만에 박사학위를 받을 수 있었다.

  나는 LG화학에 입사해서 바로 팀장으로 선임됐지만 그 중압감을 이기지 못하고 자리에서 스스로 내려왔다. 그러고 나서 맡은 일이 지금의 나를 만들었다. 당시에는 구체적인 과제도 없는 미주 고객을 맡았는데 갑자기 과제가 만들어졌다. 문제는 지금까지 기술로는 할 수 없다고 생각했던 목표였다. 나 혼자 한 것은 아니고 동료들이 있었기에 가능했지만 한번 해보자, 할 수 있다는 생각으로 일을 시작했다. 고객과 함께 과제의 목표를 한 줄 한 줄 구체화하고 야근과 출장을 반복하며 결국 과제를 성공시켰다. 한국과 미국의 시차로 인해 새벽과 저녁 미팅이 빈번하고 자료 준비로 야근을 반복했지만 힘들다는 생각보다는 해내야만 한다는 의지가 더 강했다. 해외 출장 중에 고객의 숙제를 더 빨리하기 위해 일부는 남고 일부는 돌아와서 매일 미팅을 하기도 했다. 어떤 달은 해외 출장을 네 번 가기도 했다. 나는 감히 그때의 나 덕분에 지금의 전기차 시대가 조금 더 빨리 올 수 있었다고 말하기도 했다.

지나가지 않으면 끝이 어디인지 알 수 없다

  후회에는 두 가지가 있다. 하나는 해볼 걸 하는 것이고 다른 하나는 하지 말아야 했는데 하는 것이다. 둘 다 같은 후회이지만 내게는 느낌이 매우 다르다. 해볼 걸 하는 후회는 머릿속에서 잘 사라지지 않는다. 계속 남아서 나를 괴롭힌다. 지금이라도 하면 어떨까 하는 생각이 계속 든다.

  그런데 일단 하고 난 후에 잘못했다고 생각하는 것은 금방 잊는다. 이제는 그러지 않으면 된다고 생각한다. 다시 도전할 때 똑같은 실수만 반복하지 않으면 된다. 박사학위가 내게 그랬다. 석사과정을 마치고 바로 진학할 기회가 있었지만 여러 사정으로 진학하지 못하고 취업했다. 그러고 나니 조금만 상황이 바뀌어도 박사학위를 하지 못한 것에 대한 아쉬움이 밀려왔다. 그 마음을 계속 가지고 있다가 결국은 갓난아이 둘을 데리고 유학길에 올랐다. 유학 생활이 순탄하지만은 않았지만 지금도 살면서 잘한 결정 중 하나로 박사학위를 딴 것을 꼽는다. 어쩌면 학위를 하지 않았어도 지금의 모습에는 큰 차이가 없을 수도 있다. 그렇지만 학위를 하지 않았다면 지금 어떤 자리에 있더라도 학위에 대한 아쉬움이 있었을 것 같다. 여전히 나는 머릿속에서 계속 떠오르는 것이 있다면 해야 직성이 풀린다.

지나가지 않으면 끝이 어디인지 알 수 없다. 지구의 끝이 낭떠러지라고 생각하던 시절이 있었다. 그러나 그 끝을 지나간 사람들이 있었기에 지구가 둥글다는 것이 알려졌다. 불광불급이라는 말도 있다. 미치지 않으면 도달할 수 없다는 말이다. 우리는 스스로 한계를 미리 정하는 경우가 있다. 몸짱이나 다이어트에 성공한 사람을 보면 누구나 할 수 있을 것 같기도 하지만 나는 못 할 것 같다는 생각이 들기도 한다. 나는 여기까지밖에 못 해, 그걸 내가 어떻게 하느냐고 하면서 스스로 도전의 걸림돌을 만든다. 여기까지가 내 역할이다. 이 일은 해본 적이 없는데, 시간이 없는데 등등의 이유를 스스로 만든다. 나는 누구나 모든 일을 할 수 있다고 생각하지 않는다. 그러나 모든 일을 도전할 수는 있다고 생각한다. 아무런 계획 없이 800킬로미터의 산티아고 순례길을 배낭 하나를 메고 걸었을 때가 그랬다. 준비는 되지 않았지만 도전한 덕분에 결과를 얻었다. 온몸이 다 부서질 것 같고 발이 땅에서 떨어지지 않는 고통과 피곤함이 매번 엄습했다. 그러나 이 모든 것을 뒤로하고 아침 해가 밝으면 다시 배낭을 짊어지고 길에 몸을 맡겼다. 몇 번의 포기하고 싶은 순간도 있었지만 마침내 도착한 산티아고 데 콤포스텔라 대성당의 종소리를 들으면서 안도감을 느꼈다.

당신은 어떤가? 지금 한번 도전하고 싶은 것은 무엇인가? 그런데 스스로 한계를 정한 것이 있지는 않나? 혹시 그렇다면 한 번쯤 늦바람이 들어보는 것은 어떨까? 거창하게 무언가에 미치는 것은 아니라도 지금 일을 대하는 자신의 태도에서 스스로 한계를 정한 것은 없는지, 해보지 않고 포기한 것은 없는지 돌아보자.

5
주고받기의 진정성은 신뢰와 성과로 이어진다

"언제나 먼저 손을 내밀 수 있고 그 손을 기꺼이 잡을 수 있는 사람들로 가득 찬 조직이 건강한 조직이다."

당신은 누구와 함께하고 싶은가? 누구와 같이 있으면 시간이 항상 빨리 가는 것 같은가? 지금 옆에서 함께하는 동료들은 어떤가? 사람을 만나다 보면 무언가 내게 도움이 될 것을 기대하고 만나는 사람도 있다. 또는 누군가는 내가 도움을 주어야 한다는 것을 알면서도 만남을 기다리기도 한다. 때로는 도움을 주고받을 것을 기대하면서 만나기도 한다. 아무런 생각 없이 만난다고 하기도 하지만 다시 생각해보면 기대하던 것이 있었을 때가 많다.

내가 처음 아내를 만났을 때 그냥 좋고 끌려서 만났지만 사실 도움을 받을 것이라는 생각도 했다. 내 거친 성향을 다듬어주고 외로움을 치유해줄 것으로 생각했다. 많은 결정을 위한 고민도 함께해줄 것으로 생각했다. 물론 그 대부분을 얻었다. 그러나 단순히 내가 받기만 한 것은 아니고 아내도 나를 통해서 얻은 것이 있다고 하니 정말 다행이라고 생각한다.

우리는 누구나 준 것보다 더 받기를 원한다. 적은 투자로 많은 이익을 얻기를 원하는 것은 너무나 당연하다. 시험공부를 충분히 못했어도 아는 문제만 나왔으면 하는 마음처럼 말이다. 그런데 그 반대로 생각하고 살아간다면 어떻게 될까? 내가 준 것보다 조금 덜 받아도 된다고 생각하는 것이다. 내가 무엇을 줄 수 있는가를 먼저 고민하는 것이다.

내어놓음이 관계를 만들고 성과를 키운다

문화는 다르지만 다른 문화권에서도 대체로 받고 주기take and give라고 하지 않고 주고받기give and take라고 한다. 왜 그럴까? 우리가 함께 공동체로 살아간다는 것은 누군가의 내어놓음이 있어야만 가능하다는 자연의 섭리를 말한다고 생각한다. 옛 성현들이 받고 싶은 대로 해주라고 하고 인간관계에 어려움이 생기면 자신을 돌아보라고 했던 것도 마찬가지다. 인과응보라는 말이 있는 것처럼 내가 지금 받는 대접이나 도움은 내가 뿌려놓은 씨앗이 자라서 되돌아온 것이라고 할 수 있다.

회사는 일을 목적으로 모였다. 다른 어떤 모임보다 결과에 더 민감할 수밖에 없다. 그러다 보니 남보다 조금이라도 더 자원을 확보하는 것이 때로는 성공의 열쇠가 되기도 하는 것이 사실이다. 다른 사람의 고민을 해결해주는 것보다 자신의 문제에 더 집중하게 되는 것은 어쩔 수 없다. 그럼에도 내가 누구와 함께 일하고 싶고 같이 시간을 보내고 싶은가를 돌아보면 답이 조금 달라진다. 자기 것을 먼저 챙기는 사람들과 함께 즐겁게 일하는 사람은 찾기 어렵다.

주지는 않으면서 받으려고만 하는 사람들에게 도움을 계속 주는 것도 참 힘들다. 가끔은 인간적으로 힘들어도 결과를 만들어내는 사람들과 함께 일하는 것을 원하는 사람도 있었다. 그 사람들은 자신의 성과를 만드는 것이 더 중요하다고 생각했던 것 같다. 그러나 시간이 지나서 주변을 돌아보면 자신의 성과만 중요하게 생각하고 더 받는 것에 민감했던 사람들 주변에는 사람이 점점 줄어들었다.

맹자는 득도다조得道多助라고 했다. 도를 깨우친 사람 옆에는 도와주는 사람이 많다고 한다. 도움을 많이 받아야 도를 깨우칠 수 있다고 해도 맞는 말이 아닐까. 어떻게 하면 다른 사람의 도움을 많이 받을 수 있을까? 도를 깨우친다는 것을 사람의 마음을 얻는 것이라고 하고 도움을 주어야 도움을 받는다고 생각한다면 결국 다른 사람의 마음을 얻어야 도움을 받을 수 있다. 또 그를 통해 성공할 수 있다는 말이다.

다른 사람의 마음을 얻는 방법의 하나가 먼저 도움을 주는 것이다. 많은 도움을 받는 사람은 다른 사람에게 도움을 주는 것에 주저하지 않았던 사람이다. 아마도 당신이 더 도와주고 싶은 사람은 이미 당신에게 도움을 주었던 사람일 것이다. 물건을 사고팔 때도 그러하다. 물건을 사는 사람은 지급한 비용보다 더 큰 가치를 받았다는 생각이 들어야 다시 그 가게를 찾아간다. 먼저 도움을 주는 것보다 도움을 더 많이 받는 방법은 없다. 다른 사람들이 당신을 먼저 도와주고 싶게끔, 상대방이 미안할 만큼 적극적으로 자신의 역량을 나누어보라. 작은 도움을 나누다 보면 언젠가는 자꾸 주변에 사람이 모이고 생각지도 못한 도움을 받는 일이 생길 것이다.

도움과 조금 다른 이야기일 수 있지만 회사에 중간관리자로 입사하고 아는 사람이 없어서 너무 힘들었을 때가 있었다. 시스템이 있었지만 사람을 모르면 일이 잘 안됐다. 이때 내가 선택한 것은 무조건 인사하기였다. 복도를 지나가다 아는 사람을 만나면 당연히 인사를 했다. 그리고 모르는 사람을 만나면 "안녕하세요? 저는 신영준입니다."라고 인사를 했다. 시간이 조금 걸렸지만 효과는 대단했다. 이름이라도 알고 나니 함께 일을 풀어갈 방법이 생겨났다. 내가 먼저 다가갔기에 그들도 나를 찾아오는 날이 생겼다.

팀장 시절을 돌아보면 다른 팀의 자료를 얻는 것이 쉽지 않았다. 자료를 달라고 하면 팀장 허락을 받아야 한다고 했고 그마저도 앞뒤를 자르고 주는 경우도 있었다. 반대로 내가 팀원들에게 그냥 자료를 주라고 하면 그 자료가 우리 의도와 다르게 쓰이는 경우가 많아서 줄 수 없다고 했다. 그래도 나는 주라고 했다. 먼저 줘야 그들도 우리에게 주지 않겠느냐고 했다. 모든 팀원이 내 말에 동의하지는 않았다. 하지만 시간이 지나고 한 팀원이 내게 먼저 주는 것이 맞았던 것 같다고 했을 때 고마운 감정이 올라왔었다. 내가 가진 자료를 선뜻 공유하고 자료를 받을 때 원래 의도대로 사용하고 누구 덕분이라고 한마디를 하거나 고맙다고 한마디만 하면 원하는 자료를 언제든지 얻을 수 있있다. 회사야말로 주어야만 받을 수 있는 이 기적인 모임인지도 모르겠다.

당연하지 않음을 알 때 배움이 시작된다

주고받기에는 잘 받는 것도 포함되어 있다. 도움을 잘 받는다는 것은 도움을 주는 사람의 마음을 받고 감사를 표하는 것이다. 그 도움이 내게 이익이 되는가 아닌가를 따지기 이전에 말이다. 어떤 사람에게 도움을 주고 싶으냐고 물으면 자신에게 도움을 준 사람이라고 말하지만 자신이 준 도움에 감사하는 사람에게도 또 도움을 주고 싶다.

우리는 감사를 표현하는 것을 잘 못하는 사람들을 많이 본다. 감사를 표하는 것이 익숙하지 않아서 그런 사람들도 있다. 그러나 그 정도가 뭐 힘든 일이냐면서 그 정도는 당연히 해주어야 하는 것 아닌가 하고 여기는 사람들도 있다. 이 정도는 감사할 일은 아니라고 생각하는 것이다. 하지만 세상에 당연한 것은 없다.

세상일들이 당연한 것이 아니라고 생각하면 감사할 일이 넘친다. 요즘은 세상이 많이 달라지고 있지만 남자라면, 여자라면, 엄마라면, 아빠라면, 자식이라면, 사원이라면, 팀장이라면 당연히 해야 하는 것으로 생각하는 것을 내려놓는 것이다. 엄마가 매번 식사를 준비하고 청소하는 것은 당연하지 않다. 팀장이 팀원들을 돌보고 의견을 들어주는 것을 당연하다고 생각하지 않는다. 매달 정해진 날에 월급이 들어오는 것도 당연한 일이 아니다. 우리가 당연하다고 생각하는 너무나 많은 일은 누군가의 수고가 더해져야만 이뤄진다. 그 수고는 감사를 받아 마땅한 일이다.

배움에 대해서도 그렇다. 실력이 뛰어나지 않을지라도 누구에게나 배울 수 있다고 생각을 바꾸면 감사할 일이 늘어난다. 공자가 "세 명이 함께 가면 반드시 스승이 있다."라고 한 말을 기억하는 것이다. 나는 이 말을 모든 면에서 뛰어나지 않아도 한두 가지 배울 점은 누구에게나 있다는 말로 받아들인다. 그래서 함께 일하는 사람들의 장점을 보기 위해서, 내가 배울 점을 보기 위해서 항상 노력한다. 마이크로 매니징을 하는 사람을 보면 저렇게 꼼꼼할 수 있을지를 배우고자 한다. 반대로 업무를 모두 맡기는 사람에게서는 어떻게 사람을 다 믿고 일할 수 있는지를 배우고자 한다.

상대방의 단점을 찾는 것은 노력이 필요 없다. 눈만 뜨면 그냥 보인다. 그러나 상대의 장점을 찾는 것은 특별한 노력을 기울여야만 할 때가 많다. 혹시나 함께 일하는 사람 때문에 힘들다면 그 사람에게서 배울 점이 무엇인지 특별한 노력을 기울여서 찾아보자. 그리고 그 사람과 일할 때마다 그 사람의 장점을 잠시 떠올리면 그 순간 그 사람의 마음을 이해하는 데 더 도움이 될 것이다. 누구에게나 배울 점이 있다고 생각하면 다른 사람이 주는 도움을 고맙게 받을 수 있다.

제인 오스틴은 "편견은 내가 다른 사람을 사랑할 수 없게 만들고 오만은 다른 사람이 나를 사랑할 수 없게 만든다."라고 했다. 언제나 먼저 손을 내밀 수 있고 그 손을 기꺼이 잡을 수 있는 사람들로 가득 찬 조직이 건강한 조직이다. 내가 선의로 일하는 것처럼 다른 사람도 선의로 일하고 있다고 믿자. 그러면 당신이 성과를 쫓아가는 것이 아니라 성과가 당신을 따라올 것이다. 씨앗을 뿌려야 추수할 것이 있다.

6
강점을 알고 자꾸 써야 성장할 수 있다

"자신이 자주 사용하는 특징을 강점으로 만들어야 한다."

누군가 당신의 강점을 물으면 무엇이라고 대답하는가? 강점을 강화하는 것과 약점을 보완하는 것 중에서 어떤 것이 더 중요하다고 생각하는가? 과거에는 약점을 보완하라는 이야기를 많이 했다. 그러나 지금은 약점을 보완해서 강점으로 만들기는 어렵지만 강점을 강화하면 자신의 가치를 더 높일 수 있다고 이야기한다. 동의하는가?

나는 코칭 공부를 하면서 10여 년 만에 갤럽의 강점 진단을 다시 받았다. 과거에는 강점 관련 책에 들어 있는 진단 코드를 활용한 것이라 다섯 가지 가장 강한 테마만 안내받았다. 그런데 이번에는 갤럽에서 분류한 34가지 강점 테마 모두를 순서까지 포함해서 받았다. 강점 진단 결과서를 받고 나서 많은 생각이 들었다. 갤럽이 이야기하는 내 강점은 책임, 정리, 발상, 전략, 커뮤니케이션이다. 이 강점을 인정하는 것은 어렵지 않았다. 나를 잘 표현하는 특성으로 느껴졌다. 그런데 10여 년 전과 비교하면 공감, 신념, 사교성이 빠지고 정리, 전략, 커뮤니케이션이 새로 들어갔다. 그래도 신념과 공감은 10번째와 13번째에 남아 있었으나 사교성은 28번째로 밀려나 있었다.

나는 강점 진단 결과를 이해할 수 있도록 설명하는 보충 자료도 함께 받고 전문가를 모시고 어떻게 결과를 바라볼 것인가에 대한 워크숍에도 참여했다. 워크숍을 하면서 강점이라는 표현보다는 기질이나 특징으로 표현하는 것이 더 맞을 수도 있겠다는 생각도 했다. 하지만 굳이 강점이라고 설명하는 이유가 자신에게 맞는 삶을 살기 위해서는 자신이 자주 사용하는 특징을 강점으로 만들어야 해서라는 생각이 들었다.

강점을 아는 게 성장의 첫걸음이다

10여 년 전의 진단과 이번 진단 결과를 보면서 강점을 새롭게 이해하게 된 점이 있었다. 하나는 기질적으로는 잘 사용하지 않지만 의도를 가지고 사용하면 강점이 될 수 있다는 것이다. 다른 하나는 내가 잘 사용하는 특징이 강점으로만 작용하는 것이 아니라 나를 힘들게 하거나 때로는 약점으로 작용할 수 있다는 것이다.

나는 기본적으로 내향적이라고 생각한다. 사람들을 만나고 의사소통하고 시간을 보내는 것을 피하지는 않지만 즐겨하지는 않는다.

10여 년 전의 진단에서는 사교성이 톱 5에 있었다. 그때도 참 의아하게 생각했지만 그런가 보다 했다. 그런데 이번 진단에서 사교성이 34개 항목 중에 28번째로 밀려난 것을 보며 다시 고민에 빠졌다.

　워크숍 진행 강사는 자신의 재능은 80% 가까이는 바뀌지 않는다고 하며 다소 타고나는 것이라고 했다. 그러나 내 진단 결과는 다르게 이야기하고 있었다. 그래서 내가 무엇이 바뀌었는지를 생각해 보았다. 당시에는 새로운 사람을 만나고 잘 모르는 사람들과 협업해야 하는 일이 많았다. 그러다 보니 의도적으로 사람들을 만나려고 했고 그렇게 행동했던 내 모습이 진단에 나타났던 모양이다. 처음 만나는 사람에게 무조건 인사를 했던 것처럼 말이다. 반대로 지금은 억지로 다른 사람을 만나야만 하는 일이 거의 없고 혼자서 보내는 시간이 늘어나면서 내 본성이 드러났다. 강사가 34가지 재능을 순서대로 이야기하면서 마지막 10여 개는 파티 가면과 같은 것으로 필요한 경우에만 사용하는 것이라고 했다. 그런데 과거에는 사교성과 관련한 활동을 너무 자주 하면서 마치 내 강점처럼 됐다. 즉 강점도 원하면 불편하긴 해도 만들어낼 수도 있다. 당시 내가 그랬다는 것을 알았다.

　다른 하나는 내 톱 5에 커뮤니케이션이라는 강점이 있는 것이었다. 나는 항상 소통을 중요하게 생각했기에 커뮤니케이션이 강점이라는 것에 기분이 좋았다. 그런데 갤럽이 말하는 커뮤니케이션이라는 강점은 의견을 주고받는 것을 잘하는 것이 아니라 자신의 의견을 잘 전달하는 것이라는 설명을 듣고는 바로 우울해졌다. 언제 어떤 상황에서도 내 의견을 이야기하고 있는 내 모습이 바로 겹쳐 보였기 때문이다.

의견을 잘 표현하고 전달하는 것은 분명 장점이다. 그러나 때와 장소와 방법을 가리지 않고 의견을 전달해온 내 모습에서 커뮤니케이션은 장점보다는 단점에 더 가깝다는 생각이 들었다. 갤럽도 설명하고 있지만 강점이 항상 강점은 아니다. 잘 사용할 때는 강점이 되지만 그렇지 못한 경우에는 약점이 될 수 있다. 갤럽의 강점 진단에서는 맹점 또는 그림자라는 표현으로 강점이 잘못 사용될 때를 알려줬다. 즉 갤럽에서 말하는 강점은 내가 자주 사용하는 특성이라고 말하는 것이 더 맞을 것이다. 이것을 긍정적으로 표현해서 강점이라고 해석하거나 자주 사용하는 특성을 강점으로 만들자는 것으로 생각하면 되겠다.

그럼에도 정말 중요한 것은 자신의 강점을 아는 것이다. 나는 무엇을 잘하고 어떤 점에서 다른 사람과 다르고 언제 편안하고 에너지가 어떤 방향으로 향하는 것을 아는 것이다. 알아야 잘 사용할 수 있다. 알고 사용해야 오남용하지 않을 수 있다. 늦었지만 커뮤니케이션이 내 강점이라는 것을 안 덕분에 이제는 그 그림자가 드리워지지 않도록 노력할 수 있게 됐다.

당신도 자신의 장점을 나열해보라. 진단을 받는 것도 방법이지만 당신의 장점, 즉 강점이 무엇인지 스스로 고민해보거나 가까운 선후배와 친구를 통해 알아볼 수 있다. 강점을 강화하려면 가장 먼저 강점이 무엇인지 알아야 한다.

강점을 강화하려면 계속 써야 한다

강점이 무엇인지 알았다면 다음은 그 강점을 사용해야 한다. 강점을 강화하는 방법은 사용하는 것밖에 없다. 운동을 잘하는 사람도 운동하지 않고 오랜 시간을 보내면 장점이라고 말하지 못한다. 악기를 아주 잘 다루던 사람도 수년을 쉬고 나면 좋아한다고는 말해도 장점이라고 말하기 어렵다. 그 사람들은 자기가 잘할 때의 모습을 알고 있기에 그보다 못한 지금의 모습을 더욱더 장점이라고 말하지 못할 것이다. 그래서 강점은 계속 사용해야 한다.

심지어는 약점에서 벗어나기 위해서도 약점을 피하는 것이 아니라 계속 부딪히는 것이 방법이다. 10여 년 전 진단에서 사교성이 내 강점이라고 나온 것처럼 말이다. 그때를 돌아보면 모르는 사람을 만나는 것은 정말 불편했다. 그런데 사람은 계속 만나야만 했다. 내가 선택한 방법이 모르는 사람을 자주 만나서 빨리 아는 사람으로 바꾸는 것이었다. 그것이 나를 사교적인 사람처럼 보이게 했던 것 같다.

하나 더, 강점을 강화하려고 한다면 강점을 가리는 단점도 알아야 한다. 단점을 모르고 강점만을 내세우는 사람은 누구도 함께하고 싶어 하지 않는다. 냉정하게 말하면 자기 강점만 내세우는 사람은 그 강점이 필요 없어지는 순간 버려지기도 한다. 자기 의견을 잘 전달하는 커뮤니케이션이라는 내 강점은 다른 사람의 말을 경청하는 태도와 함께하지 못할 때는 강점이 아니라 약점이 되어 나를 더 힘들게 했다.

단점을 없애는 것은 더 힘들지만 무엇인지 알고 인정하는 것은 반드시 필요하다. 그렇다고 장점을 잃어버릴 만큼 단점 보완에 신경을 쓰지는 말자. 타율은 낮은데 괴력이 엄청나 홈런을 치는 타자도 있다. 공은 엄청 빠른데 제구가 안 되는 투수도 있다. 이들이 스윙을 줄여서 타율을 높이거나 속도를 줄여서 제구를 잡는다면 자칫 강점마저 잃기 쉽다. 평범한 선수가 될 수도 있다. 그러나 최소 타율과 최소 수준의 제구력을 가지지 못하면 강점을 발휘할 기회조차 얻을 수 없다.

자신의 강점을 한번 적어보라. 또 강점으로 가지고 싶은 것도 적어보라. 그리고 그것을 사용하자. 혹시나 그 장점을 발휘하지 못하게 하는 치명적인 단점이 있는지도 돌아보라. 다른 사람이 내가 사용하지 않는 강점을 알아보고 그에 맞는 역할을 주는 경우는 거의 없다. 당신이 자신의 강점을 보여주어야 하고 그 역할을 찾아가야 한다. 하고 싶은 것과 잘하는 것은 다르다. 자신 있는 것은 잘한다고 하고, 하고 싶은 것은 하고 싶다고 이야기하자. 강점을 강화하는 방법은 자신의 강점이 무엇인지 알고 열심히 사용하는 것밖에는 없다.

6장
리더의 성장

실패와 성찰이 성장을 완성한다

1
단점을 직면해야 강점이 빛난다

"자신의 단점을 잘 알고 있다면 때로는 단점이 없는 사람보다
더욱더 하고자 하는 것을 이룰 수도 있다."

    단점은 고쳐야 하는 것일 텐데 함께 살아간다고 하면 어떤 생각이 들까? 당신은 몸이 아프거나 상처가 생기면 어떻게 하는가? 당연히 치료할 것이다. 어떤 경우는 흔적도 남기지 않고 치료가 되기도 하지만 어떤 경우는 흔적이 남기기도 한다.
    병이 생겼을 때 우리가 할 수 있는 방법은 여러 가지가 있다. 하나는 당연히 치료하는 것이다. 또 다른 하나는 그 병과 함께 살아가는 것이다. 병과 함께 살아갈 때는 병이 있다는 것을 잘 알고 살기도 하고 병이 없는 것처럼 살기도 한다. 어떤 분들은 암이라는 큰 병에 걸렸지만 직접적인 치료를 택하지 않고 암과 함께 살아간다.

내 안에 암이 있다는 것을 알고 조심하면서 살아가는 것이다.

암 환자라는 우울함에 지배당하지 않고 살아 있음에 감사하며 조심하며 살아간다. 삶을 포기하는 것과는 전혀 다르다. 치료라는 것이 어떨 때는 너무나 당연한 선택이지만 어떨 때는 정말 어려운 선택이 되기도 한다. 그렇지만 암이 있다는 것을 무시하고 사는 것은 도움이 되지 않는다.

상처와 단점도 나의 일부로 삼고 살아간다

마음의 상처도 마찬가지다. 나는 스트레스를 잘 받고 사실 마음에도 상처를 잘 받는 사람이다. 그냥 무던해서 이래도 좋고 저래도 좋은 사람은 아니다. 의견이 있으면 이야기하고 때로는 논쟁을 즐긴다. 내 의견을 주장할 때는 가끔 흥분하기도 한다. 화가 났기 때문이 아니라 논쟁에 너무 빠진 것이다. 그러면서 다른 사람에게 상처를 주기도 하고 상처를 입기도 했다. 논쟁에서 내 의견이 받아들여지지 않는 것보다는 그 과정 중에 오가는 또는 그 이후의 이야기에서 상처를 입을 때가 많았다. 내 진심이 전해지지 않은 것이다.

내가 상처를 주었다는 생각이 들거나 그 사실을 다른 경로로 알게 되면 언제든지 그 사실을 인정하고 사과하려고 노력했다. 때로는 내가 인지하지 못해서 사과의 시점이 늦어지기도 했지만 상처를 주는 것이 목적이 아니었기에 인지하면 상대방에게 미안하다고 했다. 그러나 반대로 내가 마음에 상처를 입으면 상대방에게 사과를 요구하기 전에 우선 나 자신을 돌아보려고 했다.

지금은 더욱 나를 돌아본다. 왜 상대방의 그러한 말이나 행동이 내게 상처가 되는지를 제일 먼저 생각해본다. 어떤 경우는 그 일이 아니라 다른 일과 연결되어 화가 증폭된 경우도 있었다. 어떨 때는 애정이 넘쳐서 오히려 상처받거나 주기도 했다. 가끔은 내가 예민해서 상대방은 상처줄 생각도 없었고 상처주었다고 생각하지도 않는데 혼자서 상처를 입은 경우도 있다. 그럴 때는 내 마음을 다스리면 많은 경우 해결이 된다. 내가 바뀌어야 할 부분을 알게 해준 것에 감사했다. 때로는 그냥 접어두고 넘어갈 수도 있게 됐다. 진심어린 사과를 주고받는 것은 어쩌면 육체의 치료와 같은 것일지도 모른다.

때로는 마음의 상처가 치유되지 못하고 덮어지기도 한다. 이렇게 치유되지 못한 상처는 내 안에 남는다. 다른 것으로 가려져서 드러나지 않더라도 마음 한구석에 남아 있는 것이다. 내가 그렇다. 깨끗이 잊으면 좋다. 그러나 잊히지 않는다면 나는 상처가 있다는 것을 기억하면서 살아간다. 복수를 하기 위해서가 아니라 다음에 같은 상처를 받을 일이 있다면 그 상황을 피하거나 피하지 못한다면 미리 마음의 준비를 하기 위함이다.

나는 마음의 상처가 없는 것처럼 행동할 수는 있으나 계속 상처받으면서 살아갈 생각은 없다. 가끔은 스트레스를 받아도 남기지 않고 그냥 흘려보내는 사람들이 부럽다. 그러나 내가 그렇게 변하는 것은 쉽지 않을 거라는 것을 잘 알기에 오히려 언제 마음에 상처받는지 알고 조심하며 스트레스와 함께 살아가는 방법을 택하고 있다.

나는 단점도 일송의 상처와 같다고 생각한다. 단점도 고칠 수 있다면 고치는 것이 가장 좋다. 하지만 한순간에 고치기 어려운 것이라면 내 단점이 무엇인지 알고 인정하고 꾸준히 기억하고 고치겠다는 마음으로 살아가는 것도 하나의 방법이다. 즉 단점을 부정하지 않고 꾸준히 고치겠다는 마음으로 단점이 있는 사람으로 살아가는 것이다.

단점을 인정할 때 성장이 시작된다

병이 있는지도 모르는 경우가 많은 것처럼 단점을 모르거나 인정하지 않는 경우가 생각보다 많다. 주변 사람이나 회사는 나에게 다양한 방법으로 피드백하지만 직접적으로 단점을 마주 보는 기회로는 충분하지 않다. 보통 아주 친한 사이라도 단점을 이야기하기 어렵기 때문에 자신의 단점을 확인하려면 정말 많이 노력해야 한다. 그래서 누구라도 단점을 이야기해준다면 변명하지 말자. 먼저 그 사람에게 고마움을 표하고 단점을 인정하고 자신을 돌아보자. 만일 당신 주변에서 단점을 이야기해주는 사람이 당신 기준에 믿을 수 있는 사람이라면 특히 그렇다. 그 사람이 이야기하는 단점을 변명하기 전에 인정하자. 또한 같은 이야기를 여러 사람에게서 듣는다면 그것은 정말 당신의 단점이다. 아무도 단점을 이야기해주지 않는다면 그 자체가 치명적인 단점일 수도 있다.

단점을 알고 나면 어떤 사람들은 그럼에도 그 단점이 치명적이지 않다고 생각하거나, 소수의 의견이라고 생각하거나, 이제까지 그렇게도 잘 살았다고 하면서 무시한다. 그러나 많은 사람은 단점을 고치기 위해서 다양한 방법으로 노력한다. 특히 치명적인 단점이라면 나는 완전히 고치지는 못해도 완화해야만 한다고 생각한다. 강점에 집중하는 것은 너무나 중요하다. 그러나 단점이 그 강점을 발휘하지 못하게 한다면 그때는 이야기가 달라진다.

단점을 고치는 것은 너무나 어렵다. 나는 어려서부터 다혈질이라는 말을 많이 들어왔다. 내가 봐도 나는 가끔 폭발하면 누구도 말리기 어려운 상태가 되었다. 지금은 참 많이 좋아졌다. 그래도 내 생각에 아주 가끔은 조금이라도 옛날 버릇이 나온다. 그럴 때 주변 분들의 표정이나 행동을 보면 그럴 줄 알았다고 하는 것 같다. 그만큼 기억이 무섭다는 것이다. 당신이 단점을 고치겠다고 마음을 먹었다면 정말 큰마음을 먹어야 한다.

그래서 더 중요한 것이 단점을 인정하는 것이다. 그리고 단점과 함께 가는 것이다. 고치기 어려운 단점이라도 본인이 정확히 인지하고 있으면 그 단점이 나올 때마다 알아차릴 수 있다. 바로 수정하지 못해도 잘못에 잘못을 더하는 일은 막을 수 있다. 사과할 수도 있다. 단점과 함께 살아가는 시작은 단점을 알고 기억하는 것이다. 모든 단점을 기억하고 살기는 너무 피곤하겠지만 치명적인 단점은 인정하고 기억하고 살아가야 한다. 회사에서뿐 아니라 가정에서도 친구 사이에서도 그렇다.

나는 앞에서 이야기한 것처럼 감정 조절이 어려울 때가 있고 스트레스를 쉽게 받는 편이다. 하지만 그 사실을 잘 알고 있어서 감정이 올라오는 것을 알아차리거나 다른 사람들이 주의를 주면 바로 인정하고 심호흡한다. 스트레스를 잘 받는 것을 알기 때문에 꾸준히 산책하면서 일에서 분리되는 시간을 가지려고 한다. 특히 스트레스를 심하게 받을 때는 내 마음을 이해하고 내 이야기를 들어주고 함께 고민해줄 사람들과 시간을 보내며 스트레스를 완화하고자 한다.

같이 일했던 팀장 중에는 자신의 단점을 인정하고 피나는 노력으로 해결한 사람이 있었다. 그 팀장은 의견 주장이 강하고 성격도 직설적이었다. 성과는 항상 잘 만들었다. 반면에 리더십 진단에서는 하위권에 머물러 있었다. 그런데 다음 해 리더십 진단에서 상위 10%에 들었다는 소식을 들었다. 그래서 그사이에 무슨 일이 있었는지를 물었다. 이야기를 듣고 놀라지 않을 수가 없었다.

변화의 시작은 인정이었다. 본인의 강한 주장이 팀원들의 입을 막고 있다는 것을 팀원들 앞에서 인정했다. 다음은 회의 시간에 자신이 발언할 시간을 정했다고 한다. 정한 시간을 넘지 않도록 시간 관리자를 두었다. 시간 관리자가 오늘 말할 수 있는 시간을 다 썼다고 하면 정말로 입을 닫았다고 한다. 하고 싶은 말이 너무나 많았지만 그때만큼은 더 이상 이야기하지 않았다고 했다. 그러자 팀원들이 입을 열고 팀 분위기가 달라졌다. 팀장으로서 하고 싶은 말을 멈추는 것이 얼마나 힘들었을지 상상이 간다. 진심으로 칭찬하고 응원했다. 반대의 경우도 봤다. 임원 혼자서 회의 시간을 다 채우는 사람이 있었다. 성과가 좋은 사람이었기에 외부 코치를 붙여서 개선해보고자 했다. 그러나 본인이 변하지 않는 것을 누가 대신할 수는 없었다. 다른 이유도 있었겠지만 결국 승진의 기회를 놓치고 자리에서 물러났다.

때로는 병을 가진 사람이 조심하기 때문에 더 건강하게 살아가는 경우가 있다. 단점도 마찬가지다. 자신의 단점을 잘 알고 있다면 때로는 단점이 없는 사람보다 더욱더 하고자 하는 것을 이룰 수도 있다. 단점이 강점을 더 드러나게 할 수도 있다. 단점을 고칠 수 있다면 고치는 것이 가장 좋다. 그렇지만 단점을 고치기 위해서 강점을 버리는 것은 경계하자. 설사 단점이 고쳐진다고 해도 장점마저 사라지면 자신의 정체성을 잃을 수 있다. 강점이 잘 드러나고 발휘될 수 있도록 단점을 잘 인지하고 반복된 실수를 하지 않도록 깨어 있으면 오늘보다 멋진 미래가 다가올 것이다.

2
실패가 성장의 길을 연다

"과거와 경험에서 배울 것인가, 그냥 잊을 것인가는
당신의 몫이다."

나는 리튬이차전지에 들어가는 양극 소재로 학위를 받았고 줄곧 관련된 일을 하면서 성장했다. 기초연구, 제품 개발, 생산기술, 생산, 증설, 사업 개발, 상품기획, 시장조사, 기술영업, 고객 대응, 품질 대응 등 다양한 업무를 경험했다. 그리고 사업부장과 최고기술책임자를 거치고 회사에서 물러났다. 다른 사람들이 보기에는 주요 직책을 거치며 성공 가도를 걸은 것처럼 보일 수도 있지만 그 안에 크고 작은 실수와 실패가 있었다. 하지만 다양한 실수와 실패에서 배운 덕분에 나는 더 단단해지고 이론가가 아니라 실무형 리더로 성장할 수 있었다.

나는 글이나 이야기로 배운 것만큼이나 몸으로 직접 경험하고 실패하면서 배운 것이 많다. 너무나 말도 안 되는 실수도 있었고 정말 몰라서 어쩔 수 없었던 경우도 있었다. 최선을 다했지만 최선만으로 답이 나오지 않는 경험도 많았다.

5~6년 전에 전기자동차나 에너지저장장치에서 화재가 다수 발생하면서 리튬이차전지의 안전성에 대한 논의가 크게 늘었다. 사실 나는 대학원에서 처음 실험하던 20대 초반 때만 해도 안전에 대한 민감도가 많이 떨어졌다. 실험하고 남은 리튬을 처리하는 과정에서 부주의로 실험실에서 폭발 사고를 겪기도 했고 분해한 전지를 잘못 관리해서 손바닥 위에서 불이 붙은 적도 있었다. 리튬이 위험하다는 말은 많이 들었지만 정말로 폭발을 일으킬지는 몰랐다. 흑연에 리튬이 들어가면 안정해진다고 논문에는 쓰여 있었지만 리튬이 삽입되어 황금색으로 변한 음극은 손바닥 위에서 갑자기 타버렸다. 글러브 박스에서 고분자전해질을 가열하다 한눈을 팔아서 글러브 박스 안을 새까맣게 재로 덮어버린 적도 있었다.

이처럼 의도하지 않은 실수나 실패는 한순간에 발생한다. 정말 다행히도 나는 조금도 다치지 않았다. 그러나 다치지 않았다는 안도감만 든 게 아니었다. 실수와 실패를 바라보는 시각도 차츰 바뀌었다. 상황을 바라보는 관점이 달라졌다. 예컨대 이러한 사고 이후에 안전에 민감해지기 시작했다. 위험한 상황을 직접 겪었기 때문에 다른 사람들이 막연히 사고가 나지 않으리라 생각하며 무심히 지나가는 일상도 다른 눈으로 바라볼 수 있었다. 지금도 실험실을 방문하면 위험 요소가 먼저 눈에 들어온다.

최선을 다한 실패는 성공의 씨앗이 된다

수주에 실패한 과제에 열심히 대응한 덕분에 정말 중요한 과제를 수주한 경험이 있다. 앞에서 여러 번 언급한 GM의 과제다. 2000년대 후반에는 시장에서 살 수 있는 제대로 된 전기자동차가 없었다. 도요타가 만든 하이브리드 차량인 프리우스 정도가 전기의 도움을 일부 받는 수준이었다. 그런데 GM이 하이브리드 시스템 개발을 하면서 배터리 공급사 선정 공고를 냈다. 우리는 준비가 부족했지만 최선을 다해서 달려들었다.

그러나 나중에 알고 보니 이미 일본 업체로 내정된 과제였다. 입찰이라는 형식을 갖추기 위해 우리를 부른 것이었다. 그런 사정을 몰랐던 우리는 사사건건 트집을 잡는 고객을 하나씩 설득해갔다. 제안 발표를 하러 간 출장 중에 문제점을 지적받고는 출장팀을 나눠서 일부는 즉시 귀국해서 상황을 정확히 전달하고 주말과 야간에 새로운 시험을 하며 문제를 해결할 수 있다는 가능성을 찾았다. 현지에 남아 있던 나는 그 결과를 모아서 다시 제안을 했다.

그때 들었던 말이 아직도 생생하게 기억난다. 지금까지는 GM이 LG를 힘들게 했는데 이제는 LG가 GM을 힘들게 한다고 했다. 이 말은 내게 우리 노력에 대한 찬사로 들렸다. 결국 그 과제에서 탈락했다. 하지만 입찰 과정에서 보여준 우리의 성실성과 적극성이 GM 관계자들 뇌리에 남았다. 덕분에 세계 최초 양산형 전기자동차라고 GM이 이야기했던 볼트Volt 프로젝트에 공급사가 됐다. LG화학을 GM의 최우수 공급사로 만들어준 세계 최초의 양산형 전기자동차 중 하나인 볼트는 2010년 세상에 출시됐다. 내정된 업체가 있다는 것을 알고 나서 구색만 갖추는 수준에서 대응했다면 우리에게

올 수 없었던 과제다. 지금의 LG에너지솔루션이 세계 최고의 전기자동차용 전지 공급사로 성장하는 시작이 된 것이다.

중국산 장비를 사면서 배운 것도 있다. 원가 경쟁력이 너무나 중요하게 인식되면서 국산 장비만 사용하던 생산라인에 중국산 설비를 들여놓으라는 지시를 받았다. 중국산 설비에 대한 막연한 거부감을 뒤로하고 중국을 돌아다니기 시작했다. 정보가 너무나 없어서 다른 사람에 맡길 수만은 없었다. 10여 개의 업체를 현지에서 직접 돌아보니 2014~2015년에는 중국산 설비를 도저히 사용할 수 없다는 결론에 도달했다. 그럼에도 회사는 중국산 설비가 필요하다고 했다. 그래서 그중에 가장 단순하고 생산에 영향을 덜 줄 것으로 판단한 설비를 도입하기로 했다.

나는 중국산 설비의 실패를 미리 가정하고 대안도 준비했다. 대금은 착수금 없이 설치 완료 후에 100% 지급하기로 했고 여러 대 중에 한 대만 중국산 장비로 발주하면서 중국산 장비와 국산 장비의 입고 시점을 조정해서 실패하는 경우 바로 국산 설비로 변경할 수 있도록 준비했다. 결과적으로 중국산 장비는 실패했다. 내 관점에서는 비용도 지급하지 않았고 국산 장비도 미리 준비해두었기에 중국산 장비 도입은 실패했지만 예산이나 일정에 문제가 없다고 생각했다. 그런데 문제는 그 이후에 발생했다. 추가 설비 증설을 담당한 책임자가 비용 절감을 목적으로 폐기하기로 했던 그 중국산 장비를 라인에 설치한 것이다.

설치 이후 추가적으로 개선과 관리를 통해 성공했으면 좋았겠으나 역시나 실패했다. 그런데 그 실패의 책임이 내게 넘어왔다. 사정을 전혀 모르는 신임 본부장이 누가 중국산 장비를 결정했느냐고 물은 것이다. 아무도 내 편을 들지 않았다. 폐기한 장비를 다시 설치한 사람들은 입을 다물었다. 결국 내가 징계받았다. 나만이 아니라 함께 장비를 검토했던 부하직원들도 함께 징계받았다. 부하직원들만이라도 징계받지 않게 해달라고 본부장님께 사정했으나 거절당했다.

이후에 그 일과 관련된 사람에 대한 신뢰가 무너졌다. 같이 일한 직원들은 내 탓은 아니라고 했지만 다시는 새로운 도전을 하지 않을 것이라고 했다. 정말 마음 아픈 순간이었다. 그럼에도 배운 것이 있다. 내가 믿을 사람은 나를 믿는 사람이라는 것이다. 그날 이후 나는 그 일과 관련된 사람들을 더 이상 신뢰할 수 없었기에 한번 무너진 신뢰를 회복하는 것이 얼마나 어려운 일인지 몸으로 깨달았다. 그전에도 그랬지만 그 이후에는 신뢰를 얻기 위해서 계속 노력했고 신뢰를 잃지 않기 위해서 더욱 노력했다.

실패와 위기가 성장의 자양분이다

고객을 속이려고 했던 적도 있었다. 갑작스러운 주문량의 증가로 생산 속도를 올려야 했다. 하지만 고객에게 승인받은 공정에서는 속도를 올릴 수가 없었다. 증설하기에는 시간이 부족했기 때문에 공정 단축이 필요했다. 그래서 고객에게 공정 변경을 제안했다. 그런데 너무나 급하다는 회사의 사정으로 고객의 승인 이전에 단축 공정을 적용할 수밖에 없었다. 이 정도 리스크는 감당할 수 있을 줄 알았다. 여러 번의 예비 시험에서 문제없이 품질이 확보되었고 사업부장을 포함한 이해관계자들이 모여서 적용하기로 했기 때문이다.

그런데 문제가 생겼다. 장비에 이상이 생긴 것이다. 진공이 잡혀야 했는데 진공이 새면서 공기가 들어가고 제품이 못쓰게 된 것이다. 그것도 모르고 고객에게 납품했고 고객 공장에서 사용 도중에 확인하게 된 것이다. 여기까지는 잘한 것이 없다. 내가 결정한 것은 아니었지만 누가 시켜서 했는지는 중요하지 않았다. 내가 책임지는 공장에서 발생한 일이었다. 그렇지만 수습을 잘했다. 고객이 누가 공정 변경을 지시했느냐고 했을 때 내가 했다고 이야기했다. 비난의 화살은 나에게만 향했다. 나는 또 어려움을 겪었지만 이번에는 다른 사람들에게는 책임을 묻지 않았다. 문제를 솔직하게 이야기하고 나니 고객도 문제 해결에 함께 나섰다. 더 꼼꼼히 장비를 확인해서 진공 이외의 문제점도 발견했고 승인 절차도 가속하여 결과적으로는 더 많은 매출을 올릴 수 있었다. 이번에는 솔직한 문제 인정이 있어야 문제를 풀 수 있다는 것을 배웠다.

앞에서 언급하기도 했지만 팀장으로 선임된 후에 과도한 책임감과 업무에 스스로 팀장을 내려오기도 했다. 그전까지 나는 팀원이나 실무자로만 일할 줄 알았다. 관리자로 함께 일하는 법을 몰랐다. 처음 팀장이 된 후에는 팀에서 벌어지는 모든 일을 관리하려고 하면서 결과적으로 아무것도 제대로 관리하지 못했다. 힘든 시기를 겪은 덕분에 위임이 무엇인지 알게 됐다.

내가 일하던 부서가 갑자기 없어진 적도 있었다. 임원이 되고 1년밖에 지나지 않았는데 갑자기 부서가 사라졌다. 그것도 연말에 조직개편 시기에 발생한 것이 아니라 이미 조직 구성이 마무리된 후에 추가로 개편된 것이다. 구성원들은 개편된 조직으로 옮겼지만 부서장이었던 나는 갈 곳이 없었다. 당황하고 있을 때 상품기획을 해보겠느냐는 제안이 들어왔다. 다른 대안이 없었기에 상품기획으로 옮기기로 했다.

　제품 개발과 생산 관련 업무만 했던 내게 상품기획은 미지의 세계였다. 좌충우돌하는 시간을 보냈지만 덕분에 시장과 경쟁을 바라보는 관점을 배웠다. 성능이 좋은 제품이 팔리는 것은 맞지만 그보다는 시장이 요구하는 제품을 만들어야 한다는 것을 배웠다. 내가 잘하는 것을 하는 것이 아니라 시장이 원하고 경쟁에서 앞설 수 있는 제품을 만들어야 선택될 수 있다는 것을 느끼는 시간이었다.

　내가 경험한 실수와 실패를 다 나열할 수는 없다. 그런데 돌아보면 원하지 않는 부서로 이동한 것, 다른 사람 대신 책임진 것, 수주에서 열심히 하고 떨어진 것, 위험에서 안전을 배운 것들이 나를 성장시켰다. 그것이 모여서 지금의 내가 되었다. 과거와 경험에서 배울 것인가 그냥 잊을 것인가는 당신의 몫이다. 세 명이 함께 가면 스승이 있다고 공자가 이야기한 것은 배우고자 하는 마음만 있으면 어디에서나 배울 것이 있다는 뜻일 것이다. 들을 귀가 있는 사람에게 들으라고 예수가 이야기한 것도 듣고자 해야만 들린다는 말일 것이다. 무엇에서 배울 것인가는 언제나 나에게 달려 있었다.

3
시작하는 용기와 넘어짐을 응원하라

"넘어졌을 때 일어나는 것은 우리 모두에게 주어진
권한이다. 하지만 넘어진 사람에게 손을 내미는 것은
리더의 책임이다."

복권에 당첨된 사람들은 공통점이 있다. 좋은 꿈을 꾸거나 평소에 착한 일을 많이 했던 사람이 아니라 바로 복권을 샀다는 것이다. 복권을 사지 않고 당첨 번호를 적어서 주머니에 들고 다닌 사람 중에 복권에 당첨된 사람은 아무도 없다. 우리 속담에 천 리 길도 한 걸음부터라는 말도 있고 시작이 반이라는 말도 있다. 둘 다 일단 시작해야 목적한 바를 얻을 수 있다는 말이다. 이 또한 모든 사람이 알고 있다. 시작해야만 결과를 얻을 수 있다.

그런데 시작하기가 참 어렵다. 특히나 다른 사람이 하지 않고 있거나 못하고 있는 것들, 실패 가능성이 높은 것들, 자신의 역량을 넘어선다고 생각하는 것들은 시작하는 게 너무나 힘들다. 질 것이 뻔한 경기를 왜 하느냐고 하는 사람도 있다. 그럼에도 변하지 않는 진리는 시작해야 얻을 수 있다는 것이다.

시작을 어렵게 하는 많은 것들이 있다. 그중 하나는 실패에 대한 두려움이다. 우리가 받은 교육과 사회 환경 때문일 수도 있지만 유독 우리는 실패를 두려워한다. 탁월한 성과를 모두 부러워하지만 실제로는 평범한 성공만 가능한 무난한 길을 가고 있는 경우가 많다. 결과가 만족스럽지 않을 때 어려운 도전을 했다는 것을 기억해주는 것이 아니라 실패한 사람이라고 책임을 무는 경우를 보았기 때문이다. 목표를 100으로 잡고 80을 달성한 사람은 실패한 사람으로, 목표를 50으로 잡고 60을 달성한 사람은 성공한 사람으로 간주하는 경우를 보았기 때문이다. 모두가 80이 60보다 더 잘한 것이라고 알지만 성공과 실패로 결과를 나누고 왜 달성하지 못할 목표를 잡았느냐고 한다.

지금은 올림픽에서 동메달을 따도 때로는 메달을 따지 못해도 과정을 인정하고 결과를 즐기는 모습이 자주 보인다. 그러나 과거에는 은메달을 따고 죄송하다고 인터뷰하는 광경을 자주 보았다. 목표한 금메달을 따지 못한 것이 잘못인 적이 있었다.

리더의 첫마디가 도전을 살리고 죽인다

리더의 일 중에서 구성원들이 새로운 도전을 계속하게 하는 것은 정말 중요하다. 반복적으로 지속해야 하는 업무를 실수 없이 처리하는 것도 매우 중요하다. 하지만 한 걸음 더 나아가기 위해서는 때로는 무모하게 보이는 도전도 필요하다.

도전이 끊이지 않게 하려면 새로운 도전을 응원하고 실패를 허용해야 한다. 도전에 대한 응원은 도전 자체를 긍정적인 시각으로 바라보는 것부터 시작한다. "좋은 생각입니다. 한번 해봅시다. 무엇이 필요합니까?"로 대화를 시작하는 것이다. "어디까지 고민해 보았습니까? 과거 경험에서 배울 점이 있습니까? 누구와 함께하면 좋겠습니까? 언제쯤 다음 이야기를 하면 좋을까요?" 등 의견을 낸 사람이 적극적으로 다음 단계를 고민할 수 있도록 하는 것이 응원이다.

반대로 바로 도전을 멈추게 하고 다시는 도전할 생각이 들지 않게 하는 비난이 있다. 비난이 아니라 냉정한 평가라고 하는 사람도 있겠지만 의견을 낸 사람으로서는 비난으로 들릴 수밖에 없는 말이다. "생각이 있는 겁니까? 지금 그걸 말이라고 하십니까? 누구는 몰라서 안 하는 줄 아십니까? 지난번에 해본 것이지 않습니까? 알아서 해보고 결과를 가져오세요. 잘못되면 당신이 책임지십시오." 등의 말은 비난에 불과하다.

도전에 대한 응원은 처음 나오는 말에서부터 시작된다. 평가나 비난을 먼저 한 후에는 응원과 지지는 불가능하다. 어려운 점, 안 되는 방법을 쭉 나열하고 나서 한번 열심히 해보자고 하는 것과 우선 "좋은 의견입니다. 한번 해봅시다."라고 하고 나서 어려운 점을 찾으면 말의 순서만 바꾸었을 뿐인데도 도전하려는 마음을 살린다.

어떻게든 시작하면 결과가 나온다. 예상했던 목표를 뛰어넘으면 모두의 영웅이 된다. 그런데 중간에 포기하거나 원하던 성과에 미치지 못했을 때의 반응이 조직의 분위기를 만든다. 결과가 기대에 미치지 못할 때 어떤 조직은 처음 의견을 내놓았을 때보다 더 많은 비난에 부딪히기도 한다. 그 자리에서 가만히 듣고 있기 힘든 말들이 오간다. "그럴 줄 알았다. 나는 처음부터 반대했었다. 시간과 비용이 아깝다. 이제 어떻게 책임질 거냐? 할 줄 아는 것이 뭐냐?" 같은 비난은 이야기를 듣는 당사자뿐 아니라 그 옆에 있던 다른 구성원들도 이제는 새로운 도전을 하지 않겠다고 결심하게 만든다.

도전이 계속되고 새로운 성과를 만드는 팀은 첫마디부터 다르다. "고생했다. 여기까지 한 것도 정말 잘한 일이다. 그러면 이제 무엇을 하면 되겠느냐? 어떤 부분이 아쉬운가?"와 같은 말이다. 도전했던 사람이 죄책감을 느끼게 하는 것이 아니라 아쉬움을 갖게 한다. 조금만 더 열심히 했으면, 조금만 더 고민했으면, 조금만 더 도움을 청했으면 하는 아쉬움을 느끼게 되면 다음 도전을 이어간다.

넘어지더라도 다시 일어나면 그만이다

나는 도전을 참 많이 했다. 다시 말하면 내 주변에는 도전을 응원한 사람들이 많았다. 실패에 대한 비난보다는 격려가 더 많았기 때문에 다양한 도전을 할 수 있었다. 앞에서 이야기한 것처럼 많은 실수와 실패에 주저앉기도 했지만 다시 시작할 수 있었다.

나는 지나온 과정을 모두 무시하고 결과만으로 비난받을 때 그 억울함은 말로 표현할 수가 없었다. 함께한 직원들이 다시는 도전하지 않겠다는 말도 했다. 그때 함께했던 상사 한 분이 나를 위해 이렇게 말씀하셨다. "물동이를 맨 사람만 물동이를 깨는데 물동이를 깼다고 야단을 치면 누가 물동이를 매겠느냐? 이런 걸로 기를 꺾으면 안 된다." 덕분에 다시 일어날 힘을 얻었다. 말로만 실패를 용납하는 것이 아니라 진정으로 내 편임을 느낄 수 있었던 순간이었다.

"앞으로 넘어져라Fall forward."라는 말이 있다. 배우 덴젤 워싱턴이 2011년 펜실베이니아대학교 졸업식장에서 한 연설의 일부다. 우연한 기회에 연설문을 알게 됐는데 나를 돌아보고 한 번 더 생각하게 됐다.

"내가 만일 넘어진다면 나는 내 신념을 제외하고는 어떤 것 위로도 넘어지고 싶지 않다. 나는 앞으로 넘어지고 싶다. 그러면 적어도 내가 부딪힐 것이 무엇인지를 보게 될 것이다If I'm going to fall, I don't want to fall back on anything, except my faith. I want to fall forward. At least I figure that way I'll see what I'm about to hit."

너무 멋진 말이지 않은가? 실패는 누구나 하는 것인데 실패에서 배우지 못하면 성장은 없으며 자신이 가진 능력을 과소평가하지 말고 적극적으로 사용하라는 내용으로 받아들였다.

당신이 실패를 두려워하고 피한다면 당신은 결코 무엇이 당신을 멈춰 서게 했는지 알 수가 없다. 그러나 정면으로 실패를 마주한다면 당신이 해야 할 일을, 당신이 도전해야 할 것을 보게 될 것이고 결국 실패를 넘어설 것이다.

넘어질 것이 두려워서 일어나지 않는 아이는 없다. 넘어지면 다시 일어나면 그만이다. 무엇이 나를 넘어지게 했는지만 알면 된다. 넘어졌을 때 일어나는 것은 우리 모두에게 주어진 권한이다. 하지만 넘어진 사람에게 손을 내미는 것은 리더의 책임이다.

4
순서 달기가 리더십의 본질을 드러낸다

"다양한 일들이 한꺼번에 밀려올 때 당신은 무엇을
먼저 할 것인가?"

나는 순서 달기라는 말을 좋아한다. 순서 달기는 말 그대로 무엇을 먼저 하고 어떤 것을 뒤로 미룰 것인가를 정하는 것이다. 많은 사람이 여러 가지 일이 동시에 몰려오면 선택과 집중을 해야 한다고 말한다. 하지만 나는 선택의 문제라기보다는 순서의 문제라고 생각한다. 순서를 제대로 정해야만 더 나은 결과를 얻기 위해 효율적으로 자원을 사용할 수 있기도 하다. 하지만 그보다는 더 중요한 것, 가장 소중한 것을 지킬 수 있기 때문에 이 말을 좋아한다. 물론 누구에게나 적용되는 절대적인 순서가 있을 수는 없다. 그럼에도 자신만의 기본적인 우선순위는 꼭 있어야 한다. 그게 가치관이다.

과거 KBS에 「TV 동화 행복한 세상」이라는 짧은 애니메이션 프로그램이 있었다. 그중 "인생에서 중요한 것" 편에 나왔던 이야기다. 어느 나이 많은 철학 교수가 강의 시간에 그릇을 책상에 올려놓더니 탁구공을 채웠다. 그리고 학생들에게 그릇이 다 찼느냐고 묻는다. 학생들이 다 찼다고 대답한다. 그다음에 탁구공보다 작은 자갈을 넣고 다 찼느냐고 다시 묻는다. 역시 다 찼다고 학생들이 대답한다. 그러자 이번에는 모래를 채운다. 드디어 학생들은 정말 다 찼다고 이야기한다. 대답을 듣고 나서 교수가 홍차 한 잔을 그릇에 붓는다. 홍차가 모래 사이로 다 스며들자 이렇게 이야기한다. 그릇은 당신의 인생이고 탁구공은 가족, 건강, 친구다. 자갈은 직업과 취미이고 모래는 여러 가지 자질구레한 일이다. 만일 모래를 먼저 채운다면 자갈도 탁구공도 들어갈 자리가 없다는 것이다. 마지막에 부은 홍차 한 잔은 여유라고 했다. 아무리 바빠도 차 한 잔을 할 여유는 있다는 것이다. 꼭 인생이라는 커다란 그릇이 아니어도 내게 그릇이 주어지면 나는 항상 탁구공이 무엇인지 고민하고 그것을 먼저 채우고자 한다.

가장 중요한 것을 먼저 채워야 한다

이 이야기를 가족이나 건강을 먼저 채워야 한다는 것으로 들을 수도 있다. 하지만 그보다는 무엇을 먼저 채우느냐에 따라 그릇에 채워진 것들이 달라진다는 것이다. 즉 우리 인생이 달라진다는 것이다. 이야기에서 비유했듯이 대부분의 사람도 가장 중요한 것이 무엇이냐고 물어보면 가족과 건강이라고 대답한다. 당신도 그렇게 생각한다면 먼저 당신의 그릇에 가족과 건강을 채워야 한다.

과거 한 직원의 퇴직 면담을 할 때였다. 그는 가족이 가장 중요하다고 했던 사람이었는데 회사를 옮기면 주말부부를 할 수밖에 없는 상황이었다. 그래서 가족이 가장 중요하다고 했는데 주말부부를 하는 것은 괜찮은지 물어보았더니 애매한 변명을 했다. 아마 주말부부와 가장 중요한 가족 간의 관계를 깊이 생각하지 않았던 것 같았다. 비슷한 예로 요즘은 그런 사람이 점점 줄고 있지만 은퇴한 가장이 가족 안에서 외로움을 느끼는 이야기를 듣는다. 내 아버지도 비슷했던 것 같다. 가족을 위해 지치고 힘든 몸을 이끌고 부당한 대우를 버티고 살았지만 가족들과 함께 지내는 법을 몰랐다. 과거에는 본인의 모든 것을 바쳤으니 은퇴하면 가족들이 자신을 위해 무언가 해주기를 기대했는지도 모르겠다. 그러나 가족들은 아버지가 가족을 가장 먼저 그릇에 담았다고 생각하지 않았다. 가족이 중요한 것은 너무나 잘 알지만 탁구공보다 자갈과 모래를 먼저 채웠다고 생각하는 것이다.

회사 일도 마찬가지다. 회사에서도 탁구공에 해당하는 것이 있다. 한번 잃어버리면 되찾을 수 없는 것이다. 나는 그것을 신뢰라고 생각한다. 부서가 기본적으로 담당해야 하는 일도 탁구공일 수 있다. 그런데 가끔은 모래를 먼저 채우는 경우가 있다. 예를 들면 자질구레한 고민이나 불필요한 보고와 회의다. 결정이 따라오지 않는 보고나 회의는 대부분 불필요하다. 점검을 위한 시간이 필요하다면 무엇을 점검해야 할 것인지 미리 합의해야 한다. 그 후에 무엇을 지원할지, 가던 방향을 유지하면 되는지 등 결정을 수반해야 한다. 그렇지 않으면 회의는 모래가 된다.

내가 실무자이던 시절에는 보고서의 폰트와 줄 맞춤을 하느라 하루를 보낸 적도 있었다. 문장의 단어와 조사를 선택하느라 새벽까지 회사에 남아 있었던 적도 있었다. 보고할 상사가 갑작스러운 질문에 대답을 못 하는 일이 없도록 추가 자료를 만드느라 며칠을 다른 일은 접어둔 적도 있다. 심지어 보고서를 잘 만든다는 이유로 보고서 작성이 주 업무인 사람도 있었다. 모래를 먼저 채워서 탁구공 자리가 없었던 경우다.

반대로 탁구공만으로 그릇을 채우려는 경우도 있다. 중요한 일만 해야 한다고 하는 것이다. 예를 들면 일의 진행 상황을 보고하거나 점검받지도 않고 다른 부서의 일은 내 일이 아니라고 무시하는 경우다. 내 할 일은 다 했으니 내 책임은 없다고 말한다. 그릇에 탁구공만 채우면 그릇 안의 탁구공은 제자리를 찾지 못하고 계속 굴러다니거나 밖으로 튕겨 나가게 된다. 중요한 것으로만 채웠지만 외부 충격이 오면 그 중요한 것을 지킬 수 없게 된다. 그럴 때 필요한 것이 모래다. 탁구공 사이사이를 채우고 있는 모래가 탁구공을 잡아주는 것이다.

우선순위 결정이 곧 리더십의 본질이다

한 가지 일만 하는 경우는 없다. 새로운 일이 계속 추가되고 하던 일을 갑자기 멈추기도 한다. 어제까지 가장 중요했던 일이 오늘은 뒤로 밀려나기도 한다. 이렇게 일의 우선순위를 정하는 것이 리더의 역할이다. 무언가를 포기하는 선택을 해야 할 수도 있지만 일의 순서를 바꾸는 결정을 해야 할 때도 있다. 모든 것이 다 중요하다. 그러나 이 순간 가장 중요한 것이 있다. 지금 하는 일도 중요하지만 새로운 일이 더 중요할 때 지금 하는 일을 그만두거나 잠시 뒤로 미루는 결정을 하는 것이다. 즉 조직의 전략에 맞춰 주어진 모든 것들에 순서를 매기는 것이 리더의 역할이다.

순서는 리더의 가치관에 따라 정해진다. 상사의 결정을 가장 중요하게 여기는 리더라면 누가 지시한 일인지가 순서를 결정할 것이다. 고객이 가장 중요한 리더라면 고객이 순서 결정의 기준이 될 것이다. 결과가 중요한 경우와 과정이 중요한 경우에도 순서가 달라진다. 일과 사람도 마찬가지다. 때로는 중요도 차이가 별로 없거나 결정의 기준이 없어서 일이 들어온 순서대로 하는 때도 있다. 이 모든 것이 리더의 가치관에 의해 결정된다.

한 번쯤 나는 무엇에 우선순위를 두는가를 생각해보면 좋겠다. 과거의 자신을 돌아봐도 좋고 일어나지 않은 경우를 가정해도 좋다. 다양한 일들이 한꺼번에 밀려올 때 당신은 무엇을 먼저 할 것인가? 그리고 차 한 잔의 여유는 가지고 있는가?

5
나를 성장시키는 거울 성찰을 하라

"자신을 객관적으로 바라볼 때 내가 가고 있는 방향이 보이고
다시 한번 조정할 기회를 얻을 수 있다."

 모든 사람은 성장하기를 바란다. 어제보다 나은 오늘을 살고 내일의 나는 오늘보다 나은 사람이기를 희망한다. 아무도 앞으로 지금보다 더 부족한 사람이 되고 싶어 하지 않는다. 그러기 위해서 다양한 방법으로 지식과 경험을 얻으려고 한다. 성장을 위해서는 끊임없이 지식과 경험을 축적하는 것이 참 중요하다. 그런데 여기에 잊지 말아야 할 것이 있다. 자신을 돌아보는 것이다. 현재의 내가 부족한 것은 무엇이고 잘하고 있는 것이 무엇인지를 정확히 아는 것이다. 그것을 우리는 성찰이라고 한다.
 내가 리더가 된 후에 회사는 지속적으로 360도 리더십 진단을

했다. 한 명의 리더를 놓고 상사, 동료, 부하직원들이 평가했다. 평가라고 하니 좀 냉정하게 들릴 수도 있지만 소통 방법, 의사결정 및 실행, 부하 육성 및 자기 계발 등 다양한 질문을 하고 평가자의 주관에 따라 의견을 모았다. 그런데 360도 평가를 할 때가 다가오면 몇몇 리더들은 태도가 달라지기도 했다. 말을 함부로 하던 사람이 갑자기 존댓말을 쓰기도 하고 자기 의견만 주장하던 사람이 듣는 척하기도 했다. 평가 결과가 걱정되기 때문이다. 그런다고 해서 진단 결과가 크게 달라지지는 않았던 것 같다.

360도 진단 결과가 나오면 많은 리더, 특히 초임 리더 중에는 실망을 넘어 좌절하는 사람도 있었다. 자신이 잘하고 있다고 생각한 것마저도 구성원들의 평가가 달랐기 때문이다. 여기까지는 모두가 비슷하다. 그런데 그 이후 행동은 사람에 따라 다르게 나타난다. 개선하고자 하는 사람만 있는 것은 아니다. 결과를 부정하고 중요하지 않다고 생각하는 사람도 있다. 특정 구성원의 극단적인 의견이 문제라고 생각해서 평가자를 색출하러 다니는 사람도 봤다. 시간이 지나면 자신의 마음을 알아줄 것이라고 마냥 긍정적으로 생각하는 사람도 있었고 어쩔 수 없으니 그냥 무시하고 하던 대로 계속하는 사람도 있었다. 이 차이 때문에 그 사람과 조직의 미래가 달라진다. 결과가 마음에 들지 않더라도 있는 그대로 받아들이는 사람만이 다음 진단에서 다른 결과를 마주할 가능성이 있다.

거울에 비추듯 성찰로 나를 다시 본다

다른 사람의 단점을 직접 상대방에게 이야기하는 것을 좋아하는 사람은 없다. 그러다 보니 주변 사람들에게 자신의 단점을 듣기는 참 어렵다. 본인에 대한 다른 사람의 평가를 아는 것은 자신의 성장에 너무나 소중한 기회인데 사실 그럴 기회가 별로 없다. 그래서 360도 진단이 내게는 매우 소중했다. 구성원들이 나와 다른 생각을 한다는 그 사실을 아는 것이 구성원들과 생각을 맞춰가는 시작이 됐기 때문이다. 아침에 집에서 나설 때 거울에 자기 모습을 비춰보는 것과 같다. 거울이 없는 경우를 상상해보라. 거울 없이는 자기 모습을 알아차리기가 참 어렵다. 옷이 잘 어울리는지, 단정하게 입었는지, 머리가 엉클어지지는 않았는지 거울을 보면 바로 알 수 있다. 그리고 불편한 곳이 있다면 바로잡는다. 자기 행동에 대해서도 그렇게 해야 한다. 자기 외모가 아니라 언행을 비춰볼 수 있는 거울이 필요한 것이다.

360도 평가는 내게 정말 좋은 거울이었다. 나는 언제나 결과가 나오면 실망을 먼저 했다. 모든 부분이 만족스러울 수는 없었다. 그리고 실망에서 빠져나오면 나를 한번 돌아보고 구성원들과 평가 결과를 공유했다. 진단에 담지 못한 내 이야기도 함께 나눴다. 부족하게 나온 부분에 대한 내 생각을 전달하고 구성원들이 원하는 방향을 듣는 시간을 가졌다. 나와 함께 있어서 충분한 논의가 되지 않으면 내가 했으면 하는 것을 논의해달라고 하고 자리를 비우기도 했다. 이후 구성원들이 제안한 내용을 다시 논의하면서 우선순위를 정했다. 꼭 하겠다는 약속을 하기도 했지만 어떤 경우는 그렇게 하겠다는 자신이 없어서 약속을 못 한 경우도 있었다. 그때는 노력하겠다는 말로 대신했다.

360도 진단은 리더의 행동이 가장 중요하지만 사업이나 회사의 상황에 따라서 평가자의 기준이 달라지기 때문에 매번 좋아질 수는 없다. 하지만 매번 공유하고 개선을 약속한 덕분에 결과와 상관없이 구성원들이 나를 더 잘 이해하게 됐다. 모든 의견이 받아들여지지 않는다는 것을 잘 알지만 동시에 그 의견이 무시되는 것이 아니라 상사에게 전달되고 그 의견이 고민의 대상이 된다는 것도 시간이 지나면서 알아주었다. 그러면서 360도 평가와 같은 무기명 진단이 아니라도 나를 찾아와 내가 부족한 점을 직접 이야기해주는 구성원들이 생겼다. 덕분에 조금씩 구성원들과 가까워지고 내가 성장하고 있다는 것을 느낄 수 있었다.

객관적인 시선은 개선에 대한 의지를 강화한다

내가 활용한 또 다른 거울은 상사다. 나는 적어도 1년에 한두 번은 상사가 나를 부르지 않아도 찾아가서 내 평가를 부탁했다. 이런 나를 신기하게 생각하는 사람들도 많았다. 360도 진단과 같이 객관적인 결과를 바탕으로 상사에게 내게 바라는 점을 묻기도 했지만 무언가 불편한 마음이 내 안에 올라오면 상사를 찾아갔다.

나는 다소 직설적으로 내가 부족한 것이 무엇인지, 내가 어떻게 성장하기를 바라는지, 내가 잘하고 있다고 생각하는 것은 무엇인지 물었다. 모든 상사가 정말 진지하게 대답해주었다. 내 열정에 대한 칭찬도 들었지만 그 열정을 기준으로 다른 사람을 판단하는 것과 감정이 쉽게 드러나는 것에 대한 조언을 많이 받았다. 덕분에 완벽하지는 않아도 지금 수준까지 개선할 수 있었다.

상사의 피드백은 개선하고자 하는 내 의지를 강화했다.s 피드백에 대한 개선의 정도가 다음번에 나를 평가하는 기준이 될 것이 분명하기 때문이다. 상사와의 대화는 나에게는 개선에 대한 동기부여가 되었고 상사 입장에서 생각해보면 나를 한 번 더 관찰하고 생각하게 만드는 기회가 됐을 것이다.

구성원들이나 동료들도 거울이 될 수 있다. 상사의 잘못을 직접 이야기하는 사람은 많지 않다. 친한 동료라고 하더라도 자신의 이해관계가 얽히면 솔직해지기 어렵다. 이야기하더라도 최대한 순화해서 이야기하는 것이 일반적이다. 순화한 이야기라도 작은 의견이 나온다면 거기서부터 출발해야 한다. 누군가의 이야기가 무시되거나 비판받지 않고 있는 그대로 전달되는 것을 지속적이고 반복적으로 느낄 수 있게 되면 그때부터 조금씩 더 무거운 주제를 다룰 수 있다. 어떤 이야기를 해도 괜찮은 문화를 만들어가야 한다. 그리고 반응이 있어야 한다. 그냥 듣고 입으로 고맙다고 하고 넘어가는 것이 아니라 조금이라도 긍정적인 방향의 모습으로 변화해야 한다. 그래야 다음 의견이 따라온다. 소통의 기술과 장시간 자연스럽게 만들어진 신뢰가 정말 중요하다.

열린 마음, 신뢰, 심리적 안전감이 확보되지 못하면 편향된 의견만 받을 수 있다는 것을 기억해야 한다. 긍정적인 이야기만 들린다고 해서 모든 사람이 나를 긍정적으로 보는 것은 아니다. 부정적인 이야기가 더 많다고 해서 지금 하는 것을 무조건 바꿔야 하는 것도 아니다. 거울에 비치는 모습을 보고 무엇을 바꿀지를 결정하는 것은 자신의 선택이다. 성찰의 목적은 남들과 똑같이 만드는 것이 아니라 나를 더욱 나답게 만드는 것이다. 주변 사람들이 하라는 대로 할 이유가 전혀 없다. 스스로 취사선택해야 한다. 그러나 거울에 비치는 모습이 이상하다고 거울을 보지 않는 일은 있어서는 안 된다.

우리는 완벽하지도 않고 완벽할 수도 없다. 그래서 항상 자신을 비춰볼 거울이 필요하다. 거짓말을 하지 않는 거울이 필요하다. 빨간색 옷을 파란색으로 보여주지 않고 헝클어진 머리는 헝클어진 채로 보여주는 거울이 필요하다. 그다음은 자신의 몫이다. 거울에 비친 모습이 원하는 모습이 아닌데도 옷차림을 단정하게 하지 않는다면 거울에 비친 모습을 있는 그대로 받아들이는 것이 아니라 자신의 편견을 씌워서 받아들이는 것이다. 모르는 길을 운전할 때는 누구나 내비게이션의 안내에 따라서 운전하지만 아는 길을 갈 때는 내비게이션을 무시하기도 하는 경우가 그렇다. 거울이나 내비게이션이 알려주는 것보다 내가 더 잘 알고 있다고 생각하는 것이다.

성찰은 자신의 기준으로 자신을 바라보는 것을 넘어서 조직과 사회의 기준에 따라 자신을 객관적으로 바라보는 것이다. 내가 더 많이 알고 내가 더 잘한다는 생각 위에서는 성찰할 수가 없다. 내가 최선을 다하고 있는지 아닌지는 자신만이 알겠지만 방향이 맞는지는 한발 옆에서 바라봐야 한다. 내가 고치고 싶은 것만 고쳐서는 구성원들의 마음을 얻을 수 없다. 자신을 객관적으로 바라볼 때 내가 가고 있는 방향이 보이고 다시 한번 조정할 기회를 얻을 수 있다.

6
성장을 바라는 마음이 담긴 피드백을 하라

"피드백은 언제나 상대방을 성장시키려는 목적에서
출발해야 한다."

"역사상 알려진 유일하고도 확실한 학습 방법은 피드백이다."
경영의 대가인 피터 드러커가 한 말이다. 피드백의 중요성을 이보다 더 강하게 이야기한 것은 없는 것 같다. 성찰은 일종의 자신에 대한 피드백이라고 할 수 있지만 이번에는 다른 사람에 대한 피드백에 한정해서 이야기해보자.

우리는 이제까지 다양한 피드백을 주고받아 왔다. 부모님, 선생님, 직장 상사나 동료, 친구, 심지어는 전혀 모르는 사람과도 피드백을 주고받는다. 그중 어떤 피드백은 마음속 깊이 남아서 시간이 지나도 잊히지 않는다. 반대로 어떤 경우는 그저 화를 돋울 뿐 어떤 도움도 되지 않는다. 그 차이는 아주 간단하다. 피드백을 받는 사람의 편에서 보면 얼마나 자신에게 깨어 있는지와 개선에 대한 의지가 얼마나 간절한가다.

스스로가 어떤 사람인지 자주 성찰하고 더 나은 자신을 찾는 사람에게는 다른 사람의 작은 조언도 크게 울린다. 간절하게 해결하거나 개선하고 싶은 문제가 있다면 피드백하는 사람의 태도에 마음이 가기 전에 그 피드백에서 단서를 찾으려고 집중한다. 자기 모습을 객관적으로 바라보지 못하는 사람에게는 소중한 의견도 비난으로 들리기 쉽다.

피드백하는 사람의 입장에서 보면 피드백의 목적이 상대방의 성장을 위한 것이고 그 마음이 상대에 대한 사랑에서 나오는 것일 때 피드백이 상대에게 진심으로 다가간다. 나에 대한 애정이 느껴지지 않으면 심지어 칭찬도 듣기 싫다. 상대방의 성장이 아니라 자신의 이익을 위해 하는 조언은 받는 사람이 거부감을 느끼는 것이 당연하다. 어떤 피드백도 그저 잔소리에 지나지 않는다. 그래서 피드백은 내용뿐만 아니라 형식도 매우 중요하다.

피드백의 출발은 상대방을 성장시키려는 마음이다

피드백은 언제나 상대방을 성장시키려는 목적에서 출발해야 한다. 피드백은 왜 할까? 당연히 상대방이 발전하기를 바라기 때문에 할까? 어떻게 생각하는가? 원론적으로는 맞다. 하지만 나는 피드백이 상대방의 성장보다는 자신의 이익을 위해서 이뤄지는 것을 자주 봐왔다.

조용히 앉아서 공부하라고 하는 선생님의 마음에는 학생들을 편하게 관리하려는 마음이나 학생들의 좋은 성적을 자신의 몫으로 과시하고 싶은 마음이 들어 있을 수도 있다. 부모도 지치고 힘들면 본인이 쉬기 위해 자녀의 행동을 제한하기도 한다. 회사는 더 그렇다. 구성원 한 명 한 명이 성장해서 개인과 조직에 더 큰 성과 만들어주기를 바라는 마음만 있는 것은 아니다. 자기 업무를 좀 줄여보고 자기 성과를 높여 인정받고자 하는 의도가 있는 경우도 많다. 어쩔 수 없다. 이것을 비난하고자 하는 것이 아니다. 그럼에도 구성원의 행동이 긍정적인 방향으로 변하고 있다면 좋다.

그러나 당신이 피드백하는 만큼 구성원들의 행동이 달라지지 않는다면 한 번 생각해볼 필요가 있다. 지금 이 피드백은 누구를 위한 것인지 말이다. 내 상사 한 분은 "치인불치治人不治 반기지 反其智"라는 말을 자주 했다. 다른 사람이 다스려지지 않으면 자신을 돌아보라는 맹자의 말이다. 나는 주장이 강한 사람이었다. 내가 맞는다고 생각하는 동안에는 뜻을 잘 굽히지 않았다. 그래서인지 어떨 때는 내 의견이 맞는 것으로 판명되어도 다른 사람들이 잘 받아들이지 않는 경우도 있었다. 나는 의견을 내고 주장하는 것이 회사를 위한 것이고 사심이 없다고 했지만 다른 사람들이 듣고 보기에는 불편했던 것이다. 그 사람들을 성장시키려는 마음이 없었기 때문이다.

하지만 내 팀원들과 이야기할 때는 달랐다. 다른 조직과의 회의에서는 목소리를 높이고 다른 사람의 의견에서 잘못된 것을 찾으려고도 했지만 팀원들과 이야기할 때는 그들의 성장이 내 성장이라는 생각을 항상 가지고 있었다. 덕분에 구성원들에게 큰소리를 낸 적이 없었다. 때로는 시간에 쫓기고 잘못된 결과가 눈에 보이는 것 같았지만 스스로 생각할 수 있도록 질문하고 고민할 시간을 줄 수 있었다. 일의 성과만큼 구성원들의 성장이 소중하다는 것을 알았기 때문이다. 서로가 원하는 수준의 성장을 이뤄내지 못한 때도 있었다. 그러나 구성원들에게서 일에 대한 주인의식과 열정은 언제나 찾을 수 있었다.

구성원의 성장을 위해 그들을 사랑하는 마음에서 피드백하려고 한다면 형식도 한번 고민해야 한다. 나는 피드백에서 가장 중요한 것 중 하나가 받는 사람의 동의라고 생각한다. 상대가 피드백을 받겠다는 마음이 있어야 한다. 상대가 그렇게 생각하지 않는다면 어떤 이야기도 그저 듣기 싫은 잔소리에 지나지 않는다.

동의를 끌어내는 시작은 사실을 공유하는 것이다. 가장 쉬운 방법은 물어보는 것이다. 예를 들어 상사 관점에서 보고서가 마음에 들지 않지만 아직 시간이 더 있다면 어떤 부분을 보충하고 싶은가를 물어보는 것이다. 원하는 성과가 나오지 않는다면 무엇이 부족하다고 생각하는지 물어보는 것이다. 이야기가 오가다 보면 외부 문제로 넘어갈 수 있다. 그럴 때는 외부 이야기는 잠시 접어두거나 상사가 해결해보겠다고 하고 본인이 할 수 있는 일이 무엇인지 물어보는 것이다. 그리고 나서 상사의 생각이 서로에게 도움이 될 것이라고 합의가 된다면 그 부분을 중점적으로 피드백하는 방법이 있다.

상대방이 전혀 감을 잡지 못하면 상사가 이야기할 수도 있다. 개선이 필요한 부분을 큰 그림에서 이야기하고 상대방에게 동의하는지를 물어본다. 그럼에도 동의하지 않는다면 그때는 피드백하기에 적절한 시간이 아닐 수 있다. 시간 여유가 충분히 있다면 그 부분을 생각해보고 다시 이야기하자고 하는 것도 좋다. 피드백의 대상이 동의하지 않으면 어떤 피드백도 긍정적으로 받아들여지기 어렵다.

상대방의 동의를 끌어내려면 언제나 사실을 기반으로 이야기해야 한다. 지각에 관해 이야기하려면 일단 지각한 것만 두고 시작해야 한다. 지각에 따른 영향은 사람마다 다르게 생각할 수 있다. 리더가 보고 중에 상사에게 혼났다고 해서 무작정 부하직원들에게 화를 낸다면 아무도 자신들이 변해야 한다고 생각하지 않는다. 상사가 지적한 부분을 상사와 자신의 감정을 빼고 있는 그대로 전달하는 것이 먼저다. 예를 들어 상사에게 자신이 직원들과 함께 세운 일정 계획이 너무 느슨하다는 지적을 받았다고 해보자. 그럼 왜 상사는 더 빠른 일정 내에 그 일을 마무리해야 한다고 생각하는지를 구성원들에게 전달하고 다시 일정을 짜야 한다.

스스로가 상사의 생각에 동의가 안 된다면 구성원들에게 일정을 다시 짜자고 이야기하기 전에 상사와 합의해야 한다. 왜 더 빨리 마무리해야 하고 그러기 위해서 지원받을 수 있는 것이나 희생해도 되는 것이 무엇인지를 묻고 그 답을 구성원들에게 전달해야 구성원들과 상사의 생각이 반영된 일정을 다시 짤 수 있다. 상사에게서 적절한 답을 얻지 못했다면 나도 그 부분이 궁금한데 아직 답을 얻지 못했다고 이야기하고 시작할 수도 있다. 이 모든 경우에 감정이나 추정이 아니라 사실을 기반으로 해야 한다.

사실에 근거해야 피드백이 성장으로 이어진다

코칭 공부를 하면서 사실과 생각을 구분하는 연습을 했다. 지각이 잦은 사람은 게으르다고 할 수 있을까? 지각이 잦은 것은 사실이지만 게으르다는 것은 생각이다. 왜 지각했는지를 알기 전에는 말이다. 지각을 예로 든다면 왜 지각했는지 물어봐야 한다. 늦잠을 잤을 수도 있지만 갑작스러운 사고가 있었을 수도 있다. 늦잠을 잤다고 해도 한 번 더 왜 늦잠을 잤는지 물어봐야 한다. 전날 과음을 했을 수도 있지만 스트레스에 불면증이 있을 수도 있다. 혹은 업무를 늦게까지 하느라 잠자리에 늦게 들었을 수도 있다. 지각의 원인에 따라 피드백 내용이 완전히 달라질 것이다.

나도 내가 지시한 일과 다른 방향으로 일이 진행되어 구성원들과 함께 이야기한 적이 여러 번 있다. 왜 그렇게 했는지를 물어보면 다들 이유가 있었다. 나보다 윗사람이 다르게 지시해서 그 일을 하고 있는 경우도 있었다. 내 생각에 동의가 안 되어서 그런 경우도 있었다. 내 지시를 이해하지 못해서 그렇게 하기도 했다. 어떤 때는 내가 지시한 내용을 실행할 환경이 갖춰지지 않아서 그런 적도 있었다. 각각의 경우 피드백은 당연히 달랐다. 윗사람의 다른 지시가 있었다면 그 내용을 함께 이야기하고 우선순위를 정했다. 내 지시를 이해하지 못했거나 실행할 수 없는 환경이라면 다시 한번 지시하고 제반 환경을 점검했다. 내 생각에 동의하지 못하는 경우는 논쟁하기도 했지만 본인 생각대로 먼저 해보라고 했다. 때로는 시간이 더 걸리기도 했지만 정확한 의사소통과 방향 설정이 결국에는 원하는 결과를 가져왔다.

피드백이라고 하면 질책을 먼저 생각하고 개선 과제를 논의하는 것으로 생각하기 쉽다. 하지만 지금 하는 일을 유지하고 발전시키기 위한 칭찬도 꼭 필요한 피드백이다. 칭찬도 사실을 기반으로 상대방이 동의하는 내용을 이야기할 때 더 긍정적인 효과가 따라온다. "고생했어." "수고했어." "덕분이야." 등과 같은 칭찬은 모두 직원들이 상사에게 듣고 싶어 하는 이야기다. 그러나 그 이유를 함께 언급해야만 그 행동을 유지하고 발전시키는 것이 가능하다. 예를 들어 같은 보고서에 대한 칭찬이라도 보고서를 요약하느라 수고했다고 하는 것, 오탈자를 찾아 고치느라 고생했다는 것, 상사의 지시에 딱 맞는 내용을 찾아주어서 고맙다는 것은 각각 느낌이 다를 것이다. 칭찬도 이유와 함께 전달해야 한다.

7
존중 없는 피드백은 상처만 남는다

"칭찬할 일이 생기면, 수정할 것을 발견하면 그때가 바로 피드백이 필요한 시점이다."

리더가 피드백할 때 사실을 기반으로 상대방의 동의를 얻었다 하더라도 상대방을 성장시키겠다는 마음을 항상 간직해야 한다. 그 기본이 존중이다. 고개를 숙이고 존댓말을 하는 것만이 존중이 아니다. 존중의 기준은 각자의 마음속에 있다. 내가 우월하다고 생각하는 순간 존중은 어렵다. 이런 마음으로 하는 피드백은 진정한 피드백이 아니다. 그건 간섭이나 잔소리로 보일 뿐이다. 직급이나 직위는 회사에서 역할이 다른 것일 뿐이지 누구도 인간적으로 더 우월하다고 할 수 없다.

존중이 담길 때 피드백은 마음에 닿는다

피드백에서 존중을 보여주는 기본은 피드백하는 말투와 때와 장소다. 존댓말을 사용하는 것으로 존중을 표현하는 사람이 많다. 여기에 덧붙여서 나는 무시하는 말투를 사용하지 않는 것이 더 중요하다고 생각한다. 말뿐만 아니라 표정과 행동도 존중의 마음이 들어 있어야 한다. 짜증이 난 표정으로 지나가면서 "그래, 수고했다."라고 말한다면 그 말이 진심이라고 생각하는 사람은 아무도 없을 것이다. 피드백 순간에만 존중하는 마음을 가질 수는 없다. 평소 짧은 대화와 만남에서 쌓아야 한다. 무너지지 않는 공든 탑을 진실한 마음으로 꾸준히 쌓아야 한다.

때와 장소도 고려해야 한다. 칭찬이라고 해서 아무 때나 모두가 있는 곳에서 하는 것이 가장 좋은 것은 아니다. 다른 사람들에게 강요하는 것으로 들리거나 그 사람을 편애하는 것으로 보일 수도 있다. 그렇지만 모두가 알아야 할 것이고 모두에게 해당하는 일이라면 공개적으로 피드백해야 한다. 개별적으로 피드백하면 팀장이 그 사람을 편애한다고 생각하거나 그 사람만 다른 정보를 가지고 있다고 생각해서 팀원들이 불편할 수 있다. 그러나 한 사람에게만 해당하는 일이고 당사자가 그 사실이 공유되기를 원하지 않는다면 별도의 시간과 공간이 필요하다.

"내 방으로 오세요."라는 말로 별도의 시간과 공간을 마련할 수 있는 것은 아니다. 때로는 따로 만나고 있다는 사실조차 모르게 할 필요도 있다. 나는 개인 상여금과 같이 큰 보상이 따르는 칭찬은 결국은 알게 되더라도 최대한 비밀을 유지하려고 노력했다. 그러나 같은 포상이라도 조직을 대상으로 한다면 공개적으로 했다.

다음으로 때를 정할 때는 나와 상대방의 감정을 살폈다. 칭찬이든 지적이든 그 순간에 바로 하는 것이 좋다고 하지만 지금 서로가 편안한지 아니면 아주 바쁜 가운데 있는지에 따라 같은 이야기도 다르게 전달되리라 생각했다. 감정이 사실을 이기는 경우가 많았기 때문이다. 그리고 피드백이 분초를 다투는 일과 연관된 것이 아니라면 업무가 한창 바쁠 때보다는 조금 여유가 있을 때로 시간을 정했다. 그래야 시간에 쫓겨서 충분한 피드백을 못 하는 일을 최소화할 수 있었다. 여유가 있어야 마음도 나눌 수 있기 때문이다.

매 순간 피드백으로 최적의 길로 가야 한다

피드백에 대한 내 생각을 바꿨던 사건이 있었다. 갑작스러운 조직 통폐합으로 상품기획으로 이동했을 때다. 연구개발과 생산만 담당했던 나는 상품기획이 뭔지 제대로 알지 못했다. 제품을 개발하며 고객과 소통을 많이 했지만 대부분 가까운 미래를 위해 지금 하는 일을 논의하는 시간이었다. 소통도 항상 명확한 사실을 기반으로 했다. 그렇지만 상품기획은 미래 고객의 마음을 읽는 것이다. 세상에 없는 어떤 제품이 고객의 마음에 들지 아닐지를 찾아가는 것이다.

나는 그런 일이 처음이었다. 그래서 직원들과 직접 소통하기로 했다. 임원급 조직이었으나 수백 명의 직원과 분초를 다투는 생산 현장과는 다르게 팀은 2개, 구성원은 13명 정도에 지나지 않았다. 모든 직원과 일대일 면담을 처음 했다. 그때가 2016년이었다. 다시 팀장이 된 지 7년이 지나서야 처음으로 구성원 모두와 일대일 면담을 한 것이다. 1년 2개월 상품기획 담당으로 있는 동안 세 차례 개인 면담을 했다.

처음은 서로를 알아가는 시간이었다. 하고 있는 일에 대한 기본적인 이해부터 취미, 특기, 앞으로 하고 싶은 일 등을 형식 없이 이야기했다. 누구와는 산책하며 대화를 나눴고 어느 직원과는 커피숍에서 시간을 보냈다. 두 번째 미팅은 상반기 평가에 대해 피드백을 했다. 팀장들도 했지만 나도 따로 했다. 한 명 한 명에게 상반기 성과를 이야기하고 내가 기대하는 점과 본인이 기대하는 점을 서로 확인했다. 6개월이 더 지나고 세 번째 미팅은 연간 평가와 신년 계획을 이야기했다. 고과로 B를 주었다면 왜 B를 주었는지와 어떻게 하면 A를 받을 수 있을지를 이야기했다. C를 받은 직원은 결국 수긍하지 못했지만 같은 방식으로 내 생각을 전달했다.

내가 부서를 다시 옮기게 됐을 때 13명 모두에게 개인적으로 이메일을 보냈다. 내가 1년 2개월 동안 파악한 장점과 개선했으면 하는 점을 적었다. 부서원 한 사람 한 사람에게 그 사람의 성장에 대한 바람을 담아서 글을 적었다. 생각보다 오래 걸리지 않았다. 모두에게 답장이 왔다. 출근길에 눈물을 감추느라 고생했다는 사람도 있었고 계속 간직하고 다시 읽어보겠다는 사람도 있었다. 그전에도 나는 구성원의 성장을 진심으로 바랐지만 점점 더 구성원을 생각하는 리더가 되어가고 있었다.

그다음부터 일대일 면담은 내게 가장 중요한 일정이 됐다. 1,300명과 함께 한 최고기술책임자 시절에는 1,300명을 일대일로 만날 수는 없었지만 130명 정도 됐던 임원과 팀장들은 모두 일대일 면담을 진행했다. 직원들과 한 달에 두세 번씩 오찬 간담회를 열어서 원하는 사람들과 그들이 듣고 싶어 하는 이야기를 나누는 시간을 가졌다. 가끔은 신청자가 없어서 취소되기도 했지만 다양한 직원들을 만나는 소중한 시간이었다.

중요한 피드백 중 하나인 평가는 힘든 과제였다. 처음 팀장이 되고 가장 어려운 것이 연말 평가였다. 어떤 평가를 해도 잡음이 항상 있었다. 평가만큼은 냉정하고 객관적으로 하려고 했지만 평가받는 사람은 다르게 느낄 수밖에 없었다. 나도 그랬다. 상품기획 담당 시절처럼 작은 조직이고 지속해서 만났을 때는 그래도 수월했다. 하지만 조직에서 일어나는 일을 구석구석 알 수 없을 때는 내 생각만으로 평가하기가 솔직히 두려웠다. 그때 사용한 방법은 투표였다. 우리 팀에 가장 기여를 한 사람 3명과 그렇지 못한 사람 3명을 적으라고 했다. 가장 기여한 사람으로 선정된 사람에게는 공개적으로 작은 선물을 주었다. 가장 못한 사람은 나만 알고 있었다. 무기명으로 진행한 투표 결과는 내가 생각하는 것과 별 차이가 없었다. 그러면 편안하게 연말 평가를 진행했다. 한두 명은 내 생각과 다른 평가를 받았다. 그러면 다시 한번 다른 사람들의 의견을 듣거나 관찰했다. 그래도 의미 있는 사실을 발견하지 못하면 그다음 해에 더 관심을 가지고 지켜봤다.

평가도 중요한 피드백이다. 나도 하위 평가를 줘야만 해서 정말 고생했다. 한번은 팀 평가에 따르면 C가 나와야 하는 팀이 아니라 다른 팀 구성원에게 C를 주었다. 나를 비롯해서 다른 사람들이 객관적으로 볼 때 해당 직원이 전체 13명 중에 가장 부족하다고 생각했기 때문이다. 그래서 양쪽 팀장과 먼저 논의하고 그 팀원을 불러서 그 사람의 성과와 기대치 그리고 다른 사람과의 차이를 설명하고 C를 주었다. 그는 알았다고 하고 돌아갔지만 결국 부서를 떠났다. 지금도 같은 상황이 오면 같은 평가를 할 것이다. 덕분에 남은 사람들이 평가에 대한 객관성과 소중함을 느꼈다고 믿기 때문이다.

내가 사업부장과 최고기술책임자로 있던 시절 팀원 평가에 대한 이의 신청을 받은 경우도 있었다. 둘 다 C를 받은 직원이 인정할 수 없다고 항의했다. 팀장과 그 위 임원, 인사팀과도 조정했지만 합의가 되지 않았다. 같은 예였지만 처리 방법은 달랐다. 한 사람은 그대로 C를 유지하되 개인 성과급을 통해 금전적인 보상을 해주었다. 다른 사람은 금전적인 보상은 전혀 없었지만 평가를 B로 변경해주었다. C를 유지한 경우는 기대치보다 성과가 낮았던 것은 맞으나 팀장과 임원이 평가 기준과 성과에 대해 충분히 설명하지 못한 것이라서 평가 기준에 대해 다시 정확히 설명하고 평가는 유지했다. 하지만 평가 과정에서 입은 상처를 조금이나마 금전적으로 보상했다. 다른 경우는 여러 사람에게 물어봐도 그 팀원이 C를 받을 만큼 일을 못한 것은 아니라고 했다. 다소 주관적인 지표가 개입되어 C를 받았던 것을 알게 됐다. 당사자와 면담을 해보니 자신에게 중요한 것은 금전적인 보상보다는 기록이라고 했다. 인사팀과 기록을 바꿀 방법을 찾았다. 추가적인 보상은 하지 않았지만 최소한의 자존심은 지켜주었다. 이렇게 평가는 언제나 힘들었다. 그래도 객관적인 기준으로 솔직하게 소통한 덕분에 다음 해에도 평가를 할 수 있었다.

피드백은 지속적으로 해야 한다. 1년에 한 번, 분기에 한 번 하는 정기 면담 시간에 큰 그림의 피드백을 해야 하고 매 순간순간에도 적절하게 피드백해야 한다. 그래야 피드백을 구하는 것이 쉬워진다. 눈빛만 봐도 아는 것은 없다. 수시로 서로가 의견을 주고받고 필요한 것을 수정해야 한다. 내비게이션을 따라 길을 갈 때 실시간으로 교통 상황을 파악해 최적의 경로를 안내받으면서 얼마나 편해졌는가? 출발하기 전에 지도를 놓고 갈 길을 정하고 그대로 가던 예전은 기억도 나지 않는다. 길을 찾아가는 것도 그런데 자기 삶이나 회사 일은 어떻겠는가? 순간순간 피드백을 받고 최적의 길로 가야 하는 것이 너무나 중요하다. 칭찬할 일이 생기면, 수정할 것을 발견하면 그때가 바로 피드백이 필요한 시점이다.

에필로그
당신은 이미 리더의 길 위에 있다

누군가의 이야기를 듣고 함께 방향을 고민하고 결정의 무게를 나누는 순간부터 리더십은 시작된다. 조직에서 맡은 역할보다 관계에서 보여주는 태도가 더 많은 것을 말해준다. 이 책에 담긴 이야기들은 완성된 리더의 이야기가 아니다. 실수했고 망설였고 때론 외면하고 싶었던 순간들을 지나오며 배운 것들이다. 사람들과 함께 일하며 무엇이 중요한지를 질문하고 다시 실천했던 흔적들이다.

리더는 완벽할 수 없다. 상황은 예측할 수 없고 사람은 기대처럼 움직이지 않는다. 그럴수록 리더는 자신을 돌아봐야 한다. 나는 어떤 마음으로 이 자리에 서 있는가, 내 말과 행동이 조직에 어떤 영향을 주고 있는가 등을 스스로에게 물을 수 있어야 한다. 때로는 불편한 답을 받아들이며 다시 나아가야 한다.

리더십의 중심에는 성찰이 있고 실행은 그 성찰의 결과로 이어져야 한다. 잘 듣고 정확히 전하며 끝까지 책임지는 일은 리더의 가장 기본적인 역할이다. 작은 일이라도 꾸준히 실행하는 리더가 조직에 신뢰를 만든다. 그리고 그 신뢰가 결국 구성원을 움직이고 함께 나아가는 힘이 된다.

리더십은 혼자서 완성하는 것이 아니다. 구성원들과 함께 부딪히고 함께 고민하고 함께 실천할 때 리더십이 만들어진다. 조직도 리더와 생각을 나누면서 함께 성장한다. 리더십은 누구에게나 가능한 여정이다. 지금 이 글을 읽고 있는 당신 역시 그 길을 걷고 있다. 조금 부족하고 때로는 불안할지라도 고민하고 들으려 하고 움직이려는 당신은 이미 좋은 리더다.

리더는 특별한 사람이 아니라 함께 가는 사람이다.

리더가 되기 전에 알았더라면 좋았을 것들
세상의 대문자 T들을 위한 리더십 수업

초판 1쇄 인쇄 2025년 11월 24일
초판 1쇄 발행 2025년 11월 28일

지은이 신영준
펴낸이 안현주

기획 류재운 **편집** 안선영 **브랜드마케팅** 이민규 **영업** 안현영
디자인 표지 정태성 본문 장덕종

펴낸곳 클라우드나인 **출판등록** 2013년 12월 12일(제2013-101호)
주소 우) 03993 서울시 마포구 월드컵북로 4길 82(동교동) 신흥빌딩 3층
전화 02-332-8939 **팩스** 02-6008-8938
이메일 c9book@naver.com

값 20,000원
ISBN 979-11-94534-50-1 03320

* 잘못 만들어진 책은 구입하신 곳에서 교환해드립니다.
* 이 책의 전부 또는 일부 내용을 재사용하려면 사전에 저작권자와 클라우드나인의 동의를 받아야 합니다.
* 클라우드나인에서는 독자여러분의 원고를 기다리고 있습니다.
  출간을 원하는 분은 원고를 bookmuseum@naver.com으로 보내주세요.
* 클라우드나인은 구름 중 가장 높은 구름인 9번 구름을 뜻합니다. 새들이 깃털로 하늘을 나는 것처럼 인간은 깃펜으로 쓴 글자에 의해 천상에 오를 것입니다.